侵权法人文译丛

丛书主编 李 昊

The American Tort Process

美国侵权程序法

〔英〕约翰·弗莱明（John G. Fleming）著

陈铭宇 唐超 译

北京大学出版社
PEKING UNIVERSITY PRESS

著作权合同登记号　图字：01-2017-0766
图书在版编目(CIP)数据

美国侵权程序法／(英)约翰·弗莱明著；陈铭宇，唐超译.—北京：北京大学出版社，2020.11
（侵权法人文译丛）
ISBN 978-7-301-31642-9

Ⅰ.①美… Ⅱ.①约… ②陈… ③唐… Ⅲ.①侵权法—研究—美国 Ⅳ.①D971.23

中国版本图书馆 CIP 数据核字(2020)第 179013 号

© John G. Fleming 1988
The American Tort Process (First Edition) was originally published in English in 1988 of Oxford University Press. This translation is published by arrangement with Oxford University Press. Peking University Press is solely responsible for this translation from the original work and Oxford University Press shall have no liability for any errors, omissions or inaccuracies or ambiguities in such translation or for any losses caused by reliance thereon.

《美国侵权程序法》英文版于 1988 年出版。此翻译版经牛津大学出版社授权出版。北京大学出版社负责原文的翻译，牛津大学出版社对于译文的任何错误、漏译或歧义不承担责任。

书　　　名	美国侵权程序法 MEIGUO QINQUAN CHENGXUFA
著作责任者	〔英〕约翰·弗莱明(John G. Fleming) 著 陈铭宇　唐　超 译
责 任 编 辑	周　菲
标 准 书 号	ISBN 978-7-301-31642-9
出 版 发 行	北京大学出版社
地　　　址	北京市海淀区成府路 205 号　100871
网　　　址	http://www.pup.cn
电 子 信 箱	law@pup.pku.edu.cn
新 浪 微 博	@北京大学出版社　@北大出版社法律图书
电　　　话	邮购部 010-62752015　发行部 010-62750672 编辑部 010-62752027
印 刷 者	三河市博文印刷有限公司
经 销 者	新华书店
	965 毫米×1300 毫米　16 开本　16.25 印张　353 千字 2020 年 11 月第 1 版　2020 年 11 月第 1 次印刷
定　　　价	45.00 元

未经许可，不得以任何方式复制或抄袭本书之部分或全部内容。
版权所有，侵权必究
举报电话：010-62752024　电子信箱：fd@pup.pku.edu.cn
图书如有印装质量问题，请与出版部联系，电话：010-62756370

前言

本书源于面向加州大学伯克利分校的外国学生、旨在解释美国侵权法体系独特性的年度硕士课程。多年来，这一盘点美国侵权法的机会强化了我所得出的以下结论，亦即使得美国侵权法迥异于其他国家侵权法体系（与其他普通法国家的差异丝毫不亚于与大陆法国家的差异）的，更多是侵权实体法原则运行于其中的制度框架，而非实体法原则的内容本身。可以这么比方，菜肴由相同的基础原料构成，但烹饪方式改变了其样态。

传统的美国侵权法教科书涵盖一系列规则，它们与别处学生所熟知的规则仅在细节上有所差异。特别是英国的律师会发现，美国的侵权法结构和原则几乎类同于英国的侵权法，可能仅是略有些独特性且实践经验更加丰富。但这一印象将使其在面对侵权法程序在美国公共生活中所扮演的生硬、突出而有争议的角色时，缺乏足够准备。其背后的驱动因素存在于侵权法体系运行于其中的制度框架里，正是其赋予了美国侵权程序完全独有的特征。

本书的目的在于探索其中最重要之制度特征的性质和效应，如司法能动主义（judicial activism）、陪审团制度、人身伤害诉讼律师及其胜诉酬金（contingent fees）等。其中大部分已经得到了深入研究，本书可能提供的增量贡献是将其介绍给更多读者。本书集中探讨了通常是被单独考虑的若干话题，即便那些熟知美国侵权法体系的读者也会发现这种编排具有某些价值。在这个意义上，整体呈现或许优于其组成部分。

尽管主要关注侵权法的基础制度，但我的目的不仅在于将那些制度作为孤立现象加以描述和批判,而且在于评估它们对实体法原则应用和发展的影响。例如,胜诉酬金对惩罚性赔偿金(punitive damages)的影响,至少就其在人身伤害诉讼中扮演的角色而言,它几乎是美国独有的一项制度。我将这些基础框架与实体法律制度勾连起来,以避免受到创作没有丹麦王子之《哈姆雷特》的指责。

不过,选择侵权**程序**(*Process*)而非侵权**法**(*Law*)作为本书的标题,意在表明本书的首要关注点在于侵权法**体系**的制度方面,继而仅涉及其或多或少直接影响的实体法原则。"程序"一词通常包括从起诉到裁判/和解的整个回应侵权损害赔偿请求的流程,但是如此囊括一切的考察超出了本书的研究范围,并将读者的注意力从其真正目标,即认识美国**侵权法程序**中真正独特之处上面引开。因此,本书并未按照司法程序的阶段来编排内容,而是按照参与其中并发挥影响的各层级人员来编排,包括上诉审法官(appellate judges)、初审法官(trial judge)和陪审团、出庭律师和保险赔偿理算师(insurance adjuster)。在这个框架中,有关回应侵权请求权流程的各个方面,大多数本书均有所涉及。

本书讨论的若干现象,例如司法能动主义和大规模诉讼(mass litigation),绝不仅限于侵权法领域,而其他一些现象,如陪审团制度和人身伤害诉讼律师,则是与侵权法有特别关联的。对于前一类主题,本书着意将讨论限制于其对侵权诉讼的影响,这既有篇幅方面的考虑,也是因为已有大量探讨这类主题的一般性文献。自写作本书以来,阿蒂亚和萨默斯(Atiyah and Summers)出版的《英美法中的形式与实质》(*Form and Substance in Anglo-American Law*)就是在一般意义上比较英美两国的法律推理、理论和制度的一项令人钦佩的专门性研究。

此外,还必须提出其他几项免责声明。尽管我的论点是,仅分析美国侵权法体系中的原则内容是无法了解其现实情况的,美国侵权法运行其中的制度框架事实上塑造了侵权法上的诸多原则,但是这并不否定其他文化和意识形态力量在改变法律原则上起到的塑造作用。G.爱德华·怀特(G. Edward White)所著的《美国侵权行为法:一部知识史》[*Tort Law in America: An Intellectual History* (1980)]已挖掘出很多这方面的学术矿藏。* 这两个方面并不能真正地割裂开。对于美国侵权法体系这一与公众利益如此休戚相关的事业,通行的文化规则显然对侵权法原则和其运行其中的框架都产生了影响。由此看来,司法能动主义是(后)现实主义法学理论的一种表现,也是新政所开启的政治自由主义在高潮阶段的产物。法官顺从于社会改革压力,雄心勃勃的原告方律师在法庭上寸步不让,使得司法能动主义对侵权法体系产生了深远影响。此外,对司法能动主义的容忍更多地根植于对政治多元主义(制约与平衡)的普遍信仰而非任何本土法学理论。典型实用主义的、不拖泥带水的美国生活哲学,推崇对法律功能采取一种坦率的工具主义观点,正如其强大的民主意识形态推动形成了一个担负社会议程的司法部门,以及一个无阶级属性的、实质上具备企业家特性的律师职业群体。

　　本书的主题并不在于提倡特定的解决方案或改革。本书提出了大量批评,但都是怀疑试探性的,而非说教灌输性的。本书旨在谦逊地解释美国侵权法体系的运作机制,避免卷入当今更为宏观的、关于法官造法(judicial law-making)的范围和正当性,或者更富争议的、关于侵权法是否应该继续存在的争论。因此,本书并不涉及那些现代学术风尚,像法的经济分析(市场理论)或者解构主义(批判性法律研究)。此外,本书也不去预测侵权法的最终命运。

　　尽管如此,本书还是清楚地展示了困扰当代美国侵权法体系的"危机",很多观察者都确信这一点。有些人也批评了与其共生的保险业,还有其他人认为侵权责任自身目前的发展方向存在系统性缺陷。一个强大的联盟一直在促使侵权法从传统追求人际的矫正正义,向更具雄心的、增进社会福利的目标转变。政治上"自由—激进主义"的支持者(同时构成法律领域当权派的主体部分)在经济学家那里意外找到了理论同盟军,经济学家总是赞成扩张侵权责任的角色,通过提高竞争成本,阻遏容易造成事故的行为和高风险活动。通过让从事高风险活动的企业将成本内化,并给予受害者无过错赔偿,可以最大化社会福利。这一倾向的反对者又

---

* 参见〔美〕G.爱德华·怀特:《美国侵权行为法:一部知识史》(原书增订版),王晓明、李宇译,北京大学出版社2014年版。——译者注

可以分为两类:一类建议终止这种偏离而回归传统的维护人际正义的理念,另一类建议放弃整个侵权法体系,而以无过错赔偿体系(赔偿利益与能负担的成本成比例)取而代之。本研究对这场争论的一个贡献是,解释我们如何走到目前的局面,而非说明我们是否朝着正确方向前进或者如何从中逃脱。

正如这篇前言的开头就说到我的这些想法的缘起,最后还是回到这个话题,让我有机会有动力将这些想法付诸笔端的原因是受剑桥大学邀请担任 1987—1988 年的古德哈特法学教授(Goodhart Professor of Law)。设置该讲席是为了纪念这位伟大的英美侵权法学者,他在我初涉这一学科时给予了我帮助,正如其给予其他很多学人帮助一样。对我而言,提任该讲席教授是一份殊荣,本书基本上记录了这一期间的授课内容。

此外,我还要感谢几位评阅了我的部分手稿的伯克利分校的同事,感谢阿伦·奥塔维和牛津大学出版社的编辑人员,他们帮我纠正了一些不当表达,感谢盖尔·奥弗斯特里特耐心地对草稿进行文字处理,感谢牛津大学出版社的理查德·哈特在整个撰写过程中对我的鼓励。

约翰·G.弗莱明
于加州大学伯克利分校和剑桥大学

目录

第一章 侵权法体系概述 …………………………………………… (1)
- 第一节 侵权法的爆发 ………………………………………… (5)
- 第二节 交易成本 ……………………………………………… (17)
- 第三节 保险行业 ……………………………………………… (19)
- 第四节 立法改革 ……………………………………………… (22)

第二章 司法能动主义 ……………………………………………… (29)
- 第一节 法官 …………………………………………………… (29)
- 第二节 立法过程 ……………………………………………… (34)
- 第三节 法官造法 ……………………………………………… (39)

第三章 合宪性 ……………………………………………………… (62)
- 第一节 合宪性判决 …………………………………………… (63)
- 第二节 非基于宪法原则的废除 ……………………………… (79)
- 第三节 其他宪政主义主题:言论自由 ……………………… (85)

第四章 陪审团 ……………………………………………………… (92)
- 第一节 一般特性 ……………………………………………… (92)
- 第二节 陪审团的裁量权 ……………………………………… (104)
- 第三节 对陪审团的控制 ……………………………………… (118)

第五章　法庭斗士 …………………………………………（128）
第一节　原告方律师业:美国出庭律师联盟 ………………（130）
第二节　被告方律师业 ………………………………………（150）
第三节　保险赔偿理算师 ……………………………………（162）

第六章　法律成本 …………………………………………（175）
第一节　费用转移规则 ………………………………………（175）
第二节　美国规则 ……………………………………………（177）
第三节　胜诉酬金 ……………………………………………（183）

第七章　大规模侵权 ………………………………………（222）
第一节　程序 …………………………………………………（224）
第二节　证明责任 ……………………………………………（239）
第三节　附笔 …………………………………………………（249）

译后记 ………………………………………………………（253）

第一章
侵权法体系概述

在美国,侵权责任诉讼是一块大业务。每年有超过 80 万件侵权诉状被提交到法院,其中 1.5 万—2 万件得到了裁判,几乎所有案件都有陪审团参与。[1] 几百万美元的侵权赔偿曾经是媒体头条新闻,如今已很寻常。首个百万美元级别的侵权赔偿(包括补偿性和惩罚性赔偿金)源于 1962 年的一宗诽谤案件[2];如今,每年有超过 250 宗侵权案件的赔偿金额达到百万美元,很多属于产品责任和医疗过失诉讼[3]。大规模侵权事故和大规模产品缺陷使得应对此类大规模诉讼的新程序变得十分必要,此外,还常常使得和解费达到成百上千万美元甚至数十亿美元。[4] 1985 年,仅考虑经过法律程序审理的侵权案件,对原告的赔偿就达到 200 亿—250 亿美元。[5] 有研究估计美国侵权法体系的总支出为 680 亿

---

[1] Kakalik and Pace, *Costs and Compensation Paid in Tort Litigation* 5-15 (1986); *State Court Case Load Statistics*: *Annual Report 1984*, table 14, 33 (1986). 在美国,平均每 1000 人向一般管辖法院提交约 3.6 件侵权诉状,即平均每 277 人一件。在英国,每年有 5 万件人身伤害令状,每 1000 人 1 件,See *Judicial Statistics*, *Annual Report 1986*。即便如此,平均约 5 件侵权纠纷中仅有 1 件以诉讼形式解决。Trubek et al., "The Costs of Ordinary Litigation", 31 UCLA L. Rev. 83 at 87 (1983). 不同类别的侵权案件得到审理的比例各不相同,从交通事故的 3%到医疗过失案件的 12%不等(Kakalik and Pace, at 80-1)。

[2] *Faulk v. Aware, Inc.*, 231 NYS 270,该案判决就诽谤行为支付 100 万美元的补偿性赔偿金外加 2500 万美元的惩罚性赔偿金。

[3] Frank, "Multi-million Dollar Awards", ABAJ, Sept. 1984, p. 52. 截至 1984 年年中,共有 1118 宗百万美元级别的陪审团判决。

[4] 参见本书第七章。

[5] Kakalik and Pace, *supra* n. 1, at 67.

2　□□□　美国侵权程序法

美元。[6]

在美国,对轰动性判决的关注可能具有误导性。数量上相对较少的巨额赔偿案件会造成平均赔偿金额较高。然而,由于大比例的机动车侵权事件冲淡了产品侵权和医疗过错诉讼中巨额赔偿的影响,赔偿额的中位数实际上较低。[7] 尽管如此,近年来"极端重大"案件的赔偿额[8]还是深刻地影响了公众对现有"危机"及其政治后果的感知,且日趋加深。

在对美国实践的批评中,一个常见的主题是其愈来愈将争讼作为解决问题的手段。大家将美国人视为富有权利意识的人,对辩护有着不餍足的偏爱,时刻准备将每一宗争论都付诸诉讼。"看起来,没有美国人能够忍受超过五分钟的沮丧,而不最终屈服于诉讼之诱惑的。"有论者评论道。[9] 庞大的律师数量似乎支持了美国是人类历史上最喜欢诉讼之国家的看法。[10]

---

[6] Sturgis, *The Cost of the U.S. Tort System* (The Tillinghast Study) (1985). 这一数字未包括法院系统和诉讼各方的时间成本,而根据卡卡利科和佩斯的计算(*supra* n.1, fig. 7.2),法院的时间成本比例为2%,根据不同案件类型,诉讼各方的成本比例在8%—16%。据此计算,总支出在800亿美元以上。卡卡利科和佩斯(*supra* n.1, at 66)预测,1985年,一般管辖法院审结的侵权诉讼总支出在290亿美元到350亿美元之间,而对其他侵权主张的补偿额为225亿美元。这一数字未包括保险系统的成本,因而并未显著低于蒂林哈斯特研究所估计的数字(The Tillinghast Study, at 75)。

[7] 巨额赔偿的影响可以从平均赔偿额和赔偿额中位数的对比中得知。1975—1979年,旧金山的平均赔偿额为17.9万美元,而中位数是2.6万美元,而1980—1984年间上述数据则分别是30.2万美元和6.2万美元(以1984年的美元购买力计算)。See Peterson, *Civil Juries in the 1980s* 29 (1987). 1974年,英国的中位数为1819英镑。See *Report of Royal Commission on Civil Liability and Compensation for Personal Injury* (The Pearson Report), vol. II, para 86 (1978).

[8] 1960—1964年间,旧金山百万美元级别的赔偿案例有5宗,总计700万美元,占总赔偿额的14%;1980—1984年间有21宗,总计6500万美元,占总赔偿额的58%。Peterson, *supra* n.7, at 33. 在芝加哥和其他加州城市,赔偿金额也有类似幅度的增长。Ibid. 赔偿金额的增长趋势具有一般性。20世纪70年代末到1985年,赔偿金额的中位数增长了两倍。Ibid., at 29.

[9] Auerbach, "A Plague of Lawyers", *Haper's*, Oct. 1976, p.37. 除该现象对侵权案件激增的特定影响外,这一一般现象的原因不在本书研究范围之内。巴克斯特将其归结为共同精神的丢失和监管者的麻木不仁。参见 Baxter, "Behind the Legal Explosion", 27 *Stan. L. Rev.* 567 (1975).

[10] 律师占人口总数的百分比在20世纪上半叶保持稳定,但是随后急剧提升。1960年有28.6万律师,1983年是62.2万名(预计1987年有75万名)。在美国,律师占人口的比例为1:375,在英国是1:1650。更多的对比数据,参见 Galanter, "Reading the Landscapes of Disputes: What We Know and Don't Know (and Think We Know) About Our Alleged Contentious, Litigious Society", 31 *UCLA L. Rev.* 4, 52-5 (1983). 该文认为这一现象并非为美国所独有,它可以归因于美国人特有的神经特质之外的原因,如利用司法资源的日益便捷性。

侵权诉讼数量的急剧增加已得到了清楚无疑的证实,而且正如我们将看到的,这也伴随着原告方律师数量的增加。[11] 关于加州五个县的一项研究表明了这一长期趋势,其侵权案件的比例从1903—1904年间的1.2%上升到1976—1977年间的12.4%。[12] 最近25年的增长趋势更为显著,增进了人们对于"侵权诉讼爆炸"的普遍感受。[13] 例如,1961—1984年间,联邦法院的诉讼案件几乎翻了一番[14];1971—1984年间,加州州法院的诉讼案件几乎翻了一番[15]。据测算,赔偿金额和辩护成本占国民生产总值的比例从1975年的1.37%增长到1984年的1.76%,大约是1950年的9倍。[16] 尽管近年来侵权诉讼的显著增长引发了诸多担忧,它也可以得到同情式的解释。例如,加兰特(Galanter)教授表示:

> 我不认为当下诉讼的增长是争讼偏好的病态爆发,是对必要限制措施的危险而史无前例的放松,或是共同精神或者社区管制的瓦解。相反,我认为现有的纠纷模式是对一系列变化条件的适应性反应(尽管未必是最优反应)。除了其他诸多因素之外,可能造成侵害

---

[11] 见本书第五章。

[12] Arthur Young & Co. & Public Sector Research, Inc., *An Empirical Study of the Judicial Role in Family and Commercial Disputes*, at table 10 (1981). 其他研究也表明了这一趋势:例如,在阿拉米达市,侵权案件的比例从1890年的6%上升到1970年的27.1%;Friedman and Perceval, "A Tale of Two Courts: Litigation in Alameda and San Benito Counties", 10 L. & Soc. Rev. 267, 281 (1976).

[13] 这一现象不局限于侵权诉讼。人们提到"诉讼爆炸"时指的是这样的事实,即在近几十年内,大约每10年上诉案件的数量翻一番,大约每10—20年初审案件的数量翻一番。See Marvell, "There is a Litigation Explosion", *Nat. L. J.*, 19 May 1986,作者提醒大家应将这一增长归因于经济和其他社会活动规模的巨大扩张,而非人们对诉讼偏好的加深。在最近十年内,侵权诉讼在所有民事诉讼中的占比稳定维持在10%上下:Kakalik and Pace, supra n. 1, at 10.

[14] 即从21205件增加到37522件:*Annual Report of the Administrative Office of the U. S. Courts.*

[15] 即从57624件增加到97068件:*Annual Report of Judicial Council of California.* 全国范围内,预估现有诉讼的增速为每年3.9%(即每18年翻一番):Kakalik and Pace, supra n. 1, at 13;Marvell, "Civil and Tort Case Loads" (mimeo, 1986). 1980—1985年间,机动车案件的赔偿额年均增长率为12%,其他案件为17%(同期CPI增速为7%):Kakalik and Pace, supra n. 1, at 16-36.

[16] The Tillinghast Study, *supra* n. 6. 近年来(自1981年以来),增速放缓到3.9%(人均赔偿额的增速为3%);8 *Nat. L. J.* no. 49, p. 38.

的机械的、物质的能量和影响范围日益增长、扩张,导致造成侵害的模式发生巨大变化。公众对侵害的因果关系及预防技术的认知有了长足进步,在范围越来越大的受教育大众中,该等认知的传播越来越广泛。人们日益认识到有害和限制性的条件可以得到补救……考虑到所有这些变化,现有的纠纷模式是保守型的,相对早先模式偏离很小。[17]

事实上,若是从各种社会保障体制这一更广阔的视角来看,侵权法体制不过是与这些社会保障体制共同经历了美国"法定权利"(entitlement)价值的上升过程,后者可能还更为突出。[18] 1933年至1950年期间,国民生产总值、工人薪酬和侵权赔偿额有着相同的增长率,即5倍,但此后的增速差异就很明显了。在此后的35年间,国民生产总值增长了2.9倍,工人薪酬增长了7.2倍,医疗支出增长了7.1倍,侵权赔偿增长了8.7倍,政府医疗保险增长了12.5倍,而社会保障增长了18.2倍。[19]* 这一对比清楚地表明了侵权诉讼现象远不是独特孤立的,而是美国社会总体发展的一部分,代表着资源向社会福利支出的明显转移,以回应公众对法定权利的高涨期待。

另一项相伴随的情况是,正如社会保障支出日益成为公众讨论之话题,侵权诉讼体系的成本(及收益)也是如此。强大的既得利益彼此冲突:一方面是直接从这一体系飞涨的花费中受益的法律专业人士(主要是原告方律师)的利益,另一方面则是不得不支付赔偿的被告(包括保险公司、

---

[17] Galanter, *supra* n. 10, at 69-70.

[18] "法定权利"已成为福利权利的同义词。See generally Reich, "The New Property", 73 *Yale L. J.* 733 (1964); ibid. , "Individual Rights and Social Welfare: The Emerging Social Issues", 74 *Yale L. J.* 1245 (1965); TenBroek and Wilson, "Public Assistance and Social Insurance—A Normative Evaluation", 1 *UCLA L. Rev.* 237 (1954).

[19] 这些统计数据来源于 Tillinghast Study, *supra* n. 6. 它们根据通货膨胀水平(增长了4.3倍)进行了调整。其中医疗支出增长尤其急剧,与消费者物价指数(CPI)所反映的一般生活成本显著不成比例。这是困扰个人劳务支出的"成本病"这一普遍现象的一个方面。但是,由于这些服务项目和生活质量紧密相关,仅以其攀升的机会成本来衡量其效用是不正确的。See Baumol and Oates, *The Theory of Environmental Policy*, ch. 16 (1975).

* 本书部分英文文献出版信息不完整,此为原书如此,中文翻译与原书保持一致。以下不再一一说明。——译者注

制造业、医疗从业者和公共主体)的利益。

虽然在不久之前,原被告都是侵权诉讼体系的热忱支持者,他们都试图操纵它而从中获利。但是,近来被告一方已日益丧失信心,担忧能否招架得住,遑论像在很早之前那样控制它了。因此,我们看到责任保险的承保人(liability insurer)退出了某些州和某些行业的市场,或者要求支付无法承担的保险费率,正如当下医疗保险和政府保险"危机"中发生的情形一样。伴随这些抗议的是,迟来的关于改革侵权诉讼体系或者以替代方案(如无过错保险)取而代之的运动。总而言之,侵权诉讼体系是否应以其目前的形式延续下去,首次进入了美国公共辩论的议程。

当然,这场辩论的核心在于评估侵权诉讼体系的收益与成本。我建议通过介绍批评者主要关注的四方面情况,来简要地分析这一问题:(1)侵权法的爆发;(2)侵权诉讼体系的交易成本;(3)意外事故保险行业;(4)立法改革方案。

第一节 侵权法的爆发

直到20世纪中叶,侵权责任的范围尽管缓慢扩张,但仍处于司法的严密控制之下。尽管19世纪过失侵权责任诉讼引人注目的爆发构建了运转有效的处理事故责任的规范框架,但也相伴产生了确保责任负担不超过社会承受限度的控制性工具。因此,直至工伤赔偿(workers' compensation)计划的出现,诸如与有过失(contributory negligence)、自担风险(assumption of risk)以及共同雇员规则(fellow-servant rule)等抗辩理由的创设,事实上排除了为工伤提供补偿的可能,其原因无疑是认为工业部门尚未准备好承担这些负担。这些抗辩理由,特别是与有过失,也使得大部分其他因事故引发的侵权请求权落空,并使得和解赔偿金大打折扣。类似的,过失责任也受到了"注意义务"(duty of care)和"近因原则"(proximate cause)两项要求的限制。这些都是政策性的控制手段,其功能在于限制过重的责任负担。因此,针对产品责任、不作为责任(liability for omission)、对惊吓损害的责任(liability for mental disturbance)以及对纯粹财产损失(purely pecuniary loss)的责任,"防洪闸"[20]仍然关闭着。此外,在初审和上诉阶段,严格的司法控制手段也保护被告免遭陪审团不当敌意的影响。

除极少数情形以外,法官都是从社会上的主导阶层或其支持者中产生的,其意识形态和自身利益都偏向于工商企业,即侵权诉讼的被告(彼时同此时一样)。一些历史学家更进一步得到结论认为,"整体而言,这些规则将局面推进到工商企业几乎不受侵权诉讼影响的地步了"[21]。他们认为法律为工商企业提供了补贴,无情地牺牲了个体受害者主张赔偿的权利,甚至认为法律是一台"压迫的引擎"。[22] 也有一些人将之归罪于晚期兰德尔法学学派的理论和教育,据普遍看法,该学派将法律规则去人性化以博取对其科学性的尊重。[23] 但是,说19世纪的侵权法——尽管放弃了严格责任规则,转而支持"没有过错则无责任"(no liability without fault)的原则——对获赔的权利采取了一种限缩而克制的观点是一回事,而指责其故意采取了将所有其他考量都置于促进工商业扩张的目标之下的政策,则是另外一回事。[24] 一位著名的法律经济学家认为,事实上这一时期的总体情况说明侵权法的设计意在促成一个成本合理的事故/安全水平,而非意在系统性地偏向支持工商业的增长。[25]

[20] 该表述根源于阿宾杰法官(Abinger)在下述案件中的判词:*Winterbottom v. Wright* (1842) 10 M. & W. 109, 114. 对该观念的一个现代的、坚决的反驳,请参见罗斯基尔法官(Lord Roskill)在下述案件中的判词:*Junior Books v. Veitchi Co.* [1983] 1 AC 520, 539.

[21] Friedman, *A History of American Law* 417 (1973). 类似观点请参见 Horwitz, *The Transformation of American Law* 63-108 (1977). 该观点被批评为缺乏实证证据支持:McClain, 68 *Calif. L. Rev.* 382, 394-395 (1980).

[22] Ibid., at 410, 417.

[23] White, *Tort Law in America* ch. 2 (1980).

[24] See Schwartz, "Tort Law and the Economy in 19th Century America: A Reinterpretation", 90 *Yale L. J.* 1717 (1981). 其对加州和新罕布什尔州最高法院19世纪的所有侵权案件的研究,并未支持侵权法补贴工商企业的假说或者波斯纳的效率假说。

[25] Posner, "A Theory of Negligence", 1 *J. Leg. Stud.* 29 (1972). 该文阐述了一个一般性论点,即过失标准适当平衡了对安全目标所进行的成本有效的投入(cost-justified investment in safety)。该文系基于1875年至1905年间上诉判决的统计数据。同时请对比霍姆斯(Holmes)提出的理论性稍弱的一个理论,即严格责任不当地阻碍了创新性 [*The Common Law*, lecture 3 (1881)]。

放松对侵权责任扩张趋势的控制是逐步进行的,它伴随着对事故受害者更为同情的态度,以及侵权诉讼被告人承担这些成本而不至于过度抑制工商业和创新性的能力。责任保险的发展和进步,起初的目的在于保护潜在的被告免受高昂赔偿责任的打击,也逐渐被视为有利于实现补偿受害者的目的,它可以将成本在导致事故发生之活动的受益者中进行更大范围的分摊。卡多佐法官(Judge Cardozo,1914—1932 年在纽约上诉法院任职)对侵权法的突出贡献很好地展示了不偏不倚的法官中间流行的观点,即应该在充分尊重历史、公正和考虑成本的基础上进行审慎的改革。[26] 因此,我们看到了"相对性原则堡垒"(citadel of privity)[27]的坍塌,这一原则过去曾经使有过失的生产者免于向受害的消费者承担责任。[28] 同样被推翻的还有对过失误述责任(liability for negligent misrepresentation)[29]和对施救者责任(liability to rescuers)[30]的全面否定。但是与此相反,会计师一直以来都免于向投资大众承担误述责任[31],此外,法院奇怪地将责任范围限定于可预见的原告(可能还包括可预见的结果)[32],这都透露了其坚持限制责任的保守态度。探索可以接受的原则边界,并在这或在那迈出谨慎一步是可以接受的,但打破传统结果的限制则不行。以过错为基础的过失原则,其有效性未被质疑,更不必说受到挑战了。事实上,大多数上诉案件的精力都花在适当平衡法官和陪审团的角色上,而对于法律程序维护现行社会秩序系统之价值的能力无疑是有信心的。

侵权法的快速发展要等到第二次世界大战后美国社会发生迅速转变之后。它的智识根源可能是现实主义学派的怀疑主义,其起源于 20 世纪

---

[26] See generally White, *supra* n. 23, ch. 4; Seavey, "Mr. Justice Cardozo and the Law of Torts", 39 *Colum. L. Rev.* 20 (1939). 卡多佐在下述著作中阐述了其司法哲学:*The Nature of the Judicial Process* (1921).

[27] *Ultramares Corp. v. Touche*, 255 NY 170, 180; 174 NE 411, 455 (1931).

[28] *McPherson v. Buick Motor Co.*, 217 NY 382, 111 NE 1050 (1916).

[29] *Glanzer v. Shepard*, 233 NY 236, 135 NE 275 (1922).

[30] *Wagner v. International Railway Co.*, 232 NY 176, 133 NE 437 (1921).

[31] 参见前文,脚注[27]。

[32] *Palsgraf v. Long Island Railroad Co.*, 248 NY 339, 162 NE 99 (1928).

20年代晚期的东方法律学派，在法官和律师阶层中传播，截至20世纪50年代已成为课堂内外意见领袖所接受的信条。[33] 它声称要撕掉蒙在司法程序图景上的虚伪面纱，宣称其实质上是结果导向的，而未遵循法律原则的逻辑要求，并劝导法官在社会塑造中扮演创造性角色。对于法律先例，不应仅根据其判决所宣称的内容来决定其表面价值，也应关注其"所作所为"。在价值中性的面具背后潜藏着社会性和经济性的偏见。法律向来都是一种实力展示和压制；真诚的态度不应该是否认这个事实，而应该是有意地利用其促成可欲的社会目的。

这种取向为作为新时代印记的司法能动主义提供了正当化理由。法院不再认定议会是唯一合法的立法主体，它们开始注意改革呼声，几乎总是积极地回应来自原告方律师不断增长的压力。从肯尼迪时代以来，民权积极分子在促使法院扮演干涉主义角色方面不断取得成功，重塑了各种核心制度，例如取消学校的种族隔离制度、重新划定议会选区，以及使监狱和公共医院更具人性化，又如诉诸模糊的宪法要求，对抗落后于时代的官僚政府，以执行联邦的民权立法。[34] 这一发展趋势的革命性特点在于，法院不再满足于传统上作出宪法裁判以限制立法和行政权力的消极功能，而是着手重塑政治、社会和经济制度。

从这些基本上是联邦层级的司法行动中获得启发，各州法院也开始积极地承担起促进社会改革的主导性使命。司法部门仅是在协助而并没有篡夺立法者修订法律以满足社会期待的权力，对此，州府立法机构的惰性仅能在表面上提供辩解理由。此外，"美国体制"是建立在制约与平衡原则以及政治、人口学和社会多元主义之上的，因此共享立法权的构想并非不协调音符。事实上，社会活动家现在更期望法院来执行他们的任务

---

[33] See Twining, *Karl Llewellyn and the Realist Movement* (1973); Summers, *Instrumentalism and Legal Theory* (1982); White, *supra* n.23, ch. 3. 一个先行者是罗斯科·庞德（Roscoe Pound）的社会法理学。

[34] 推动制度改革的诉讼开始于 *Brown v. Board of Education* (*Brown II*), 349 US 294 (1955). 该案判决要求地区法院落实 *Brown I*, 347 US 483 一案中确立的、有色人种接受非种族隔离之学校教育的权利。See generally Horowitz, "Decreeing Organizational Change: Judicial Supervision of Public Institutions", 1983 *Duke L. J.* 1265; ibid., *The Courts and Social Policy* (1977).

清单，因为一般而言，法官比立法者更加同情他们的改革理想。侵权法立法革命须与保险行业和其他对抗性利益主体的议会游说相抗衡，而法院对于以原则而不是以成本分析表述出来的理由更为接受。相比过去而言，更具自由政治主义倾向的法官，在控诉技巧日益娴熟且有力的原告方律师的协助下，很好地支持了侵权法改革事业。

这一过程诉诸理性说理而非激进改革，以相对缓和的节奏进行着。这就是特雷纳法官（Justice Traynor）在 1944 年著名的 Escola 一案[35]的附议意见中所运用的技巧。在一个未能证明直接过错责任的饮料瓶爆炸案件中，不同于加州最高法院的多数意见，他拒绝用"事实不证自明"（res ipsa）原则支持有利于原告的陪审团裁断，而是建议直接采用严格责任原则。援引在食品饮料领域已经建立起来的适用严格（担保）责任的做法，可以遮盖原理上的不连续性，因此在本案中适用该原则，仅是其向包装容器领域的一次很小的渐进扩展。此外，这一建议并不打算深刻地影响案件结果，以致完全打破消费者保护仍旧与过错原则相关联的表象。法律转向的关键步骤在更早的时候已被采取，彼时在食品和饮料责任案件中，担保责任已从合同相对性的束缚中解放出来，而"事实不证自明"原则被扩展到消费者诉讼中，似乎充当了一项司法政策工具而不仅仅是一项评估间接证据的规则。更为激进的是特雷纳法官为严格责任所作的政策辩解，即严格责任原则将促使损失的承担主体由不谨慎的消费者转变为生产商，因为后者最适于承担防控瑕疵产品带来之持续风险的成本。即使并无疏忽，生产商也应对产品进入市场的后果负责。[36]

---

[35] *Escola v. Coca-Cola Bottling Co.*, 24 Cal. 2d 453, 150 P. 2d 436 (1944). 关于产品责任的进一步讨论，参见本书第二章，脚注[106]。

[36] 除了热心推崇严格的产品责任和废除陈旧的责任豁免外，特雷纳法官在侵权法领域的裁判是保守的。因此，他反对对汽车驾驶人适用严格责任，反对对受到惊吓的第三人承担责任，反对由汽车窃贼承担事故（把点火钥匙落在未上锁的汽车里）的责任，以及严格控制陪审团就疼痛与痛苦(pain and suffering)裁断的补偿：*Maloney v. Rath*, 69 Cal. 2d. 442, 445 P. 2d 513 (1968); *Amaya v. Home Ice, Fuel & Supply Co.*, 59 Cal. 2d 295, 379 P. 2d 513 (1963); *Richard v. Stanley*, 43 Cal. 2d 60, 271 P. 2d 23 (1954); *Seffert v. Los Angeles Transit Lines*, 56 Cal. 2d 498, 364 P. 2d 337 (1961). See generally, Malone, "Contrasting Images of Torts: The Judicial Personality of Justice Traynor", 13 *Stan. L. Rev* 779 (1961); White, *supra* n. 23, ch. 6.

由此播下的种子要经历大概20年才发芽。在这期间,司法领域的侵权法变革主要包括废除慈善、家庭和主权豁免(charitable, family, and sovereign immunities)。[37] 这是通过重申如下宪法原则而实现的,即法官造法可以未经立法而由法官推翻。值得注意的是,这些改革都未偏离基本原则。而借着20世纪60年代早期严格责任原则对所有瑕疵产品责任适用的最终胜利,特雷纳法官的公共政策理由的重要性获得了重大提升。[38] 它为一项新的政策见解提供了支持,即把事故受害者遭受的损失转移(给被告)是正当的,理由是被告处于有利的战略位置。如果说他们不是更擅长防止事故的话,至少也更有能力提供补偿。要求其承担损失可以刺激其为实现安全而作更多投入,而且不管怎么说,该损失可以通过保险或者更高的产品价格而在消费大众之间分摊。

这一理论不仅与19世纪的过错责任理论决裂,更为激进的是,其偏离了长久以来将侵权责任视为矫正正义工具的看法。因为它推崇如下看法,即诉诸超越人际公平的、更宽泛的理念(诸如社会经济政策),如社会保险模式所实现的经济效率或者财富再分配,侵权补偿可以被正当化。利用侵权法实现该目的,对经济学家和社会改革家同样是具有吸引力的,且在美国社会背景中,因公共社会保障计划的缺失——在其他西方国家,社会保障计划长期以来织就了救济不幸事故之受害者的安全网——而更显合理。如果立法者不愿意为了这笔开支向公众增加新的直接税收负担,那么法院已准备好将侵权法转变为一个福利体系。[39] 尽管这一项目的运营成本(overhead cost)是高昂的,但是对消费者征收的隐含税得到了伪装,并且至少在一开始就被转移给消费者而他们并未对一般公众有过多抗议。司法判决经常导致由直接诉讼双方之外的主体承担经济后果,这是无可避免和无可指责的。但是,将财富再分配上升为侵权法的主要目标则是对我们文化传统的一个激进偏离。

---

[37] 本书第二章。

[38] See Prosser, "The Assault Upon the Citadel", 69 *Yale L. J.* 1099 (1960); id., "The Fall of the Citadel", 50 *Minn. L. Rev.* 791 (1966).

[39] 本书第二章。

结果就导致了被广泛提及的侵权责任"爆炸"现象。这绝不仅限于产品责任,而是反映"哪里有过错,哪里就有救济"的基本假定。这一现象引发了代表被无财产的侵权人侵害的原告,寻找"深口袋"(deep pocket)的广泛运动。[40] 由于未买保险或者保险不足的侵权人大量存在(即使是在机动车事故中),事故损失实际上经常是由诸如负责道路维护的被告市政当局来承担的,而他们的过错份额可能是微乎其微的。此外,这一现象还鼓励了对"积极作为义务"(duty of affirmative action)的大范围扩展,由此对各种新类别的个人及主体施加责任,他们仅仅是在防止其他人易导致事故之行为的风险方面存在疏忽。因此,商业和旅店业主被判令为经营场所发生的抢劫和强奸行为负责,公共机关、保险代理人和类似的主体被判令为未能检视他人从事的工作而负责。此外,相关主体被判令为无处不在的、未能警示消费者注意产品的错误用法和一连串难以预计的危险而负责。简言之,任何人,即使关联关系很疏远,只要其干预行动本来能够预防事故的发生,即暴露于承担重大责任的风险之中。

在保守批评者看来,新的理念使公认的侵权法功能脱节了。正如本部分开头所述,法律先前的发展因以下的担忧而受到限制,即补偿的成本可能过度损耗了社会资源。普通法不必接受经济学家关于资源分配应当仅仅由效率标准来决定的说教[41],但在决定是否以及在多大程度上将责任扩展到新领域上时,其对成本—收益平衡(cost-benefit balance)也是高度敏感的。过往对"开放泄洪闸"的恐惧也许已经被克服了,但是它仍反映了人们对特定判决带来的长期隐藏成本的灵敏感知。相反地,新的理念暴露了其对司法福利计划成本的关注不足,或者说天真地认为有保险制度的设立,并由"深口袋"承担责任就能解决问题。由此,侵权法体系成

---

[40] 一个极端的例子是 *Ray v. Alad Corp.*, 19 Cal. 2d 22, 560 P. 2d 3 (1977)所确立的"继承者责任"(successor liability)。在该案中,A公司在B公司清算后以公允价格获得了B公司的资产,A公司被判令应对B公司生产的瑕疵产品所导致的侵害负责。法院认为这种新形式的替代责任是"公平的",因为原告再也无法追究B公司股东或者高管的责任了。但如果B公司将其资产进行零散变现,或者其资产价值已下跌而远不足以支付原告的赔偿金额呢?如果有公司投保,哪一方的保险公司应承担这一责任呢?

[41] 该看法的最突出倡导者是波斯纳。See "A Theory of Negligence", *supra* n. 25; *Economic Analysis of Law* ch. 10 (2nd edn. 1979).

为经济体系中几乎唯一不受谨慎的资源分配原则主导的领域:这是一个没有预算的计划。

在这一时期里,最为轰动的侵权诉讼类别是产品责任和医疗责任诉讼。在这些类别的诉讼中,责任的极大扩展以及特别是可观的赔偿金得到广泛宣传,反过来也鼓励了更为投机的主张和诉讼。与此同时,在20世纪上半叶作为侵权诉讼主导类别的一般机动车侵权诉讼,在数量比例上和在赔偿金的规模上已显著收缩,尽管仍构成数量最多的单一侵权诉讼类别。[42] 争取在交通案件中由被告承担无过错赔偿责任的运动,仅在20世纪60年代末取得了些许成功,这个领域很快就耗尽了改革的动力,部分是因为保险行业的混乱局面。[43] 与此相反,在医疗和产品责任领域,保险公司最终找到了他们可以借由组成团结战线、吸引强有力的机构同盟,并赢得广泛支持的基础。根据改革支持者夸张的措辞,美国遭受了一系列危机的打击,包括"医疗保险"危机、"产品责任"危机,而现在简直就是"侵权"危机。这个事情已经被政治化,受到威胁的被告方利益集团试图动员公众支持立法机关介入,以对抗高度组织化的出庭律师行业,他们已奋起捍卫自己在出庭业务上的收益。因此,在外国观察家看来可能很奇怪,侵权责任成为我们时代社会和政治辩论的主题,在争议性上就仅次于堕胎或者死刑了。

一、产品责任

在20世纪60年代采取严格责任后,尤其是在随后几十年里从制造缺陷扩展至设计缺陷(包括未警示缺陷),以及诉诸惩罚性赔偿后,产品责

---

〔42〕 例如,1971—1984年间,加州机动车侵权诉讼的比例从72%下降到57%。*Report of Judicial Council of California 1985*, 106. 在旧金山,机动车侵权诉讼的比例由1960年到1964年间的53%下降到1975年到1979年间的38%。此外,医疗过失和产品责任诉讼的平均赔偿金额分别增长了500%和300%,而中位数增长了150%和300%,机动车侵权诉讼赔偿金额的平均数和中位数仅分别增长了160%和73%。Shanley and Peterson, *Comparative Justice: Civil Jury Verdicts in San Francisco and Cook Counties*, 1959—1980, 21 (1983).

〔43〕 参见本书第五章,脚注〔75〕。

任变得引人注目。[44] 仅在联邦法院层面的诉讼就从 1976 年的约 4000 起增加到 1983 年的超过 1 万起。[45] 在芝加哥,陪审团审判从 60 年代的 3% 增长到 70 年代的 8%。[46] 最引人注目的是赔偿金的爆发。在全国范围内,产品责任的平均赔偿金从 1974 年的 34 万美元上升到 1984 年的 107 万美元。[47] 旧金山和芝加哥两地陪审团裁断的赔偿金额的增长趋势请见图 1.1。这一增长趋势还在加速。在芝加哥,1980—1984 年期间,赔偿金的中位数是 20 万美元,在库克郡是 18.7 万美元,而两地的平均数分别为 105 万美元和 82.8 万美元。在加州,1984 年有五个案件的赔偿金额超过了 500 万美元,1983 年最高的三个案件的赔偿金总额超过了 2000 万美元。[48] 总的赔偿金由 1980 年的 7 亿美元增长到 1985 年的 18 亿美元。[49]

制药业成为侵权诉讼的一个特殊目标,这对药品和相关产品(例如避孕产品)市场带来了一般性的不良阻碍后果,至少造成一家生产商陷入破产。[50] 1976 年的"猪流感"传染使政府承担赔偿责任成为必要,以引导疫苗生产商的合作[51],国会最终在 1986 年创设了一个赔付所有疫苗伤害

---

〔44〕 制造缺陷仅针对个例,而设计缺陷则质疑了整批次产品的安全性。这极大地增加了责任风险。另见本书第二章,脚注〔108〕。

〔45〕 其中在 1983 年到 1984 财年,有 2800 起是石棉诉讼。See *Annual Reports of the Administrative Office of the U. S. Courts.*

〔46〕 Peterson, *Compensation of Injuries: Civil Jury Trails in Cook County* 44 (1984); Peterson and Priest, *The Civil Jury: Trends in Trials and Verdicts*, *Cook County*, *Illinois* 42-44 (1982).

〔47〕 Johnson and Higgins, *Risk and Insurance Management Services* (1985); Peterson, *supra* n.46, at 55.

〔48〕 *Nat. L. J.* 25 Feb. 1986, p.32.

〔49〕 *The Economist*, 10 Jan. 1987, p.51.

〔50〕 A. H. Robins,达尔康盾的生产商。避孕产品,包括口服药,变得越来越难以获得。Huber, "Safety and the Second Best: The Hazards of Public Risk Management in the Courts", 85 *Colum. L. Rev.* 277 (1985). 该文提出了驳斥干预创新技术的短视行为的一个有力理由,即从长期看,干预反倒不利于安全目标。

〔51〕 See Franklin and Mais, "Tort Law and Mass Immunization Programs: Lessons from the Polio and Flu Episodes", 65 *Calif. L. Rev.* 754 (1977).

的基金[52]。与此形成对比的是,截至1987年,英国还未曾发生过一宗针对药品生产商的胜诉案件。[53]

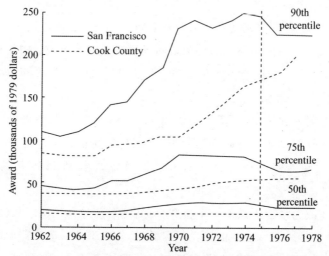

Source: Shanley and Peterson, Comparative Justice: Civil Jury Verdicls in San Francisco and Cook Counties, 1959-1980 55(1983).

图1.1

保险公司承担着不断增长的赔偿损失,不可避免地造成了保险费率的急剧上升。作为回应,总统经济委员会在1975年任命了一个跨部门产品责任工作小组,除了一份综合报告外,该小组还提交了《模范产品责任法》的草案。[54]该法本意在于将设计缺陷责任倒回过失标准,加强对陪审团的司法控制,并引入10年的除斥期间(statute of repose)规定。其中某些规定已被某些保守的州立法机构采纳了,但消费者团体和律师对改

---

[52] 1986年《全国儿童疫苗伤害法》。作为从赔偿计划中获益的一个替代方案,原告可以提起侵权诉讼,但是责任条件受到了限制。例如,单有内科医生的告知就是充分的;只要告知,对无法避免的副作用就不承担责任。在最后这一方面,最近的判例法反映了相同的结果,see *Collins v. Karoll*, 186 Cal. App. 3d 1194, 231 Cal. Rptr. 396 (1986)。

[53] 关于反应停事件,see Insight Team of *Sunday Times* of London, *Suffer the Children: The Story of Thalidomide* (1979)。多名原告发起的针对Eli Lilly生产的抗关节炎药品Opren的诉讼最终和解了;1987 N. L. J 1183。

[54] 《模范产品责任法》,由美国商务部发布;44 *Federal Register* 62714 (1979)。

革的反对使得以上成就成为徒劳。[55] 而在华盛顿,里根政府尽管一般性地持有尊重州权的意识形态,最终还是支持了全国性的立法。《模范产品责任法》的联邦版本 1985 年未获参议院通过[56],但丹弗斯法案(Danforth Bill)作为一项新的立法倡议于 1986 年发起,它允许对瑕疵产品生产商发起"快速索赔"(expedited claim)以要求其赔偿净经济损失,以此作为通过传统诉讼程序获得完整侵权赔偿金的替代方案。[57]

二、医疗过失责任

除了产品责任案件外,最近 20 年里侵权诉讼领域没有其他类别像医疗过失责任诉讼一样经历了如此迅速的发展。在 1978—1983 年期间,被诉医生的比例几乎翻了 3 倍。1983 年,每 100 名医生涉及 16 起医疗过失诉讼,相较之下,1956 年每 65 名医生仅涉及 1 起;60%的妇科医生据报道曾被起诉过,其中 20%还被起诉 3 次或者以上。此外,赔偿金也猛涨:在 1972—1983 年间,百万美元以上的赔偿金裁决(1963 件)翻了一番,1985 年平均赔偿金额为 95 万美元。和解亦是如此:在 1982 年,有 250 起案件的赔偿金超过了百万美元,在 4 年的时间里增长了 10 倍。[58]

多项原因共同促成了这一现象:更为宽松的实体和程序法律规则,更

---

[55] See Vandall, "Undermining Tort's Policies: Products Liability Legislation", 30 *Am. U. L. Rev.* 673 (1981); McGovern, "The Variety, Policy and Constitutionality of Products Liability Statutes of Repose", ibid. 579. 这些立法提议在近来 1985 年到 1987 年立法浪潮的推动下更为成功(参见后文,脚注[85])。

[56] 最初的卡斯滕法案(Kasten Bill, S. 100, 99th Congress)于 1982 年发起。一个新的版本于 1986 年 5 月由白宫发起:1986 年《产品责任改革法》(Kasten 修正案第 1814 号)。

[57] S. 1999, 99th Congress.

[58] See 38 *Okla. L. R.* 196, nn. 2, 3 (1985),援引了 20 世纪 80 年代美国医师协会(AMA)专家责任和保险特别工作小组的报告 *Report No. 1* (1984); *NY Times*, 4 Feb. 1985, "Again the Malpractice Crunch"; Frank, *supra* n. 3. 根据 Jury Verdict Research,平均赔偿金从 1975 年的 30 万美元上升到 1984 年的 70 万美元,预计 1985 年将达到 100 万美元。拉长时间看,增长同样是显著的:旧金山陪审团裁断的赔偿额从 1960—1964 年间的中位数 6.4 万美元(平均数 12.5 万美元)增长到 1980—1984 年间的中位数 15.6 万美元(平均 117.9 万美元); Peterson, *supra* n. 7, at 22. See generally Danzon, *Medical Malpractice: Theory, Evidence and Public Policy* (1985),该文特别关注了对 1975—1978 年数据的经济分析。

有经验的律师,陪审团受惊人的必要医疗成本影响而更具同情心,以及最后但不是最不重要的,公众对神奇而有效的医疗诊断的期待。[59] 尽管由陪审团参与的涉及医疗过失责任的诉讼中,原告的胜诉率远低于平均值[60],但考虑到赔偿金额,值得去冒该等诉讼风险。不可避免地,保险公司的回应是提高保费,以与其承担的成本相匹配,或者完全从相关业务中退出。1986年,医疗责任保险的保费总额预计从1983年的17亿美元增加到47亿美元。[61] 对于某些医疗侵权诉讼类别,如妇科和神经外科,六位数的保费已成为标准。[62]

因此,保险行业和医疗组织在20世纪70年代中期发起了一场立法运动以图限制责任,这场运动在许多州都克服了原告方律师的游说而取得了胜利,而且正如我们所看到的,它经受住了随后而来的大部分合宪性挑战。[63] 这些改革似乎减少了医疗诉讼的数量和赔偿金额[64](尽管未能减缓保费的持续增加[65]),此外还为医疗责任领域外、具有一般适用性

---

[59] 尽管相比30年前,病人更为频繁地起诉医生,坦桑(supra n.58, at 29)发现病人并未过分偏好诉讼。20世纪70年代中期,一项关于加州的研究表明,因医务人员疏忽而遭受伤害的住院病人中,提请诉讼的患者不超过10%。尽管可能造成威慑程度不足,坦桑还是支持对非财产损害赔偿(non-pecuniary damages)进行限制及缩短诉讼时效。

[60] 1959—1980年,旧金山和芝加哥有陪审团参与的诉讼中,原告的胜诉率分别是59%和52%,而医疗过失责任侵权诉讼中,两地分别只有35%和33%。Shanley and Peterson, supra n.42, at 11. 基于1974年到1976年保险档案的两项调查显示了类似结论:43%的诉讼中原告撤诉了,50%得到了和解,而在剩下7%的案件中,原告的胜诉率为1:4。Danzon, supra n.58, at 32.

[61] Government Accounting Office (GAO), *Report to U. S. Congress*, Sept. 1986.

[62] 产科医生已经成为生育缺陷或事故中遭受特别谴责的对象。某些医生已经拒绝接受新的病人并转入不那么易受批评的科室。根据美国妇产科医师学会的数据,截至1985年已有12%的医生放弃执业。还有人在保险杠上贴纸宣称:让律师去接生吧。参见 *Time*, 24 Feb. 1986, p.60.

[63] See Robinson, "The Medical Malpractice Crisis of the 1970's: A Retrospective", 49 (2) *Law and Contemp. Prob.* 277 (1986). *Infra*, ch.3, at n.37. 参见本书第三章,脚注[37]。

[64] Danzon, *New Evidence on the Frequency and Severity of Medical Malpractice Claims* (1966). 预测,考虑损益相抵后,赔偿金减少了11%—18%,赔偿金上限减少了23%,此外诉讼时效每缩短一年,赔偿金减少8%。

[65] 保费在仅仅两年间飙升了100%(同期消费者物价指数上涨了8%,而医疗服务指数上涨了13%)。See GAO study, *supra* n.61. 1984年医生平均将收入的4.2%用于缴纳保费。但是在纽约,根据1985年改革法要求对保险市场进行的研究分析,保险业监管机关命令保费需降低15%。另参见本章脚注[84]。

的改革建议提供了范例并加以激励。

□ 第二节 交易成本

侵权法律体系最负面的特征即是其高昂的运营成本。与其他事故赔偿体系相比，其并不具备任何超越竞争对手、足以正当化其高成本低效性的优势[66]，即使是和诸如美国工伤赔偿（成本比例为 30%）和医疗保险（成本比例为 15%）这些由私人保险公司运营的体系相比，更不必提诸如新西兰事故赔偿计划（成本比例为 8%）这样的国营保险基金了。[67] 在英国尤甚，皮尔逊委员会（Pearson Commission）预计，为受害者带来 1 英镑的净收益需花费 85 便士的成本。[68] 美国的一些研究表明，机动车侵权领域的相应成本为 1.07 美元[69]，产品责任领域为 1.25 美元[70]。在耗时长久的石棉诉讼中，为了给原告带来 1 美元的赔偿，耗费了 1.59 元。[71] 考虑到非财产损害（non-pecuniary injury）的赔偿金占据了相当大的部分，结果是侵权法律体系的成本中仅有 15% 系为付现损失（out-of-pocket losses）而支出的。

高昂的交易费用是体系自身所固有的。首先，其内在于侵权责任的

---

[66] See Fleming, "Is There a Future for Torts?", 58 *ALJ* 131 (1984), 44 *La. L. Rev.* 1193 (1984).

[67] 美国的数据系基于 Tillinghast study, *supra* n.6, at 18，以及"Social Security Programs in the United States", 49 *Soc. Sec. Bull.* 1 (1986). 新西兰的数据，see Hodge, "No-Fault in New Zealand: It Works", 50 *Ins. Couns. J.* 222, 230 (1983).

[68] *Pearson Report*, vol. I, *supra* n.7, para. 261. 换言之，1 美元的总收益中，运营成本达到 45 美分。

[69] Department of Transportation, *Motor Vehicle Crash Losses and Their Compensation in the U.S.* 47-52 (1971).

[70] *Interagency Task Force on Products Liability*, *Final Report*, ch. 5, 23-5 (1976). Kakalik and Pace, *supra* n.1, at 70. 预计在所有侵权诉讼中，对原告的净支付占到诉讼总成本的 46%。对于机动车案件，原告分享到的比例更高（52% 比 43%），因为辩护成本更高。Ibid., at xiii.

[71] 辩护成本达到了 0.95 美元，原告的花费为 0.64 美元。换句话说，原告的净收益等于总成本的 39%。Kakalik *et al.*, *Variation in Asbestos Litigation Compensation Expenses* 86-91 (1984).

属性之中;其次,其内在于作为分散成本之导管的第三方保险之中。前者根源于权利主张者与补偿提供者之间的对抗关系。赔偿责任之有无取决于过错和因果关系等事项,该等事项须经调查且往往引发双方的争辩。因案而异的损害赔偿金评估,引发了往往更激烈的额外争议。总之,这一体系适应于个案的处理而不具备规模经济性。

美国侵权法体系成本显著高于英国,其中,法律服务费用是主要构成部分。不仅因为法律服务在美国普遍更加昂贵,还因为在侵权诉讼原告方的律师费中,胜诉酬金耗掉了赔偿金的三分之一到一半,远高于很多英国案件中判给胜诉一方的诉讼费用补偿占赔偿金的比例。[72] 结果就是在统计数据上,仅是双方所支付的法律服务费用就超过了受害者获得的利益。[73] 同样需要提及的是,被告在应对**所有**侵权请求时都需要支付法律服务费用,而不仅仅是那些[原告]最终成功的赔偿请求,盖因美国法不支持费用转移,不论是被告胜诉,还是原告胜诉,一视同仁。

再者利用私人保险服务以处理和支付侵权请求将带来高昂的行政性成本。在美国,保险合同(即便是强制保险)大部分都是经由独立的代理人或者经纪人达成的,他们将获得保险金中的10%或者更高比例作为酬劳。相应地,保险公司自身也需要支付行政性费用(调查、诉讼辩护、和解)以应对赔付请求。这些所谓的理算费用约是保险金的20%。假设损失和损失理算费用的理想目标比例为60%,这就只剩下40%可以支付承保费用、间接费用、代理人和经纪人佣金,最终方能获得利润。[74] 但是,正如下文所解释的,在若干保险类别中,保险公司事实上将负担历年所产生的赤字,该等赤字或者通过提高保费来弥补,或者将被核销掉。

最后,从提出侵权赔偿请求到最终裁定,政府需承担司法体系的成

---

〔72〕 参见本书第六章。

〔73〕 保险服务局预计和解赔偿金平均有38.5%归原告享有,24.7%归其律师,而36.6%用于支付辩护费用(三者相加为99.8%,原文如此——译者注)。对于推进到判决阶段的案件,这三者的比例分别为37.1%、30%和32.9%。Kakalik and Pace, *supra* n.1, at 71. 该文预测机动车侵权案件的净赔偿比例为52%,在其他侵权案件中为43%,法律服务费用分别耗费了37%和38%的赔偿金。See also Interagency Task Force, *supra* n.70, ch.5. The Minogue Report, para. 8.15 (1978). 该文预测在澳大利亚维多利亚州,法律服务费用"超过了总支付的20%"。

〔74〕 参见前文,脚注〔70〕。

本。在美国,在处理所有民事案件所承担的预计开支(1982 年总计超过了 20 亿美元)中,侵权案件占了 4.25 亿美元;其中,州法院在 66.1 万个案件中共花费 2.69 亿美元,联邦法院在 3.2 万个案件中共花费 0.56 亿美元。如此算来,州法院每个案件的平均开支约为 407 美元,联邦法院为 1750 美元。[75] 在加州,每个案件的成本为 511 美元,陪审团参加的案件为 8000 美元。[76]

在反对者看来,侵权法体系的低效率表明,"真正的问题是,美国公众是否还会忍受一个耗费 680 亿美元的体系,它将奖励给这场责任乐透获胜者 25％的回报,而失败者则空手而归"[77]。

第三节 保险行业

侵权法和责任保险之间存在一种共生关系(symbiotic relationship)。缺少另一方则任何一方都无法存在:如果没有承担责任的风险,那么保险就没有必要;如果没有保险,则侵权法只是摆摆样子,整个侵权法体系将仅仅扮演一个可以忽略的事故赔偿角色,侵权诉讼的被告也将丧失抵御财务灾难的必要保护。责任保险保护原被告的双重角色很早就得到了承认,其对公众利益的影响也得到了立法认可,法律要求众多活动,从机动车交通到核设施的使用都强制参与保险,并监管这些保险的条款,甚至规定了保费比例。

不断攀升的保费使得保险业卷入了当代关于侵权法未来的争议漩涡中。(1984 年,美国国民向国内非限定人身意外保险公司支付了 760 亿

---

[75] Kakalik and Ross, *Costs of the Civil Justice System: Court Expenditures for Various Types of Civil Cases* 81-5 (1983).

[76] Kakalik, Eisenshtat, and Robyn, *Costs of the Civil Justice System: Court Expenditures for Processing Tort Cases* 63 (1982).

[77] The Tillinghast Study, *supra* n.6, at 19. 前述侵权系统的成本不包括非行政性的成本,例如"防御性医疗"的成本,美国医学协会的一项研究预计,该项成本每年为 400 亿美元:1985—1986 *Property Casualty Fact Book* (Ins. Info. Institute 1985). 与此相对,需考虑侵权系统潜在的遏制效应所防止的事故成本,对此,坦桑(*supra* n.58,仅举一例)认为该效应是最优的。

美元的保费。)[78]保险公司努力控制担责的情形,既是为了其自身利益,也是为了确保保费对应的成本不致过高地推升价格而使其产品被市场淘汰。它们代表着被告,承担着在法庭上和在和解谈判中对抗原告请求的角色;还游说立法者限制承担责任的范围。它们的立法目标是消除"道德风险"(moral hazard),例如家庭成员以及朋友之间的合谋("乘客法")[79],更晚近的目标是限制赔偿金。20世纪70年代中期的医疗保险危机,以及稍晚的80年代中期的普遍性保险危机都是由保险行业挑起的,以赢得来自保费支付者对改革侵权法体系的公众支持,包括限制非财产损失和胜诉酬金、废除惩罚性赔偿金,以及在灾难案件中规定以分期支付的形式取代一次性支付。[80]

对于保险行业而言,反派人物当然就是出庭律师了。在他们看来,胜诉酬金是越来越高的陪审团裁断赔偿金与和解赔偿金的助推引擎,同时,陪审团被误导而展示的慷慨和自由主义法官的默许也起到了助推作用。原告方律师从自身立场出发,指责保险行业的虚伪,认为后者的贪婪和无能应为历次"危机"负责,而它们却将责任推到别人身上。根据律师描述的情况[81],保险公司是自找苦吃,为了利用80年代早期的投资机会而贪婪地以不现实的费率签订保险合同,如今只能吞下不谨慎所导致的苦果。此外,尽管在1975—1985年10年间,人身意外保险行业在承保方面支出了280亿美元,却从投资中挣得1000亿美元;净利润达到了720亿美元,每年达到72亿美元。[82]对他们声称存在危机的更加合理的解释是,其阴谋反转对法律保护的有利扩张,这种扩张对抗着公司及其他侵权行为人,是出庭律师代表受害公众通过艰苦斗争而赢得的。保费的显著上涨,甚至是保险公司从特定业务中撤出,都只是一种战术策略,意在动

---

[78] A. M. Best, *Averages and Aggregates*, 1985.
[79] 参见本书第三章,脚注[12]。
[80] 这些条款及对其合宪性的挑战在第三章中讨论。
[81] See e. g. President Hilton of the CTLA, "Protecting the Innocent Victim: Joint and Several Liability", *CTLA Forum*, vol. xvi no. 1, p. 7 (1986). Cf. Danzon, *supra*, n. 58, ch 6.
[82] GAO, *Report to U. S. Congress*, Aug. 1985. 该报告还显示保险行业的股票价格在1985年增长了30%,是整个市场整体上涨幅度的2倍。

员公众意见反对侵权责任及其保卫者——出庭律师。[83] 改革不应该针对侵权法,而应该针对保险公司及其保费政策,采取更为严密的监管。[84]

所有这些指控和反指控都包含了部分事实。与人身意外保险的其他类别(更不必提寿险)相比,责任保险存在严重的可计算性(calculability)问题。其对风险的评估特别依赖于关于风险暴露的准确信息,除非密切关注和迅速回应,否则法律气候的快速变化可能导致(风险评估的)重大偏差。但是对赔偿金在过去 20 年里确凿无疑的上升这一事实,保险行业反应滞后,而出于可以理解的、弥补过去损失的动机,当其确实开始回应时便显得激烈异常。很明显,"危机"仅限于责任承担情况变动很大的领域——产品责任和医疗过失领域,而在传统领域,如交通事故领域,赔偿金和保费都保持稳定。就产品责任而言,由于任何单一新产品都可能造成大规模的风险暴露,不可计算性问题显得更为严重,使得风险更难提前识别并有效加以分散。

同期投资市场的波动使保险行业的痛苦更加深重。在利率上升期,保险公司降低保费费率,部分是因为急于获得资金以利用更有利的投资机会,部分是为了回应由此带来的竞争压力。反过来,当利率下降时,保费费率将提高。于是次第发生以下事件:在 1976—1984 年的高通货膨胀率期间,保险费率较低;此后,急剧降低的利率导致保费上升了 70%。尽管与保险事项相关的损失为投资收入所抵消,商业责任和医疗过失责任保险带来的损失仍占到财产与人身保险部门承保损失(共计 252 亿美元)的 23.8%。

自 20 世纪 70 年代中期以来,美国 39 个州的侵权改革条款促成了实体法和救济法的温和改变[85],其中大部分仅适用于医疗过失责任领域并适用了较短的有效期("日落法")。尽管保险行业促成了该等改革,但改

---

[83] 1986 年 5 月,美国司法部放弃了对保险费率合谋的反垄断调查,因为缺乏充分证据。

[84] 这一观点在若干州取得了成果。西弗吉尼亚州为非经济损失的赔偿金设置了 100 万美元的上限,同时要求保险公司公开财务报表并详细解释其如何设定费率。*Wall St. J.*, 15 Apr. 1986, p. 6. 佛罗里达州(基于回报率)规定了费率标准,并将超过的收益分配给投保人:1986 年《侵权改革和保险法》。政府对费率的设定或者对责任保险费率的控制事实上不为人所知。一般而言,监管的目标在于确保费率是充足且非歧视性的,其合理性则留待竞争决定。See Keeton, *Basic Text on Insurance Law* 543-57 (1971).

[85] 跟随首波浪潮,1986 年有 19 个州通过了相关制定法。See documentation in Donaldson, Hensen, and Jordan, "Jurisdictional Survey of Tort Provisions of Washington's 1986 Tort Reform Act", 22 *Gonz. L. Rev.* 47 (1986—1987). 1987 年有更多州跟随。

革并没有带来保费的任何显著下降,因而更加激起如下指责,改革运动只不过是对侵权受害者应得收益不厚道的收缴。[86] 为什么限制侵权赔偿金不大可能使保险成本大幅降低?事实上有许多合理理由可以加以解释。[87] 其实,他们主要想达到的效果是,向法官传递一种立法信号,促使后者重新考虑法律变革的方向和节奏。

现存的侵权法体系提供的无非是给被侵害人的充足的补偿,并有效地震慑工业部门和专业人士普遍存在的不安全行为,基于此对保险行业的批评可能是正确的。但是,保险是一项追逐利润的商业活动,不能指责其从无利可图的市场中退出或者调整其费率以适应风险的增加。未被抛出的问题是,社会是否准备为此埋单?

第四节 立法改革

立法干预一直是零散且温和的。改革的火炬手一直由法院而非立法部门充当。总体而言,立法者对于司法能动主义的实践和计划保持默许,其原因将在下述两章中予以探索。这里只有两项例外需要注意。司法部门对主权豁免的废除直接侵蚀了州和地方政府的财政利益,因此经常受到试图削减其影响之力量的反击。此外,在数量逐步减少、坚持宪法权力之传统分配原则的保守法域(jurisdiction)里,立法机构推行了更为激进的改革,例如采纳比较过失(comparative fault)原则。

然而,大多数情况下,立法干预并不是增加而是限制了责任,以抵消司法能动主义的过度扩张。推动者始终包括人身伤害保险公司,它们还可能与医疗专业人士、制造业或者地方政府联合,取决于具体事项。至今为止发生过两股反攻的浪潮:其一是 20 世纪 70 年代中期的"医疗危机",结果是一些受到保险公司撤出威胁的法域通过了对非经济损害赔偿金和胜诉酬金的立法限制;其二是 20 世纪 80 年代中期更具一般性的"侵权法

---

[86] 参见前文,脚注[84]。
[87] 其中最重要的一个理由是,改革给被告带来的利益比其保险公司更多(通常的保险覆盖范围并未超过"赔偿金上限",而惩罚性赔偿则是不能得到保险补偿的)。

危机",其目标在于将上述限制一般性地适用于所有侵权请求,并且修正"连带责任"(深口袋)规则。

早于这两次危机的是 20 世纪 60 年代下半期旨在引入全新的第一方无过错机动车保险(first-party no-fault automobile insurance)体系的运动,该运动也从责任保险费率迅速上涨的态势中获得了动力。[88] 然而,大多数最终通过的制定法离"基顿—奥康奈尔模型"(Keeton-O'Connell model)还很远,该模型旨在实质上限制对侵权责任的依赖。只有纽约州和密歇根州通过了相关正式安排,以替代作为事故赔偿体系的侵权责任。此外在美国,关于无过错赔偿计划的制定法并未取得如其他国家那样的进展。在经历漫长的合宪性挑战后,工伤赔偿仅在 20 世纪第二个十年才取得缓慢进展,但与侵权赔偿金相比,其提供的补偿并不算高,并且从未升级为大多数西欧国家所提供的社会保障体制。[89] 尽管工伤赔偿是针对雇主的一项排他性赔偿[90],针对第三方,特别是设备生产商[91]的侵权诉讼也被提起且胜诉率不断提高,利用扩张的制度适用甚至可以针对雇主本人提起[92]。

与此相反,在其他大部分发达国家,保险计划在取代侵权责任而作为

---

〔88〕 参见本书第五章,脚注〔75〕。

〔89〕 一个简要的回顾,see Social Security Programs, *supra* n. 66, at 28-37; Franklin and Rabin, *Tort Law and Alternatives* 682-703 (4th edn. 1987). 1983 年,该等社会保障体系以 250 亿美元的保费支出,获取了 175 亿美元的保险金,使超过 1.3 万名死者和 230 万名伤者受益。

〔90〕 Larson, *Workmen's Compensation Law*, vol. 2A, ch. 14 (1961—)。

〔91〕 根据一项发布于 *Final Report*, *Interagency Task Force on Product Liability* VII-85 (1978)的 ISO 研究,有 11% 的产品责任诉讼是因工伤事故引起的,但导致了几乎达到 50% 的总保险金支出。这一结论为兰特对旧金山陪审团裁断结果的研究所证实,"工伤事故"赔偿金的中位数和平均值超过了整体对应指标的两倍,仅低于专业人士过失责任案件,see Shanley and Peterson *supra* n. 42. 值得注意的是,这使得受害人可以获得两类无过错补偿。这一意外的补偿促使人们修订了针对另一类似情况的法律,即海边工人因不适航而提出的赔偿请求。(限制过失主张的修正案在 1972 年《港口工人和码头工人补偿法修正案》中被采纳了)

工伤赔偿保险公司针对第三方侵权人的代位求偿权(right of subrogation)在大多数法域与雇主一方有无过错无关,其引发的额外担忧在改革方案中得到了解决,see Franklin and Rabin, *supra* n. 89, at 699-701.

〔92〕 除了严重的不当行为,对"双重名义"(dual capacity)的司法诠释允许针对雇主发起侵权诉讼,例如,就雇主未告知雇员不利的医学检查结果而提起诉讼,或者就雇员遭到替其雇主向公众销售之产品的伤害而提起诉讼。See *D'Angona v. County of Los Angeles*, 27 Cal. 3d 661, 613 P. 2d 238 (1980).

事故补偿来源方面已取得了可观的进展。[93] 自第二次世界大战以来,国家社会保险体系为事故造成的残疾人、患病者甚至失业者提供了免费的医疗服务和基本的救济金(benefit)。基本救济金往往聚焦于需求而不是收入替代。工伤保险基本保留了与工伤赔偿之间的传统联系,即提供与收入相关的救济金,尽管受制于"上限"(cap)规定。由于侵权赔偿金需扣除这些救济金,很大程度上受害者不愿诉诸侵权赔偿,除非在严重受损的情况下值得寻求非财产损害赔偿,或者对于高收入者而言,值得寻求额外的收入损害赔偿。因此,社会保险的救济金越高,非财产损失的侵权赔偿现行标准越低,侵权责任就越容易被社会保障体制排挤出去。这一结果在斯堪的纳维亚国家尤其明显[94],在英国亦是如此,如今在事故赔偿来源方面,其社会保障体系已被认可为可与侵权法体系并肩的"资深合伙人"(senior partner)。[95] 此外,在刚才提到的这些国家,社会保障机构没有权利向侵权人及其保险公司追偿,因此与法国和德国更为传统的规则相异,社会保障仍旧是主要的赔偿来源。[96]

除了社会保障体系这个安全网外,多项特殊的赔偿计划进一步削弱了传统侵权责任的角色。主要的例子是无过错交通事故赔偿,即使其尚未成为排他性的救济手段(在加拿大魁北克省和以色列则是如此),也覆盖了绝大多数的人身伤害事故。[97] 其他特殊计划,如针对药品伤害或者医疗事故的计划,使得大家更不愿意参与侵权诉讼。在那些特意设计出特殊补偿计划,使其能够覆盖一般社会保障金和侵权赔偿金之间差额的地方,例如瑞典,尤其如此。[98] 最后我们提到,在新西兰,一项为所有人

---

[93] See e.g. Weyers, *Unfallschäeden*. (1971).

[94] See Hellner, "Compensation for Personal Injury: The Swedish Alternative". 34 *Am. J. Corp. L.* 613 (1986).

[95] *Pearson Report*, *supra* n.7, vol. i, para. 1732 (1978). 彼时社会保障的年度支出是 4.21 亿英镑,而侵权法系统的成本为 2.02 亿英镑;ibid, 13. 1984 年,英国高等法院的侵权诉讼数量达到 3.2 万件,在郡法庭(最高涉诉金额为 5000 英镑)的数量为 2.7 万件。在加州——人口数量仅为英国的一半——侵权数量达到 10 万,人均数量大约是英国的 3 倍。

[96] See Fleming, XI/2 *Int. Encycl. Comp. L.* ch.11 §§18-62.

[97] See Tunc, XI/2 *Int. Encycl. Comp. L.* ch.14.

[98] 参见前文,脚注[2]。

身伤害和死亡提供补偿的综合事故补偿计划已经完全取代了侵权责任体系。[99]

美国和其他国家的取向存在明显差别,在美国侵权责任似乎持续充满活力,而在其他国家侵权责任则明显在收缩,原因为何?是不是意味着美国对我们时代的社会福利的关切较为迟钝?当然不是,正如严格侵权责任这一令人瞩目的趋势自身所说明的。相反,是因为美国选择用来促成这一目标的手段和大多数其他国家所采用的手段不同。在其他国家,主要基石是国家社会保险体系,包括全民医疗保险。而美国人对多元主义和自由市场的偏好使得补偿体系分散化,和其他国家的福利计划相比,其总收益和总开支同样可以平衡得很好。

确实,联邦社会保障体系对事故赔偿做出的贡献不算大,免费的医疗服务仅向老人(联邦老年医疗保险,Medicare)和贫困者(联邦医疗补助制度,Medicaid)提供,而残疾补助仅提供给 65 岁以下、遭受完全而持续残疾的人士。[100] 尽管如此,超过 85% 的人口投保了私人医疗保险,虽然并非都是为长期慢性疾病而投保的。[101] 除了工伤赔偿计划,许多州都要求购买非职业致残保险[102],许多州要求购买无过错机动车保险,而联邦立法已经试点了几项针对特殊损害的补偿计划,最著名的几项涉及黑肺病(black lung)[103] 以及如今的疫苗伤害(vaccine injuries)[104],并负责为核事故提供额外保险[105]。针对各种事故,其他特殊的赔偿计划也得到提议,

---

[99] 参见 Palmer, *Compensation for Incapacity* (1979); id., "Compensation for Personal Injury: A Requiem for the Common Law in New Zealand", 21 *Am. J. Comp. L.* 1 (1973).

[100] 《社会保障法》(42 USC §23)规定:"由于任何医学上可认定的生理或心理损伤(该等损伤预期可以导致死亡或者可能持续一段连续的不短于 12 个月的时期)导致未能参与任何实质获利活动。"

[101] *Source Book of Health Insurance Data 1984—1985* (Health Insurance Assoc. of America) ch. 1.

[102] 加州、纽约州、新泽西州、罗得岛州和夏威夷州。See "Social Security Programs", *supra* n. 66, at 37; Report of the Research Subcommittee of the Disability Insurance Committee, Health Insurance Association of America, *Compensation Systems Available to Disabled Persons in the U. S.* (1978).

[103] 自 1972 年起,根据《联邦煤矿卫生和安全法》由劳工部管理的一个特殊联邦项目。

[104] 参见前文,脚注[52]。

[105] 根据《普赖斯—安德森法》(Price-Anderson Act)(42 USC §2210)目前计划将行业承担的责任从 6.6 亿美元提升到 65 亿美元。

从针对医疗伤害[106]和有毒化学品伤害[107]到扩大工伤赔偿[108]或者有效期为 24 小时的临时残疾保险[109]。同样引人关注的是奥尔康奈用以替代侵权诉讼赔偿的选择性无过错模式。[110] 但这些尝试，更不用说一般性的事故赔偿计划[111]，仍是乌托邦式的[112]。现存马赛克式赔偿体系的特点是筹资方式的分散化和多样化。私人保险扮演了突出的角色，赔偿资金来源于受保人、雇主，也包括纳税人。此外，各种类别的自愿保险为风险厌恶者（risk-averse）和那些需要额外保障的人士提供了选择权。

虽然存在碎片化的情况，但这一安排有其优势。很多保险都是第一方保险并可以根据个人需要进行调整，而不像大多数集中化的社会保障体系提供的统一赔偿标准。相似的，保险费率可以很好地调整以反映风险敞口，而不是均一化的，因而在各个方面对于应对"道德风险"问题更为敏感。这种对比在机动车交通事故的不同处理方法中特别明显：传统欧洲方法遵循原初的第三方保险的工伤赔偿模型，或者采用集中赔偿基金模式，而美国独特的解决措施不过是把自愿第一方保险改为强制性的。

---

[106] See Havighurst, "Medical Adversity Insurance: Has Its Time Come?" 1975 *Duke L. J.* 1233; Tancredi, "Designing a No-Fault Alternative", 49 (2) *Law and Contemp. Prob.* 5 (1986); R. Henderson, "The Boundary Problems of Enterprise Liability", 41 *Md. L. Rev.* 659 (1982).

[107] Soble, "A Proposal for Administrative Compensation of Victims of Toxic Substance Pollution: A Model Act", 14 *Harv. J. Legis.* 683 (1977).

[108] R. Henderson, "Should Workmen's Compensation be Extended to Nonoccupational Injuries?" 48 *Tex. L. Rev.* 117 (1969).

[109] Sugarman, "Doing Away With Tort Law", 73 *Calif. L. Rev.* 555 (1985).

[110] O'Connell, *Ending Insult to Injuries: No-Fault Insurance for Products and Services* (1975); id., "An Elective No-Fault Liability Statute", 1975 *Ins. L. J.* 261; id., "Giving Motorists a Choice between Fault and No-Fault Insurance", 72 *Va. L. Rev.* 61 (1986). 这些文章的作者是基顿—奥尔康奈机动车计划的共同发起人（本书第五章，脚注[91]附近的正文）。之后几年，他提倡选择性计划，以引导原告权衡"平行来源规则"（collateral source rule）和"与有过失抗辩"（本书第六章，脚注[96]），以及权衡疼痛与痛苦赔偿金和律师费（本书第六章，脚注[183]）。

[111] 期待美国律师协会（American Bar Association）支持这一激进的解决措施将是无意义的。1987 年，它最终投票支持了一些温和的改革，例如限制判决惩罚性赔偿金，以及限制"连带责任"：*Nat. L. J.* 16 Feb., 2 Mar., 1987. 一项限制"疼痛与痛苦"赔偿金的建议被否决了。另参见调和性的报告，*Report to the ABA. Towards Jurisprudence of Injury: The Continuing Creation of a System of Substantive Justice in American Tort Law* (1984).

[112] e.g. Bernzweig, *By Accident Not Design* (1980); Franklin, "Replacing the Negligence Lottery: Compensation and Selective Reimbursement", 53 *Va. L. Rev.* 774 (1967).

如此便使得各种扣除项目成为可能,并能够抵消责任保险(以及侵权法体系)补贴富裕群体的倾向。近来"侵权法爆炸"中具有讽刺意味的是,由于均势被改变,第三方保险获得优势,上述第一方保险的优势便无从发挥了。事实上,一个被普遍忽略的导致保险费率显著上涨的原因是,由此带来的重新定义和衡量风险的需要。

因此,正如其他地方一样,侵权责任仅扮演了补充社会和私人保险的角色,而填补差距的需要被普遍夸大了。虽然如此,其在整个图景中的适当功能亟待澄清。所谓的"平行来源规则"(collateral source rule)所起的效果是,一般性地允许事故受害者同时获得保险利益和未调减的侵权赔偿金,即使该保险是强制性的且保险金来源于诸如联邦社会保障体系这样的公共资金。若不是考虑到侵权诉讼中胜诉的原告需要将获得的补偿金中的一大部分专门支付给其律师[113],上述结果可以被谴责为对资源的严重不当分配。然而不可避免的,侵权法作为缺口填补者的功能是模糊的,如果说不是自相矛盾的话。

因此,美国事故赔偿的总图景是高度碎片化的,缺乏任何系统性的整合计划。侵权责任法的收益并不总是赋予那些未从其他来源获得赔偿,或者从其他来源获得的赔偿不充分的受害者,而是随机分配,未考虑受害者的需求或者其是否应得。过分膨胀的交易成本加强了侵权法体系明显的低效性。也就是美国社会的富足才减弱了人们对这一挥霍安排的深切忧虑,以及对发展更具目的性的赔偿政策(其他资源更加有限的国家被迫建立这样的政策)之迫切感。

本章的简短概况强调了美国侵权责任体制运行背后的、一般制度背景的重要性。把美国侵权法体系和其他国家,包括普通法系国家的侵权法体系区分开来的,与其说是白纸黑字所写的规则内容,不如说是其独特的制度安排。这并不是否认社会价值或者法律哲学在演进中的原则上留下其印记,也不是否认法律传统的差异可以影响法律变革的方向和进度。

---

[113] 参见本书第六章,脚注〔89〕。

但是侵权法体系的制度特征——其自身反映了社会价值——在远为深刻的程度上解释了美国运行中的侵权法奇异的独特性。接下来的章节将探索其中较为重要的方面：作为改革行动者，法院和立法机关之间的关系（第二、三章），陪审团（第四章），律师和保险公司（第五章），胜诉酬金（第六章），以及应对大规模诉讼的程序安排（第七章）。

第二章
司法能动主义

□ 第一节 法官

自第二次世界大战以来,对社会福利、富足和技术进步不断高涨的期待驱使社会变革,将法律体系置于迄今无可比拟的压力之下,要求其自我调适以适应变革前景。侵权法在其扮演的传统事故赔偿来源的角色方面,尤其面临此种要求。

所有西方国家的法律体系都以不同的变革程度和速度回应着这一挑战。与其他国家相比,在美国,法院几乎排他性地决定了法律调整的方向和节奏,而立法机构并未施加帮助。不管是否情愿,美国法院,特别是终审法院(courts of last resort)被要求承担能动主义的角色。由于以下将要解释的原因,尽管立法机构大体说来放弃了主导改革的当然优势地位,但是司法机构扮演改革者的角色,还是或多或少不可避免地打破了法官和立法者之间微妙的功能区隔。

美国法院声称,与英国相比,其具有更大裁量空间和创造性,这一点得到广泛认可,在侵权诉讼中也并不奇怪。显著的制度差异一下子就浮现眼前:司法系统和法律专业人群的庞大规模和复杂性,排除了英国式高度集中化和阶层制体系所培育出来的共同专业价值观的发展。美国法官主要因其政治归属而被任命,且挑选自日益多元化的、具有不同社会背景和工作经历的群体,因而缺乏紧密团结的英国律师所接受的密集专业培训和具备的共同气质(common ethos),而英国法官就是挑选自这些律师群体中最杰出的人士。相应地,比之作为封闭系统的法律,美国法官的忠诚更多献给了自己的个人理念,他们相信自己系因此才得以被任命。在他们看来,法律并不是作为永恒真理之"中立原则"的化身,而是政府为了实现今日和明日之目标的工具。他们的观点本质上仍旧是政治性的,内心的法律概念是"工具主义的"。上诉法官是在"投票"而不是裁判,彼此竞争以求"胜出",如果属于少数一方,则希望他们的异议意见——经常是以强烈的反对口吻作出的——有朝一日能胜出。[1] 这种态度在享有较长任期的被任命法官之中是存在的,与那些受制于短期公众选举的法官并无二致。"司法独立"并不总是意味着,独立于政治的代价必然是限制和弃绝政治性的立法权力。

法律的确定性在美国法理学的价值排序中占据了较低的地位。英国法院大多满足于填补空隙(gap-filling)的功能,并否认因其认为先例判决有误就可加以推翻的权力。[2] 他们的职责是发展"原则"(principle)而不是"政策"(policy)(尽管这一区分本身并非没有问题)。[3] 相反,秉持乐观主义的美国人信奉社会进步之价值,作出变革的承诺须臾不可缺,赋予

---

〔1〕 正如格里菲斯等人所主张的,即使英国法官具有保守主义的偏见,他们至少相信自己是在追求"中立原则"。(值得注意的是,格里菲斯并未抱怨英国法官在侵权案件中的表现)Griffith, *The Politics of the Judiciary* (3rd edn. 1985). See also Atiyah, "Lawyers and Rules: Some Anglo-American Comparisons", 37 *Sw. L. J.* 545 (1983).

〔2〕 除给出一些参考资料外,本书并非讨论这一富有争议性话题的场合:Paterson, *The Law Lords* (1982); Stevens, *Law and Politics* (1979); (Lord) Reid, "The Judge as Lawmaker", 12 *J. SPTL* 22 (1972); (Lord) Devlin, "Judges and Lawmakers", 39 *Mod. L. Rev.* 1 (1976). 英国人对于"遵循先例原则"(stare decisis)的关切催生了其特有的数量可观的文献,而美国则寥寥:Stone, *Precedent and Law: Dynamics of Common Law Growth* (1985); Cross, *Precedent in English Law* (3rd edn. 1977).

〔3〕 这一点突出体现于斯卡曼(Scarman)和埃德蒙·戴维斯(Edmund-Davies)大法官在 *McLoughlin v. O'Brian* [1983] 1 AC 410 一案中的对抗上。其同样展现于罗纳德·德沃金(Ronald Dworkin)"权利论"(right thesis)的模棱两可之中,"权利论"可能影响了斯卡曼法官对"政策"的放弃,也同样影响了德沃金与法律改革委员会(Law Reform Commission)之间的著名联盟。德沃金所主张的限制司法部门选择法律目标之裁量权的目标(*Taking Rights Seriously*, 1979),在遵循预见性原则的名义下促进广泛的社会价值(包括财富和权利的再分配)时,其自身易于被颠覆。事实上,他接受"权利"可使集体性目标有意义的判断,由此似乎心照不宣地认可如下观点,即在确定过失行为受害者的权利时,考虑成本—收益分析和损失分配等经济政策具有合法性。

了法官完善当前制度的使命,这担子可不比其他决策者所承担的更轻。"遵循先例原则"(stare decisis)反映的是静态的传统社会,法律创新则反映了"进步之中"的社会。

侵权法可能比其他大多数法律门类更易受此等观念影响,部分是因为其更易受到变动不居的公众感知的影响,部分是因为其对现状的依赖较少。此外,侵权法的特定结构——其表述方式是开放式的"原则"而非"规则"(例如合理性、可预见性),由此容易引入来自法官、陪审团等决策制定者的"政策"和同时代的社会价值。事实上,美国的经验清晰地反映了,对可预见性"原则"的盲目追随,可能对积极主义法官有意扮演的、拓展社会改革范围的角色产生筛查效应。[4] 反过来如果诉诸"政策"分析,其对法律变革发挥的刹车片(brake)功能可能不亚于助推器(accelerator)功能。

在美国,侵权法主要由州法规定。[5] 除了联邦宪法施加的有限限制外,一州中最高一级法院对其法域内的实体法拥有最终决定权。[6] 由此,州法官便在判决中反映了其所在地的政治文化。保守州,主要是乡村地区,选择了那些承诺坚持严格解释和"遵循先例原则"的法官;自由州,主要是城镇地区,倾向于选拔更多愿意承担社会变革使命的法律专家。

---

[4] 例如在加州,博德法院(Bird Court)将可预见性视为"关键要素",see J Aire Corp. v. Gregory, 24 Cal. 3d 799, 806, 598 P. 2d 60 (1979). 请对比以下对英国类似趋势的评论:"可预见性原则分析法吸引了大量法官,催生了一个由以下群体组成的奇怪联盟:关心原则纯粹性和形式的概念主义者、认为过失侵权制度是实现维护收入和财富分配等目标的宝贵福利工具的积极主义社会工程师,关心资源和风险在个案层面上如何有效分配的功利实用主义者,以及承受压力、主要关心如何基于'不被上诉审推翻'(appeal-proof)的事实作出判决的法官."Smillie, "Principle, Policy and Negligence", 11 NZU L Rev. 111, 148 (1985). See also Bell, Policy Arguments in Judicial Decisions (1983).

[5] 在 Erie R. R. Co. v. Tomkins, 304 US 64 (1938)一案之前,联邦法院尝试发展针对跨法域案件的联邦"普通法";因此,我们得以看到霍姆斯大法官作出的关于侵权原则的著名判决。从1938年起,联邦法院在跨法域的案件中就必须适用州法了,如诉讼一方在联邦法院中与另一州居民对簿公堂。

联邦侵权法仅限于某些领域,如公海上、可通航水域上的侵权,以及依据《联邦雇主责任法》(Federal Employers' Liability Act)处理铁路公司雇员提出的事故赔偿请求权。

[6] 参见本书第三章。

前者认为自己主要是裁判者,而后者则认为自己是立法者。[7] 即便是在同一个上诉法院里,法官的背景和取向也是多元的,反映了选举过程中分裂的选民群体(divided electorate)和其政治意见的摇摆(political swings)。这反过来解释了某些法院存在的派别之争和广泛存在的异议派(dissents)。[8] 对州最高法院单个法官投票记录的研究证实,他们的政治派别和判决结果之间存在高度关联性。在侵权案件中,自由派的民主党人一般支持原告(在刑事案件中则支持被告);共和党人则正好相反。[9] 既然终审法院控制了其自身案件的排期(docket),多数法官能够通过精准选择上诉案件来控制法律变革的速度和方向。值得注意的是,在所考察的期间内,大多数法域的侵权上诉案件比例超过了除刑事和公法案件外的其他案件。[10] 几乎没有上诉案件属于常规案件。

因受姐妹州不断积累的先例的普遍影响,各州之间文化和意识形态上的多样性,在法律变革的长期效应下逐渐得到消解。尽管州最高法院是地方法的最终裁判者,但它们无法逃避其他地方不断演进之共识的推动力。因此,意见领袖,例如加州、佛罗里达州、密歇根州和新泽西州等主要具有"前瞻性"的法域,它们的最高法院意见便十分关键。更为保守的法院在进步的压力下归队,它们可以声称,促使其遵循全国一致性的不可抗拒拉力,解释了其与先例的最终决裂。[11]

司法能动主义,特别是当人们草率而傲慢地加以坚持时,带来了分

---

〔7〕 纽约州、马萨诸塞州、宾夕法尼亚州和路易斯安那州法官态度的比较,Glick, *Supreme Courts in State Politics*, ch. 2 (1971).

〔8〕 Ibid., ch. 5.("决策的作出和群体的互动")

〔9〕 See Nagel,"Political Party Affiliation and Judges' Decisions", 55 *Am. Pol. Sc. Rev.* 843 (1961); Glick and Vines, *State Court Systems* 50-1, 82-5 (1971)一文显示,75.5%的法官拥有至少一个非司法用的政治办公室,平均是 2.3 个。(pp. 48-49)G. 舒伯特(G. Schubert)是撰写司法"角色"文献的老手,其量化研究主要涉及美国最高法院,see Schubert, *The Judicial Mind* (1965); *The Judicial Mind Revisited* (1974).

〔10〕 See e. g. Glick and Vines, *supra* 98, on statistics for 1965—1966.

〔11〕 See Baum and Canon,"State Supreme Courts as Activists: New Doctrines in the Law of Torts", *State Supreme Courts: Policy-Makers in the Federal System*, ch. 4 (1982) 根据创新行为记录对 50 个州法院进行排序。由另一位法官作出的、针对加州最高法院积极主义少见而持续的批评,see Fernandez,"Custom and the Common Law: Judicial Restraint and Lawmaking by Courts", 11 *Southw. U. L. Rev.* 1237 (1979).

裂、司法政治化和对政府制度的不尊重,并为此付出了高昂代价。在所有诉讼案件中,侵权和刑事案件占据很大份额,且由于就社会目标和达致方式存在广泛分歧,其受到公众的高度关注。围绕侵权案件的争论受到了特殊利益团体的进一步煽动:一方是原告方律师和消费者团体,另一方则是作为靶子的被告(商业界和专业人士)以及保险行业。这种争论容易向政治领域流溢,相应影响了法官的遴选和司法程序本身。为理解这一过程,本节首先需考察过去 30 年司法改革的节奏和方法。

到 20 世纪 50 年代中期为止,美国侵权法呈现的都是一副"时代错误"(anachronistic)的脸孔。对比之下,英国的立法改革姗姗来迟——在多数情形中,其他英联邦国家都跟进了[12]——约在第二次世界大战期间修改了法律,以适应世纪中期已发生变化的需求。在英国,长时期的停滞[13]渐渐终结了,侵权领域的首批证据包括允许诉因遗存(survival of actions)的 1934 年立法[14]和共同侵权人之间的责任分摊[15]。战后不久遂通过多项立法,首先于 1945 年以损失分摊(apportionment of loss)取代了与有过失的抗辩[16];其次,于 1947 年废除了皇室豁免(Crown immunity)[17]。1957 年,普通法中包容性很强的注意义务标准确认了"占有人责任"(occupier's liability)[18],1961 年,高速公路主管部门的责任豁免被取消[19],随后是 1962 年海事豁免这一最后残存规定的取消[20]。这些都是制定法上的改革,而这一时期内,法院大体对侵权法现状表示满意,

---

[12]　在某些情况下,则是由英联邦成员国率先提出的,例如安大略省和加拿大其他一些省份提出的损失分摊。

[13]　See Abel-Smith and Stevens, *Lawyers and the Courts*, pt. 2 (1875—1939: The Era of Stagnation) (1967).

[14]　《1934 年法律改革法(杂项规定)》[Law Reform (Miscellaneous Provisions) Act 1934]。

[15]　《1934 年法律改革法(已婚妇女和侵权人)》[Law Reform (Married Women and Tortfeasors) Act 1934]。

[16]　《1945 年法律改革法(与有过失)》[Law Reform (Contributory Negligence) Act 1945]。

[17]　《1947 年皇室程序法》(Crown Proceedings Act 1947)。

[18]　《1957 年占有人责任法》(Occupiers' Liability Act 1957)。

[19]　《1961 年高速公路法(杂项规定)》[Highways (Miscellaneous Provisions) Act 1961]。

[20]　《1962 年法律改革法(丈夫和妻子)》[Law Reform (Husband and Wife) Act 1962]。

仅对已经确立的原则进行温和改进。[21] 直到1972年皮尔逊委员会得到任命后，人们才感觉到有必要对事故赔偿制度全貌进行批判性考察，特别是侵权法和社会保障制度之间的关系，后者是在《1943年贝弗里奇报告》（Beveridge Report of 1943）的推动下迅速发展起来的。

在美国，正如上文已经提到的，类似的对侵权法进行现代化改造的任务落在法院肩上。开始于20世纪50年代末，侵权法一项又一项的"时代错误"被废除了，首先是豁免——家庭、慈善和主权豁免，此后是引入比较过失制度，既适用于原被告之间（与有过失），也适用于不同被告之间（过失责任分摊）。此外，最引人注目的是对产品缺陷案件适用严格责任。这些原则性改革，为美国侵权法在事故赔偿领域扮演的角色从相对温和向积极扩张的转变奠定了基础。总体而言，立法机构在这个过程中至多扮演边缘的、应对性的角色。

回溯这段发展历程，我们将首先在美国立法过程的结构性条件中，寻求对普遍存在的立法惰性的解释。然后我们将聚焦普通法和制定法各自发生变革的不同阶段，展示法院和立法机构在扮演立法者角色时的奇特互动。

▢ 第二节　立法过程

大约25年前，科姆利厄斯·佩克教授（Professor Cornelius Peck）着手探索美国法院在改革侵权法过程中承担创造性角色的原因，与广泛认为的"谜案"说不同，他的结论是，在这一时期需要解决的诸多（可能是绝大部分）事项上，在完成改革所需的能力上法院胜过了立法机关。[22] 虽然从彼时到现今发生了一些进展，例如原告方律师对议会的游说影响，但

---

〔21〕See e.g. Stevens, *supra* n. 13, pt. 4（1956—1976）. 作者推崇20世纪70年代中期"新原则的增量发展"（p.589），但这跟美国法相比就是小巫见大巫了。

〔22〕Peck, "The Role of Courts and Legislatures in the Reform of Tort Law", 48 *Minn. L. Rev.* 265（1963）.

是其研究所识别的主要推动力在今天仍和他当时阐明时一样,真实地存在着。

一、惰性

立法机构对任何侵权改革项目的冷漠态度,可能是平息司法篡权争论的最强有力论据。立法者的时间都被诸如通过预算,回应来自选民、客户和游说者的日常压力,为下一场两年一次的选举做准备等难题耗尽了。即便在较大的州,例如纽约州和加州,那里的立法工作不再是业余性质的,会期每年都有而不再是隔年一次,总体上,要立法机关投身于触及深层原则的法律改革这样的持续性任务,它们还是既缺人员,又无动力。有些州现时设立了法律改革委员会,但这些委员会依赖于特定的立法指令,人员是兼职的,工作欠缺成效。总检察长领导的相关部门监督刑法的执行并给政府提供建议,但他们不比行政部门(州长)更乐意监督民事实体法的运行,更不必说发起任何雄心勃勃的立法改革项目了。由各州代表组成的统一州法委员会(Uniform Law Commission),提出的模范法典数量不可说不可观,然而采用率是令人沮丧的,反映了大家对私法运行状况普遍缺乏利益无涉的关注。[23]

但凡启动雄心勃勃的立法评估工作(事实上稀见罕闻),都很可能被竞争性的利益所压倒,并由此陷入沉寂。一个例子是加州侵权改革立法联合委员会,它于 1977 年成立,旨在平息针对侵权法领域相关现象的负面报道和抗议,包括伴随医疗保险危机而来的不断增加之侵权责任负担、产品责任案件中的金额令人担忧的补偿性和惩罚性赔偿等。[24] 委员会专家被委托开展研究,但是立法命令体制的热情很快就消散了,更加证实

---

[23] 侵权领域最重要的模范法典是《统一侵权人责任分摊法》(Uniform Contribution Among Tortfeasors Act)(1933 年和 1955 年)、《比较过失法》(Comparative Fault Act)(1979 年)和《诉讼费用分期支付法》(Periodic Payment of Judgments Act)(1980 年)。这些模范法典里,第一个有部分州予以采纳,而后两者完全没有被采纳。

[24] See e. g. Report of the California Citizens Commission on Tort Reform, *Righting the Liability Balance* (1977).

了如下质疑,即所有努力从一开始不过仅仅是装点门面罢了。[25]

这些陆续被作为制定法通过的侵权领域立法,往往是对时不时发生之危机的回应,而与更具一般性的原则无关,因而常常涉嫌区别对待而成为合宪性攻击的对象。[26] 例如,要求父母为未成年子女故意毁坏财产承担有限责任的法律[27],或者偶尔推翻一项触动选民敏感神经的法院判决,例如好客的主人向客人提供了过量酒精,导致后者在回家路上出车祸而要求前者承担责任的判决[28]。这些当然都与许多大陆法系国家以及近来英联邦国家的做法有着天壤之别,后者均是由负责法律改革的机关对侵权法进行系统审示。在大陆法系国家,司法部承担了持续监督民事和刑事法律运行情况的职责,是确保民法典统一性的专职守护人。事实上,卡多佐法官早在1921年就曾强烈建议美国采用这一模式。[29] 在英格兰(以及苏格兰),配备常任人员的法律委员会自1965年成立以来已取得一系列值得称赞的法律改革成果[30],随后持续地为加拿大、澳大利亚和其他英联邦国家所效仿[31]。

二、游说

一个流传甚广的看法是,立法机关拥有更好的信息渠道,因而与法院相比,在评估被提议之改革的必要性和优劣方面,处于更优越的地位。这一看法,至少作为一般性看法,并不是事实。在很多事项上,特别是律师经常适用的法律领域里,法官的经验是非专业人士所不可比的,即便允许

---

[25] See *Series 1978 Staff Report* (1979),包括了相关研究和建议。某些建议得到法院采纳,而这些报告所呈递的对象——立法机构则未采纳其中任何建议。

[26] 参见本书第三章。

[27] See Prosser and Keeton, *Law of Torts* 913 (5th edn. 1984).

[28] *Coulter v. Superior Court*〔21 Cal. 3d 144, 577 P. 2d 669 (1978)〕一案很快被《加州商业与职业行为守则》第25602条(Bus. & Prof. Code §25602)推翻了。

[29] Cardozo, "A Ministry of Justice", 35 *Harv. L. Rev.* 113 (1921).

[30] 《1965年法律委员会法》(Law Commission Act 1965)。See Smith and Bailey, *The Modern English Legal System* 18-20 (1984).

[31] See *Reform*, "A regular bulletin of law reform news, views and information, published by the Australian Law Reform Commission".

律师成为立法者,特别是进入司法委员会,情况也是如此。

委员会的设置,应该承认,让利益群体有机会向公众展示其观点和希望,由此增强其论据的分量。但是大多数观察者都怀疑,这一例行程序仅仅是为了满足民主的假象而上演的蹩脚剧目。比之代表反对意见的发言人精心准备的公共证词,立法者的心思更容易受到游说者私下说情的动摇。

在美国,侵权法改革呈现出高度对抗性的局面。盖因任何对现行法律权利均衡状态的改变都必然偏于原告或者被告。与其他国家不同,双方的利益在当下都得到了相抗衡的律师组织强有力的代表:一方面是原告方律师;另一方面则是被告方律师及其客户。正如后续章节更为详细解释的[32],前者在诉讼结果上押了一大笔赌注,因为结果将直接影响他们的胜诉酬金。因此,美国出庭律师联盟(American Trial Lawyers Association,ATLA)及其地方分支严密地关注立法动向,其对立法程序的影响是让人印象深刻的。

美国律师协会(American Bar Association)往往受到一些代表潜在侵权人利益之组织的反对,例如遭到美国制造商协会就产品责任事项的反对,当然反对者还包括责任保险人。这些支持被告一方的群体并不像原告团体那样有压制力,它们往往因特定事项与其他群体形成临时联盟,例如为了疫苗责任事项而与医疗协会和药品生产商结盟,或者为了诽谤事项而与各类媒体组织结盟。这一高度组织化的对抗所产生的效果是,相当程度上瘫痪了侵权领域的立法改革。但也并不总是如此。历史上,州立法机关大体上受到保守的多数派及其利益的支配。其中最突出的原因包括:根据1962年确立的一人一票的宪法原则[33],农村选民享有不成比例的选举优势;少数族群的解放[34];以及美国律师协会在战后令人瞩目的实力增强。偏向被告的立法,例如声名狼藉的"乘客法",是在早年酝酿

---

[32] 参见本书第五章。
[33] *Baker v. Carr*, 369 US 186 (1962).
[34] 此系《1964年民权法案》(Civil Rights Act of 1964)的结果。

的。然而,现状已经很难朝任一方向(即有利于原告或者被告方向)转变[35]。变化的结果将有损于其中一方,取决于谁是变化的支持者。因此,在加州和其他很多州,保险行业部分公司一直致力于通过一部强硬的、包含限制侵权赔偿条款的机动车无过错法案,但总是被原告方律师挫败。[36] 早年加州最高法院激进的多数派作出了相关有利于原告的判决,几乎所有试图加以推翻或者限制的法律同样也都失败了。[37] 到头来,立法机关拥有最终的决定权,能够控制难以驾驭的司法机关,这种自我安慰的想法大体来说是不现实的。

如此还导向了另一个悖论。人们可能会抽象地主张,立法机关的瘫痪为司法能动主义提供了充分的正当理由。[38] 然而,正是这一立法瘫痪弱化了传统上法官的自我约束,他们因而屈从于促成激进社会改革的呼求,而无须担心被推翻或者得到惩罚。这一趋势带来了两个严重的不利后果。其一,它进一步削弱了司法机关声称的合法性。民主社会总是带着怀疑的眼光看待反多数(anti-majoritarian)的权力主张。美国在宪法中确立了权力分立原则,确保了司法机关的独立地位以及同政府的其他两个分支协调一致,因而传统看法认为,法院并没有篡夺立法机关的立法权。尽管很难在制定法律和适用法律之间划出一条清晰的界限,其总是受到法院和立法机关之间不断微妙调试之平衡的影响。但是司法机关发起的任何具有一般社会意义的激进改革,注定会使人们质疑其可能是非法和违宪的。

其二,这反过来也使得法院变得政治化,不单减损了其声称的合法性,还使其疏远于一般社区群体。加州近几年的情况是,最高法院的法

---

〔35〕 参见本书第三章,脚注〔12〕。

〔36〕 参见本书第五章,脚注〔75〕。

〔37〕 其中一个著名例子是制造业徒劳地试图推翻以下判决:*Sindell v. Abbott Laboratories*,26 Cal. 3d 588,607 P. 2d 924 (1980)("市场份额"判决)以及 *American Motorcycle v. Superior Court*,20 Cal. 3d 578,578 P. 2d 899 (1978)(保留了"连带责任"规则)。前者将在本书第七章脚注〔92〕处讨论,后者将在本书第三章脚注〔76〕处讨论。一部修正了 *Rowland v. Christian*,69 Cal. 2d 108,443 P. 2d 561 (1968)一案判决的法律,最终在 1985 年通过了(Civ. Code § 847),由此重罪犯无权起诉土地的占有者。

〔38〕 "当存在这样一个僵局而立法机关——不管出于什么原因——无法采取行动以填补普通法上导致不公正的缺漏时,那么修正这一不公正就是法院义不容辞的责任。"

官在竞选中被彻底地打败,证实了这一不幸但并不令人感到意外的公众感受。[39]

第三节　法官造法

一、未来适用的推翻先例判决

与法院并不立法而仅仅是"发现"或者适用法律的传统观念联系在一起的,是以下必然结果,即制定法大部分仅对未来适用(prospectively)[40],而司法判决则回溯性(retroactively)地发挥效果,对外的说辞是,纵使推翻了先例,也仅仅是纠正了对法律一直以来内涵的错误理解。虽有如此富于想象力的布莱克斯通式解释,判决传统上具有的追溯适用性对司法能动主义产生了警诫效应,特别是在人们依赖先例来安排自己事务的领域,例如财产处分和商业活动。人们的行为或许不会受到侵权法特定规则的深刻影响,但潜在被告采取的抵御措施,例如购买责任保险则会受到影响。为减轻人们对规则追溯适用的担忧,促使其对改革抱有更强的信心,美国法院发明了"未来适用的推翻先例判决"(prospective overruling)的法律技术。[41]

这一技术得到广泛接受,主要归功于其提出者卡多佐法官反复在法庭外的演说中予以倡导,他最终赢得了代表美国最高法院采纳这一技术的个人殊荣。正如其 1921 年在斯托尔讲席(Storrs Lecture)上所指出的:

---

〔39〕 1986 年 11 月 5 日。这些法官谋求获得下一个 12 年任期的连任。关于更早的报道,see Stolz, *Judging the Judges* (1981).

〔40〕 但特别情况下通过溯及既往的规则并不违宪,see *In re Consolidated U. S. Atmospheric Testing Litigation*, 616 F. Supp. 759 (DC Cal. 1985). 只有试图改变未决案件的裁判结果才是对美国《联邦宪法》第 3 条(权力分立)的违反。*US V. Sioux Nation of Indians* 448 US 371, 404 (1980).

〔41〕 See especially Schaefer, "The Control of 'Sunbursts': Techniques of Prospective Overruling", 42 *NYU L. Rev.* 631 (1967).

在绝大多数案件中，人们并未感到法官造法的追溯适用带来了什么困难，或者只是在先前未有相关规则的领域才不可避免地带来一定困难。我认为，当我们感到它带来的困难太突出或者不必要时，追溯适用应该被取消，这一点很重要。举个例子，终审法庭宣布一个制定法无效，而之后又推翻自己的判决，宣布其有效。中间发生的交易本来是适用第一次判决结果的……多数法院秉持现实主义精神，判令在两次判决期间该规则中止适用……为什么要划出界线？我并不尝试确定判决涉及的规则生效的具体时间界限。然而，我确信规则生效的时间，不管是什么时点，并不取决于法官造法性质这样的形而上概念，也不取决于对某些不可更改原则的迷恋，例如政府权力的分立，而取决于对便利性、效用和对正义最深沉的感情。[42]

"未来适用的推翻先例判决"规则在 1932 年由最高法院判例 *Great Northern Railway v. Sunburst Oil & Refining Co.*[43]案确立（该案通常被称为"*Sunburst*"），尽管之前也偶有法院采用。该原则的适用并未局限于涉及制定法有效性或解释的判决，在侵权法领域也被频繁地适用，特别是在废除政府[44]、慈善[45]以及家庭内成员豁免[46]的案件中。采用这一策略的理由自然是给予潜在被告采取保护措施的机会，诸如购买责任保险或者通过提价以向纳税人、客户和顾客转嫁成本等。

明尼苏达州法院在案例中将废除主权豁免的时点推迟至议会下一会

---

[42] 作为 *The Nature of the Judicial Process* 146-9（1921）出版。与此对比，英国上议院一直不愿意作出这一"进一步的创新"，并由此被援引为理由，借以反对代理责任（vicarious liability）（就如美国的"家庭用车"原则）进行更温和的扩展。Lord Wilberforce in *Launchbury v. Morgans* [1973] AC 127, 137. 这一温和派法官的判词明确涉及创新之一般问题（甚至无须推翻先例），与现行美国的方法论形成鲜明对比。

[43] 287 US 358.

[44] e.g. *Molitor v. Kaneland Community Unit Dist. No. 302*, 18 Ill. 2d 11, 163 NE 2d 89 (1959). 参见此书中的详细分析，Mishkin and Morris, *On Law in Courts* 271-317 (1965).

[45] e.g. *Parker v. Port Huron Hosp.*, 361 Mich. 1, 105 NW 2d 1 (1960).

[46] e.g. *Goller v. White* 20 Wis. 2d 402, 122 NW 2d 193 (1963).

期结束之时,"未来适用的推翻先例判决"规则在此又呈现新的细微差异。[47] 这一做法有意地表达了对作为立法最高权威的立法机构的尊重,同时暗示了其关于改革必要性的看法,明确地邀请议会来审核其判决。明尼苏达州议会果真照办,通过了一项制定法。除其他事项外,该法在未来4年内保留了学区的豁免资格,并通过多种方式限制市政机关承担新的责任。[48] 这个例子说明,人们对影响纳税人或高度组织化的主体(例如地方政府实体)利益的财政效应,具有更强的敏感性。与此形成对比的是,明尼苏达州法院在几年后推翻家长和孩童之间的豁免(亦是未来适用)时,并不认为需要如此谨慎。[49] 加州立法机关对废除了政府豁免的法院判决的反应,也体现了同样的考虑。[50] 与通常情况下普遍存在的立法惰性相反,立法机关迅速决定中止适用该判决2年,以争取时间来发起针对相关问题的详细研究,并最终通过了一项关于政府责任的复杂而详细的制定法。[51]

如果未来适用的推翻先例判决拒绝给予当下案件中当事人胜利果实,其不仅将使法院的判决成为一纸空文——但法院并非总是坚持他们的预测[52]——而且看起来也不公平[53],还消灭了诉讼主体推动法律变革的所有激励。为了实现这些改革目标,法院往往将新的判决结果适用于胜诉一方以作为推动司法改革的奖励,但在某些情况下却也将其推迟

---

[47] *Spanel v. Mounds View School Dist.*, 264 Minn. 279, 118 NW 2d 795 (1962). 马萨诸塞州法院在 *Whitney v. City of Worcester* [373 Mass. 208, 366 NE 2d 1210 (1977)]一案中的判决更加谨慎,该案仅仅是宣布将在下一议会会期结束后的第一个案例中废除相关豁免,但随后法院在首次签署判决重新考虑该原则时将其追溯至1973年适用。

[48] Minn Stat. Ann. §§ 466.01-6.12.

[49] *Balts v. Balts*, 273 Minn. 419, 142 NW 2d 66 (1966).

[50] *Muskopf v. Corning Hospital Dist.*, 55 Cal. 2d 211, 359 P. 2d 457 (1961).

[51] See Van Alstyne, "Government Tort Liability: Judicial Lawmaking in a Statutory Milieu", 15 *Stan. L. Rev.* 163 (1963); id., "Governmental Tort Liability: A Public Policy Prospectus", 10 *UCLA L. Rev.* 463 (1963).

[52] e.g. *Scheele v. City of Anchorage*, 385 p. 2d 582 (Alaska 1963) (改变了其先前作出的关于主权豁免的未来适用的推翻先例判决)。

[53] 但美国最高法院在 *Sunburst* 案(脚注[43])中明确认定这种做法并不违反正当程序原则(due process)。

至判决日后适用,例如此后发生的事故或者诉讼上。[54] 这种妥协"在逻辑上可能有点混乱,但一方面可以避免司法造成的瘫痪,另一方面也避免了立法期许的完全落空,提供了最佳的替代方案"[55]。

二、比较过失

尽管司法部门倾向于以一个宽泛的断言——法官造法总是可以被法院推翻的——来应对推翻先例的问题,但这一问题还是需要得到并且往往也得到了更加多元化的处置。是法院还是立法机关更适合于满足变革的需要,影响人们对此作出判断的一些相关因素上文已经提及:对特定问题的熟悉程度、压力团体的影响以及财政效应。在是否以比较过失(损失分摊)原则取代与有过失抗辩的问题上,其他因素也牵涉其中,例如谁更具备重新制定复杂的替代规则的比较优势、对该事件的公共争论、此前只有立法机关对这一事项倾注关注,等等。因双方的支持理由意外地势均力敌,司法界的反应也是混合式的,故这一争论值得更多地关注。

到 20 世纪中叶为止,正如在其他普通法系国家一样,支持与有过失抗辩的司法和大部分学术观点在美国已逐渐衰落。陪审团经常无视该抗辩,法院则尽力开示诸如"最后的明显机会"规则("last clear chance" rule)等例外,一些制定法还一般性地,或者针对特定情形(这种情况更常见)废除了该原则。[56] 在起初和兴盛的时期里,与有过失抗辩可以说发挥了精心设定的社会及经济功能,即通过降低赔偿成本,以发展更为强大

---

[54] 例如关于豁免事项的 Molitor 案(脚注[44])和 Balts 案(脚注[49]),关于比较过失原则的 Li v. Yellow Cab 案(脚注[66])和 Alvis v. Ribar 案(脚注[64])。想想这些案例和法院宣称的司法能动主义的价值定位的关系!但是,少于全额赔偿的激励不是不充分的吗?问问米什金和莫里斯吧,supra n.44,at 310-14.

[55] Currie, "Suitcase Divorce in the Conflict of Laws", 34 U. Chi. L. Rev. 26, 61 (1966), cited by Schaefer(参见前文,脚注[41])。

[56] e.g. Prosser and Keeton, supra n.27, ch.12; Harper, James and Grey, Torts, ch.22 (2nd edn. 1986). 阿肯色州、密苏里州、缅因州、内布拉斯加州、南达科他州和威斯康星州通过了一般适用的制定法。

的经济。[57] 然而,人们不仅早已不再认为产业界需要这种形式的补贴,而且也达成广泛共识,认为赔偿事故受害者是可欲的社会目标,可以通过责任保险这一损失分散方式加以实现,最终将成本转移给消费者大众。在三大主要事故领域中的两个——工伤[58]和缺陷产品[59]领域,原告的与有过失因素实质上已被排除了,这一抗辩只不过在道路交通和其他剩余的事故领域中扮演残存的角色。另一个令人感觉到不协调的事实广为人知,即对于"全有或全无"规则(the all-or-nothing rule),虽然大陆法系国家早已拒绝了这一罗马法遗产,最近大部分英联邦国家的立法机构也跟随这一做法[60],但是美国却成为这一如今看起来很不正常的规则之最后据点。

这一抗辩理由的唯一辩护者是保险公司及其客户,其辩护主要系基于如下的预测,即转向比较过失(损失分摊)原则,将激进地改变和解谈判中的战术平衡,从而导致保险费率大幅上涨。[61] 但在某个关键时点,事件转折点突然出现,促成了改革的发生。

与出庭律师(美国出庭律师联盟)的立法影响力不断上升同步,被告方代言人突然宣布他们愿意放弃对改革所持的传统反对态度:为了保卫普通法侵权体制,他们准备承认某些改良措施的合理性,包括一个受约束的比较过失规则,以便避免机动车无过错赔偿计划这个更大的恶。[62]

---

[57] See Malone, "The Formative Era of Contributory Negligence", *Essays on Torts*, ch. 4 (1986). 该文强调了其在铁路事故领域起到的作用。

[58] 就工伤赔偿而言,有几个行业还处于普通法的管辖之下,最为突出的是铁路(脚注[56])、某些州的农业雇佣领域,涉及这些行业的事故经常援引比较过失原则。

[59] 在产品严格责任中,与有过失规则由于不要求消费者承担风险,一般不视为合适的抗辩理由。See Prosser and Keeton, supra n. 27, §102; Harper, James and Grey, supra n. 56, §22.7。

[60] See Fleming, *Law of Torts*, ch. 12 (7th edn. 1987).

[61] 比较普通法体系和比较过失法域的记录,并没有完全证明这一预测,这些记录表明了原告具有较高的胜诉比例,但并没有获得更高的赔偿金额。See Rosenberg, "Comparative Negligence in Arkansas: A 'Before and After' Survey", 13 Ark. L. Rev. 89 (1959)。

[62] 进一步参考本书第五章,脚注[75]。因为展示出这种姿态,诉讼律师(原告方律师)也支持他们;see Krause, "No-Fault's Alternative: The Case for Comparative Negligence and Compulsory Arbitration", 44 N. Y. St. B. J. 535 (1972)。

在立法机关和法庭上,对与有过失的攻击都不断增加。20 世纪 60 年代,依赖立法机构的改革依然很渺茫[63],司法干预的可能性开始被更加认真地对待。但第一次尝试令人失望地失败了。1968 年,伊利诺伊州最高法院首次将该事项发回上诉法庭考虑,上诉法院基于案情实质(merits)给予肯定答复,最高法院却失去了勇气,以 5 比 2 的大多数,基于改革须等待立法机构采取措施的理由再次确认了传统规则。[64]佛罗里达州法院则脱颖而出,在 1973 年成为首个通过司法命令的形式采纳比较过失原则的州。[65]两年后,加州法院也支持了同样的做法,增强了比较过失规则的威望。[66]与此同时,自 1969 年起,有 21 个州的制定法加入了由 6 个先锋州组成的行列,后者早在半个世纪前就已经制定了具有一般适用性的比较过失条款。[67]到 1987 年,有 40 多个州采纳了这项改革;超过 10 个州系通过司法判决采纳的,其中有两个是在很近的年份,即 1984 年落实的。[68]

由法院来承担改革的任务是正当的吗?首先要知道,普通法上"全有或无"规则的中心地位和被守护的程度是无可置疑的。正如《侵权法第一次重述》之父波伦(Bohlen)曾经说过的,"这一概念是英国式法律思想独特基调的一部分"[69]。它不只是一个在边缘领域得到运用的规则,例如惊吓损

---

[63] 因此,罗伯特·基顿(Robert Keeton)教授为引入比较过失原则而发布了模范司法意见,意在给法院注入更多的勇气而不是纯粹的信心,由此引导法院作出改变。Keeton, "Creative Continuity in the Law of Torts", 75 *Harv. L. Rev.* 463, 508-9 (1962). 甚至于 Prosser 在 *Law of Torts* 445 (3rd edn. 1964)一书中也没有排除改变的可能性。

[64] *Maki v. Frelk*, 40 Ill. 2d 193, 239 NE 2d 445 (1968). 该判决最终被下述案例推翻: *Alvis v. Ribar*, 85 Ill. 2d 1, 421 NE 2d 886 (1981).

[65] *Hoffman v. Jones*, 280 So. 2d 431 (Fla. 1973).

[66] *Li v. Yellow Cab Co.*, 13 Cal. 3d 804, 532 P. 2d 1226 (1975).

[67] 参见前文,脚注[56]。

[68] 这些州的名单可以在下述判决书中找到,*Alvis v. Ribar*, supra n.64, at 12-14, 421 NE 2d at 891-892. 最新的名单见 *Hilen v. Hays*, 673 SW 2d 713 (Ky. 1984) and *Langley v. Boyter*, 325 SE 2d 550 (S. C. App. 1984). See generally Schwartz, *Comparative Negligence* (1974); Woods, *The Negligence Case: Comparative Fault* (1978); 78 ALR 3d 339 (1977).

[69] Bohlen, "Contributory Negligence", 21 *Harv. L. Rev.* 233, 253 (1908).

害[70]或者出生前伤害（pre-natal injuries）[71]，而是一项兼具长期性和普遍性的原则。因此，无法将美国的做法同法国、苏联以司法判决作为确立比较过失原则起源的做法作有效类比。在法国，最终判决终结了半个世纪的司法摇摆态度[72]；在苏联，首部民法典发布后很快就作出了判决，该判决引人注目之处在于民法典就责任分摊事项没有给出任何确定的指引[73]。

不久之前加州法院反复确认死者的与有过失阻碍了生者的不当致死索赔（wrongful death claim），这证实了"全有或全无"规则的"核心"地位曾经被加州法院视为不可动摇。法院判决系基于如下理由，即这一规则，虽然难以跟相关制定法（《民事诉讼法》第 377 条）相调和，但其根基如此深厚以致得到了立法者的默许，法庭无从染指[74]。然而，现在这种论证已不占上风。相反，审理 Li v. Yellow Cab Co. 一案的法庭援引民法典本身作为改变法律的授权。其论理是一件值得尊敬的**精巧之作**（tour de force）。法院承认唯一相关的法典条文——第 1714 条，确实将过失作为确立为基本规则，以及确认与有过失具有完全的抗辩效果[75]，但法院仍然辨明一种普遍承认的立法意图，即 1872 年法典并不阻碍这些基本概念的进一步发展。民法典特别指明了对编纂入法典的制定法条款以及作为

---

〔70〕 很多法域都放弃了"影响"规则（"impact" rule），一些还正在寻求废除"原告必须为自己的安全感到担心"这个要件。See *Dillon v. Legg*, 68 Cal. 2d 728, 441 P. 2d 912 (1968)。布赖特尔（Breitel）法官在 *Tobin v. Grossman*, 24 NY 2d 609, 249 NE 2d 419, 421 (1969)中拒绝采纳第二步，坚持区分"仅仅是扩展适用"和"全新诉因的重大创造"。这种说法欠缺说服力，因为他把妻子因丧失配偶权利（loss of consortium）而享有请求权的判决归入第一类。其他法院甚至给予（或者拒绝给予）子女请求权（filial claim），而并未援引如此难以捉摸的标准。See generally, Prosser and Keeton, *supra* n. 27, § 54, Harper, James and Grey, *supra* n. 56, § 18.3.

〔71〕 See Prosser and Keeton, *supra* n. 27, § 55; Harper, James and Grey, *supra* n. 56, § 18.3; 40 ALR 3d 1222 (1971).

〔72〕 See Turk, "Comparative Negligence on the March", 28 *Chi-Kent L. Rev.* 189 (1950).

〔73〕 See Rudden, "Courts and Codes in England, France and Soviet Russia", 48 *Tul. L. Rev.* 1010, 1023-4 (1974).

〔74〕 *Buckley v. Chadwick*, 45 Cal. 2d 183, 288 P. 2d 12 (1955).

〔75〕 "任何人不仅对其故意行为的后果，也对因其在管理其财产或人员时缺乏一般的注意和技能所导致的对他人的伤害负责，除非后者故意或者因缺乏一般的注意而自己招致伤害。"

法典立场之延伸的普通法规则如何解释[76]，法院由此推演出，其具有打破制定法语言自身限制、促成这些条款在司法适用上持续演进的权限[77]。因此，法院一下子就摧毁了两个观点：一是现存制定法已抢占先机，阻碍引入比较过失原则；二是不管怎么说，"全有或全无"规则如此深刻地交织于法律结构之中，以至于没有明确立法规定的话，人们无法将其废弃。

一个补充性的因素是，"全有或全无"规则在使用上越来越随意，界定得很不清晰的例外（"最后的明显机会"，区分过错类型而不仅仅是过错程度）以及陪审团优待受害人的裁断，使这一原则变得千疮百孔。类似地，政府豁免原则因为政府职能与经济职能的区分而受到削弱[78]，医院的慈善豁免则因为行政义务与职业义务的区分而受到削弱[79]。简言之，借由废除旧的规则，法庭仅仅是延续了漫长的侵蚀过程，给濒死的制度最后一击。对理性分析的这种运用，已成为美国法院为推翻先例提供正当性的颇具特色的技巧。通过解决系统性的规则不一致（规则参差不齐），法庭可以声称，为了更好地保护规则稳定性和**遵循先例**原则背后的价值——公平、先例的支持、可复制性、保护正当的信赖，以及为了防止不公平的突袭，僵化地保持规则不变并不比勇于推翻先例更起作用。[80]

在关于法官造法合法性的辩论中，经常被提及的一个附带话题是，需要给先前的立法者对规则所涉事项的态度赋予多大的权重（如果有的话）。在极端情形下，正如旧时谚语所说，立法者未进行干预就表明了对现存司法规则的默示同意；但这种说法不现实地硬给立法者安了一个错误的角色——孜孜不倦的法庭监督者。反过来，虽然有些制定法恰好针

---

[76] 参见民法典（Civil Code）第 4 条。

[77] 该观点受到下文的批判，England, Li v. Yellow Cab Co.: "A Belated and Inglorious Centennial of the California Civil Code", 65 *Calif. L. Rev.* 4 (1977).

[78] See *Muskopf v. Corning Hospital Dist.*, 55 Cal. 2d 211, at 216-217.

[79] See *Bing v. Thunig*, 2 NY 2d 656, 143 NE 2d 3 (1957).

[80] Eisenburg, M., *The Theory of Adjudication*, ch. 7 (1988). 作者具体通过推翻慈善豁免的例子说明了其论点。经典例子如卡多佐法官在下述案件中的观点，*McPherson v. Buick Motor Co.*, 217 NY 382, 111 NE 1050 (1916). 他解决了侵权法中有过失的生产商豁免领域迷宫般的不一致和堆积如山的例外（本章脚注[108]）。See Levi, *Introduction to Legal Reasoning* 8-27 (1949).

对一项值得批判的普通法规则,但是对这个事实亦不可过度解读:基于明显的理由,立法者有时并没有将注意力集中于规则本身的优劣上。[81] 处理起来更棘手的是,有迹象显示当代立法者执着于改革普通法规则。这些证据或许支持了应给予立法者更多的时间,而不是(让司法机关)抢在前头。[82] 此外,反复多次未能实施合适的法律也可以被解读为,立法机关欠缺解决问题的能力。[83]

但如果说法院的动机是通过预测立法机关自身可能会怎么做,从而赶在前面以减轻其负担,它难道不应该注意反映立法机关意图的所有信号?例如,在"纯粹"比较过失原则(根据各自过错的比例分摊损失)与更具限制性的版本(例如要求原告的过错不超过被告的过错)之间进行选择。美国几乎所有的制定法都更倾向于后一种更具限制性的版本[84],这是代表抗辩利益的游说团体所倡导的[85],在这种情况下,一些引入了比较过失原则的法院注意到了这一信号[86]。然而,其他法院不仅忽视了一般性趋势,甚至也忽视了它们州内的制定法,例如设置了很多限制的关于工伤事故的制定法。[87] 法院的这种态度更多地被大家理解为自认为"比立法机关更了解情况"而不是假装是立法机关的替代者。

最后还有行政因素。一项反对司法干预的有力理由是改革无法一蹴而就,必须等候跟随改革而来的无数细节的完善和附带问题的解决。在这种情况下,立法机关通过发布一整套完整的综合性新规,能够一次性处

---

〔81〕 "我们所面对的也不是为覆盖一个领域而设计的综合立法。我们面对的是一系列零散的制定法,每一则都在政府豁免各自的子领域发生效力,其缺点也在这一领域中最为人所感知。"*Muskopf v. Corning Hosp. Dist.*, 55 Cal. 2d 211, at 218, 359 P. 2d at 461.

〔82〕 这是威斯康星州法庭在下述案件中,拒绝采纳"纯粹"比较过失原则版本以取代制定法上"小于被告的(过错)"("less than the defendant's")规则的原因之一,*Vincent v. Pabst Brewing Co.*, 47 Wis. 2d 120, 177 NW 2d 513 (1970).

〔83〕 因此,伊利诺伊州法院在 *Alvis v. Ribar*(*supra* n. 64, pp. 22-23, 421 NE 2d, 895-896)一案中,并未对之前引入比较过失法案而感到疑惑;在大家看来,他们的失败并非反映了保持现状的愿望,而是表明了立法机关决定将该事项留给法庭处理!

〔84〕 参见 *Alvin v. Ribar*, *supra* n. 64 中的名单。

〔85〕 *Responsible Reform: An Update* 15 (1972),该书推荐采用更具偏向性的要求,即原告的过错"不大于或等于"被告的过错,一些州采纳了这种要求。

〔86〕 *Langley v. Boyter*, *supra* n. 68.

〔87〕 e.g. *Li v. Yellow Cab*, *supra* n. 54,该案忽视了《劳动法典》(Labor Code)第 2801 条的规定。

理大部分或者所有问题,就像雅典从宙斯的额头上羽翼丰满地现身一样。由此看来,例如跟承认意外出生索赔权(claims for wrongful birth)[88]或者将配偶索赔权(consortium claims)的主体扩展到夫妻双方相比[89],政府豁免就不那么适于作为法官造法的改革对象。但是并非所有改革性的制定法都无一例外地利用了这一优势——纽约州废除主权豁免的制定法[90]就是立法机关不负责的反面例子,其将所有细节,包括某些重要的政策问题(例如,享有裁量权的活动)留给法院通过随机性诉讼的漫长过程去解决。[91]

在大多数评论者看来,在当时,引入纯粹比较过失原则看起来落在了这些极端情形之间的中间地带。[92] 确实,这将引发一些可能的附随变化,但这些变化在数量上并没有那么多,性质上也没有那么复杂,以致严重地影响均衡态势。另外,出于两点理由,其影响进一步减轻了:其一,几乎所有关于比较过失的制定法都以最简单可理解的形式进行表述,将相同的附随问题留给法院以待未来解决。[93] 其二,法院至少已经预计到了一些问题,不必后续由法院以未来诉讼者的利益为代价来加以探索。[94]

然而,后续发生的情况让人们感到犹豫。例如,一个不折不扣的僵局在加州法院系统里盘踞了好几年,留下好几个通常会遇到的问题有待最高法院解决。这些问题包括,责任需与过错相当的法律命令是否要求废除"连带责任"规则,以及其与分摊规则的兼容性。这一挑战使得其与另

---

[88] Prosser and Keeton, *supra* n. 27, at 370-373; Harper, James and Grey, *supra* n. 56, § 18.3-4.

[89] Prosser and Keeton, *supra* n. 27, at 931; Harper, James and Grey, *supra* n. 56, § 8.9.

[90]《申诉法院法》(Court of Claims Act)第 8 条。

[91] e.g. Weiss v. Fote, 7 NY 2d 579, 167 NE 2d 63 (1960) 交通委员会确定的 4 秒黄灯规定的合法性,被认定为不可由法庭裁决。

[92] 在 6 位评论家写成的论文集"Comments on *Maki v. Frelk*-Comparative v. Contributory Negligence: Should the Court or Legislature Decide?", 21 *Vand. L. Rev.* 889 (1968)中,只有 1 位反对法院的做法。另外令人感到尴尬的是,笔者在下述文章中关于这个问题的讨论被法院援引以证明它们做法的正当性:e.g. *Placek v. City of Sterling Heights*, 405 Mich. 638, 657, 275 NW 2d 511, 518; *Alvis v. Ribar*, *supra* n. 64, at 19-20, 421 NE 2d, at 895-896。

[93] See Schwartz, *supra* n. 68, ch. 1.

[94] 例如,审理 Li 一案的法院清楚地表明反对保留"最后明显机会"规则,而不那么清楚地表明反对"自愿承担风险"规则。

一个麻烦的制定法条文直接发生冲突,我们留待下文再讨论法院将如何应对。[95] 这里仅指出一点就足够了,立法者在漫长时间内解决这些问题的努力最终完全失败了,原因是两大专业利益团体之间普遍存在着对抗的僵局。

三、道路交通事故

令人更感迷惑的一个难题是,美国法院未试图模仿大陆国家的普遍做法,对交通事故适用严格责任。这一趋势在其他国家大多是立法机关引领的,始于德国 1909 年的单行法,而在法国,这一改革则是由法院主导的,成为欧洲史上无出其右的、对司法创造性的一次著名展示。[96] 相比之下,考虑到美国法院过往司法能动主义的记录,以及其对严格或者更严格责任趋势的一般性支持,其在这个领域保持的克制态度就显得很突出。一种解释是,这一意识形态上的改变来得太迟了,无法引发一场机动车责任的改革。在机动车交通发展的早期阶段,正如在英国,美国社会推崇的观点是,将"恶魔汽车"视为极度危险物件(ultra-hazardous objects)[97],归属 *Rylands v. Fletcher* 一案确立的规则管辖,或者如《侵权法第二次重述》[98]所标记的,属于"异常危险活动"(abnormally dangerous activities),应适用严格责任。这些观点在机动车存在缺陷的情况下更显有理,但由于是在司法停滞时期被提出来的,因而错过了改革的机会。

当严格责任的主张再度被提出时已显太迟,这在刚刚得到法院努力推行的产品严格责任的尴尬衬托下更加突出。加州的反应,因其系来自

---

[95] 参见本书第三章,脚注[69]。

[96] *Affaire Jand'heur*, Cass. chambres réunis, 13 Feb. 1930; Dalloz 1930.1.57. 参见我在下文中的评论"Operating Defective Automobiles: The French Code and its North American Cousins", 23 Am. J. Comp. L. 513 (1975). Zweigert and Kötz, *An Introduction to Comparative Law* Ⅱ 322-9 (1977). 最近一次制定法修订将严格责任的利益延伸到了应负责任的驾驶人(参见本书第五章,脚注[90])。

[97] See Ehrenzweig, *Negligence Without Fault* 22 (1951),引用了 *Lewis v. Amorous*, 3 Ga. App. 50, 55, 59 SE 338, 340 (1907),将机动车和野兽作比。

[98] 第 519 条。《侵权法第一次重述》使用了"极度危险"(ultrahazardous)这一术语。

司法能动主义前线的法院，更具启示性。在 *Maloney v. Rath* 一案中[99]，上诉人极力主张，被告的刹车意外发生故障，造成其撞向等待红灯的前车后部，违反了《机动车法典》（Vehicle Code）要求配置有效使用之刹车装置的安全条款，因而须承担严格责任。但是，法院再次强调了其在早先判决中的做法，即对违反制定法行为适用传统的当然过失规则（negligence *per se*），结果是排除了"已采取可以合理期望具有一般谨慎程度、**希望遵守法律**的人在类似情况下所采取之措施"的违反者的责任。[100] 法院给出的理由仅是为了避免将违法过失（statutory negligence）从一项过失测试转变为推行无过错责任的手段。这一立场将原谅那些"无能为力"的无意违反者，例如面临后灯突然熄灭、刹车失灵、爆胎以及对车辆失去控制等情况。很明显，严格适用当然过失规则将推动对交通事故专门适用无过错责任的说法，也不具说服力。事实恰恰相反。相比于特雷纳大法官激进的后世仰慕者所描述并希望人们相信的，他其实更为谨慎，其曾解释道：

> 对街道和高速公路的使用者适用严格责任规则，而没有同时很具体地确定新规将如何操作，只会给机动车事故难题增加混乱。除非制定出一事一议的新规，否则和解和索赔金额理算程序将变得很混乱，迟延赔偿的问题将严重恶化。只有立法机关——如果它认为这么做是理智的——通过制定综合性的规则体系以取代或者补充过失的法律规则，为机动车受害者提供赔偿，方能够避免这些困难。[101]

然而，令人感到意外的是，上诉方基于另一个理由获得了成功。法院判决认为，这一制定法所规定的驾驶时须配备有效刹车的义务是不可委托的（non-delegable），因而汽车所有人对于服务站在检修其刹车系统过程中的过失负有责任。法院认为，这种类型的替代责任（vicarious liabil-

---

[99] 69 Cal. 2d 442, 445 P. 2d 513 (1968).

[100] *Alarid v. Vanier*, 50 Cal. 2d 617, 622; 327 P. 2d 897, 899 (1958). 由《证据法典》（Evidence Code）第 669 条授予了制定法上的权限。

[101] *Maloney*, *supra* n. 99, at 446, 445 P. 2d at 515.

ity)是正当的,因为驾驶是一种"带来严重身体伤害或者死亡之重大风险的活动"。[102] 承认这一点将很可能独立地为对驾驶适用针对"异常危险行为"的严格责任提供依据。[103] 然而这一明显的不一致并没有扭转法院拒绝对所有道路交通事故适用严格责任的做法。

　　法院所声称的对这等轻率判决的辩解理由并不完全具有说服力。漫长过渡期内的索赔金额理算,并没有阻挡比较过失原则或者严格产品责任的引入。[104] 更接近事实的情况是,对机动车交通事故适用无过错赔偿已成为立法议程中靠前的议题,并成为颇具争议的公共事项。产品责任的任何额外成本将成为行业的经济负担,最终不过是逐渐转移给消费者罢了,而对机动车责任的任何改革将直接以更高昂的保险费率的形式影响公众。

　　事实上,在当时关于机动车无过错责任的争论中,最具争议的事项恰恰就是成本。限制侵权赔偿(为的是节省资源,以弥补越来越多的救济金支出)的提议引发出庭律师界的激烈反对,而很多州(包括加州)最终采纳的计划都建基于这一提议。[105] 更为明显的是,法院不可能设计出包含类似妥协的方案,即便它认为这样的妥协是理想的。妥协是民主政府的生命线,而非普通法体系下司法裁判的生命线。

四、产品责任

　　对于许多观察者而言,美国侵权法最戏剧化的创举是在 20 世纪 60 年代引入对产品生产商和流通商品者(distributors)的严格责任。从过失责任向严格责任的转变,就如同法国法庭下述举措一样,展现出相当的胆

---

　　[102] 《侵权法第二次重述》第 423 条。
　　[103] 法院提出以下论证,试图解释两者的差异:"不似严格责任,不可委托的义务这一认定所起的作用,并不是作为过失责任的替代,而是确保存在一位在经济上应负责任的被告,以赔偿其活动所造成的过失伤害。[在这一意义上,]它削减了以严格责任来保障补偿的需要。"
　　[104] 另一个试图解释产品责任和机动车责任处理方式之间差异的尝试系基于如下观念,即生产和销售型企业应该承担缺陷产品带来之损害的赔偿成本,更是存在循环论证的问题。See *Hammontree v. Jenner* 20 Cal. App. 3d 528, 532, 97 Cal. Reptr. 739, 741-2〔1971〕.
　　[105] 参见本书第五章,脚注〔71〕。

识，它们在 19 世纪最后 10 年将民法典（*Code Civil*）第 1384 条解读为要求对"物的管理人"（*guardien des choses*）适用严格责任，并最终在 1929 年将该原则拓展适用于机动车驾驶人。[106] 在影响广泛的、对经济有显著作用的诸多关键社会活动这一点上，这一转变类似于法国法院的创举。但是，对其意义的评价，更多是基于后见之明（hindsight）的判断，而不是过程中产生的印象。而且，在这一发展过程中扮演关键角色的法院和法官因其创造力而受到钦佩，而彼时或随后的时间里，这一司法改革的合法性——这里不是说它所体现的智慧——并没有被质疑，或者觉得需要正当化理由的支撑。

解释这一令人疑惑的反应（或者未作反应）的线索在于，产品责任的转变是在逐步演进的漫长过程里暗中推进的，其最终实现被视为符合逻辑的进展而非进程中的突变。刚被提出之时，其对行业的全面影响并未被充分理解，故而在发展过程中完全没有遭到任何激烈的反对。事实上，产品责任在随后十年中逐渐展示出深远影响，才使其进入争议的场域，并搅动行业，引发积极的反对。

对这一发展进行简要概括是有益的。英国法院在 1842 年作出 *Winterbottom v. Wright*[107] 一案判决，首次开启了英美法的进程，它被解读为一般性地拒绝对直接购买者之外的主体提供缺陷产品过失责任的救济。法院在划定有过失的生产商和流通商品者之责任范围时，绝对地坚持"相对性"，随着时间的推移，这一做法并非没有引起质疑。这体现于法律引入了针对固有危险产品（这是一个指向暧昧的类别）的例外规则，逐渐使一般规则陷入不受尊重的境地。区分的任意性积累到如此地步，为恢复制度理性，如果再不废止旧有规则那就太迟了。在美国，卡多佐法官在 1915 年的 *MacPherson v. Buick Motor Co.*[108] 一案中识别出这一临界点，而在英国，则是 1932 年的上议院判决 *Donoghue v. Stevenson* 一

---

[106] 参见前文，脚注[96]。

[107] 10 M. & W. 109 (1842). 有人回忆起布拉姆韦尔（Bramwell），他曾作出天启式的预言："如果规则不是如此的话，将会造成在我看来毫无限度的最为荒谬和无法容忍的后果"。

[108] 217 NY 382, 111 NE 1050 (1916). 对比前文脚注[80]。

案。[109] 这展示了法院对缺陷产品适用过失责任的承认究竟是何等地迟延，同样也展示了在我们的时代里，自那以后社会变迁之速度几乎毫不迟延，产品侵权责任的基础就由过失责任转向了严格责任。

这一波澜起伏的发展历程，是得到重要原理支持的。其一是伴随产品销售的隐含担保（implied warranty）理论的发展。虽然一开始来源于侵权法，在18世纪结束之前，担保理论浸没于合同法的规则中；这一责任是严格的，但受限于相对性的拘束衣里。[110] 正如其名字所隐含的，适销性（merchantability）的担保传递了交付的商品应该是适销的这一原初观念，例如，应该是可以销售的（salable），适销性的担保局限于凭商人之说明的销售（sales by description by merchants）。而随着时间的推移，这一救济发生了转变，救济范围不仅包括商业损失也包含了个人伤害[111]，因而由商业领域延伸到了消费者保护领域。此外，凭说明的销售不再局限于函电销售（sales by correspondence），而扩展至包括面对面的交易。[112] 这一发展有两层效应。其一，它使得市场熟悉了为缺陷商品承担严格责任的规则——早在侵权法要求生产商为其过失负责之前，这显得有些不协调。但其二，严格责任给受害者带来的好处局限于商品的直接买主。由于销售过程更为复杂的特性，中间商的介入往往排除了生产商和最终消费者之间直接的合同关系。如此造成了以下悖论，生产商并不因违反担保甚至是不因过失而对最终消费者承担责任（直至很晚近的时候才承担责任），但是零售商却要为此承担责任。本应当为产品缺陷承担责任的主体因此逃脱了，无辜的主体却遭到了严格责任的约束，可想而知，他会援引隐含担保的保护，把责任转嫁到销售渠道的垂直上游。

---

[109] [1932] AC 562.

[110] *Stuart v. Wilkins* (1778) 1 Doug. 18. See *Williston on Sales*, ch. 8 (rev. edn, 1948).

[111] See *Williston on Sales* (supra n. 110) § 614, 包含"在事件通常进展的过程中，直接或自然地因为违反担保而造成的"结果性损失。[《统一销售法》(Uniform Sales Act)第69(6)条]，e.g. *Wren v. Holt*, [1903] 1 KB 610(啤酒中含有砒霜).

[112] e.g. *Ryan v. Progressive Grocery Stores*, 255 NY 388, 175 NE. 105 (1931); Proccer, "The Implied Warranty of Merchantable Quality", 27 *Minn. L. Rev.* 117, 139-45 (1943). 在《统一商法典》(Uniform Commercial Code)第2-314条中，这一限制被略去了。

尽管不是那么光彩,且在其他法律体系中也不乏类似例子,这种规则安排可以为消费者提供充分的保护,除了几个重要的例外。[113] 其中之一是对受害者和被告之间相对性的坚持。这一坚持排除了对商业流通链条之外主体的保护,例如最终购买者的家人、朋友和第三人。更为重要的还包括排除担保的自由,法院还拒绝保护那些不谨慎地接受了包含不公平免责条款的格式合同的买者。

意识到更强的消费者保护的必要性,美国法院开始展示"相当的独创性",推进相关理论以避免欠缺相对性而带来的追究责任的障碍,将担保的对象延伸至消费者。[114] 这一发展最显著地体现在食品饮料销售领域。在某些案件中,法院通过援引直接的食品立法(违反制定法)来达到这一目的,在其他案件中则是复活了中世纪行会规则的记忆,以支持历史上一项持久的、保护公众免受掺假食品侵害的承诺。[115] 正如威廉·普罗瑟(William Prosser)早在1941年在其著名教科书的第一版中所预测的,这一趋势

> 将成为未来的法律……到下一个二十五年结束时,人们将普遍接受这一原则。没有明显的理由将其限制于食品案件中,可以预测,这一原则将首先拓展至其他涉及高风险的产品,而最终可能将拓展至任何在存在缺陷的情况下将带来损害后果的产品。如果这一推测最终成真,不如放弃引起麻烦的"担保"销售原则,而完全在侵权法领域适用严格责任,纯粹作为一项社会政策事项。[116]

这一预测后来应验了,这一原则的适用范围从食品饮料首先拓展到了其他可以为身体吸收的产品,例如疫苗[117]和香烟。[118] 自1960年起,这

---

[113] 除了本段所举的例子外,还有其他例子,例如在美国商品销售法下,要求及时通知卖者(prompt notice to the seller)。

[114] Prosser, *The Law of Torts* 691 (1941).

[115] Prosser, "The Assault Upon the Citadel (Strict Liability to the Consumer)", 69 *Yale L. J.* 1099, 1103-1110 (1960).

[116] Prosser, *supra* n.114, at 692.

[117] *Gottsdanker v. Cutter Laboratories*, 182 Cal. App. 2d 602, 6 Cal. Rptr. 320 (1960).

[118] *Green v. American Tobacco Co.*, 154 So. 2d 169 (Fla. 1963).

一原则的快速发展可以从美国法学会（American Law Institute）所准备的《侵权法第二次重述》接连的几份草稿中找到痕迹。在1961年最初提交时，402A条款还局限于人类所消费的食品。[119] 到了下一年，考虑到在不满足相对性的情况下认定存在隐含担保的相关判决（涵盖了从化妆品到夏威夷草裙的相关产品），报告人普罗瑟院长将其予以拓展，以囊括"人体直接使用的产品"。[120] 最终在1964年，他提议采纳目前的版本，即"任何在缺陷状态下，将不合理地对使用者、消费者或者其财产造成危险的产品"。[121] 他强调，"如此多的判决拓展了严格责任，不再局限于'人体直接使用的产品'，很明显这就是接下来应该适用的法律"。[122] 这一预测成为一则自我实现的预言，因为学会的权威自身就是采纳这一规则的强有力理由。

在1966年，普罗瑟庆祝相对性"堡垒的陷落"，指出其代表了"整个侵权法历史上对已确定之原则最为迅猛和壮观的颠覆"。[123] 在他看来，新泽西州的判决 *Henningsen v. Bloomfield Motors*[124] 开始打破这一原则，此后又得到其他17个法域判决的拓展。对于加州居民而言，对这一原则的颠覆则是和15年前的一个判决联系在一起的，特雷纳法官[125]凭借其不断增强的权威支持如下观点，比之求助于"事实不证自明"的法律技巧，是时候直接宣布出于公共政策的要求，生产者应该站在其产品背后并保证其安全性，以便防范事故、保护消费者利益。[126] 代表1963年 *Greenman v. Yuba Power Products* 一案中法庭的一致意见，明确表明这一原

---

[119]　Tent. Draft No. 6.

[120]　Tent. Draft No. 7.

[121]　Tent. Draft No. 10.

[122]　Ibid.

[123]　"The Fall of the Citadel, (Strict Liability to the Consumer)", 50 *Minn. L. Rev.* 791, 793-4 (1966). 注意普罗瑟更早的文章，前文，脚注[115]。对"堡垒"的引用追溯至卡多佐法官在 *Ultramares Corp. v. Touche*（255 NY 170, 180; 174 NE 441, 445）一案中的附随意见："在这些日子里，对相对性堡垒的进攻正在急速地推进。"

[124]　32 NJ 358, 161 A. 2d 69 (1960).

[125]　特雷纳法官对侵权法的贡献参见 Malone, "Contrasting Images of Torts: The Judicial Personality of Justice Traynor", 13 *Stan. L. Rev.* 779 (1961); White, *Tort Law in America*, ch. 13 (1980).

[126]　*Escola v. Coca Cola Bottling Co.*, 24 Cal. 2d 453, 150 P. 2d 436 (1944).

则,对于特雷纳法官而言是其个人的一项胜利。[127]

到此为止,这一创举更多地是被视为一项清理性举措,将生产者责任从"销售法的错综复杂"中解放出来[128],无须求助于延伸适用"事实不证自明"原则,但并未被视为开创了具有潜在爆炸性的新的责任来源。事实上,预想当中这一规则的一项优势是堵住有过错的被告可借由逃脱的不当漏洞,从而减少诉讼数量。不凑巧的是,这一乐观预期很快就化为乌有,越来越明显的是,法院开启了潘多拉盒子。产品责任完全改变了侵权诉讼的图景,开启了大规模诉讼、大规模成本和大规模赔偿的新时代。[129]

五、设计缺陷

在一个似乎不证自明的事项上发生了件麻烦事:一个产品究竟在哪个阶段产生了缺陷?为了安抚保守的批评者,人们常提出一个论点,那就是新的责任类别不是一项保险,它并不是绝对的:生产商不必为所有因产品的使用而造成的事故负责,而只为由缺陷造成的事故负责。《侵权法第二次重述》自身也证实,规则所预想的一般情形系生产过程中产生的过错,而原告因未掌握证据而无法准确得知发生了什么问题。没有人会质疑,新车装配的刹车器和方向盘不应有缺陷,可口可乐瓶不应该装着意想不到的老鼠或者在你面前炸开,而草坪修剪机不应该将刀片甩到使用者的脚上。这些就是通常所称的制造缺陷。其特点就是,缺陷产品偏离了生产者自己的说明书,这说明书里确立了判断产品质量的适当标准。

而所谓的设计缺陷则大不相同。在存在设计缺陷的情况下,产品遵

---

[127] 59 Cal. 2d 57, 377 P. 2d 897 (1963). 自此,加州法庭对这一功绩十分自豪,例如,"我们在这一领域的开创性努力"[*Cronin v. J. B. E. Olson Corp.*, 8 Cal. 3d 121, 133, 501 P. 2d 1153 (1972)];"我们的法庭勇敢地带头"[*Daly v. General Motors Corp.*, 20 Cal. 3d 725, 757, 575 P. 2d 1162 (1978)]。特雷诺法官对于侵权法一般发展方向的论证在本书第一章脚注[35]处进行了讨论。

[128] *Ketterer v. Armour & Co.*, 200 Fed. 322, 323 (SDNY 1912).

[129] 参见本书第一章,脚注[44]。

守了生产商的设计要求,但设计本身则被指责为不达标准。《侵权法第二次重述》未能作出准确界定,标准还有待打磨,但它承认存在对"不可避免将带来安全问题之产品"(unavoidably unsafe products)的担保责任,在药品领域尤为常见。《侵权法第二次重述》坚持将设计缺陷规则限制于"不合理地造成危险的产品"(unreasonably dangerous products),而不适用于那些包含着已知但是显然合理之风险的产品,目的在于将后者排除在严格责任的适用范围之外,因为这类产品是对消费者有用且为消费者所需的。[130] 但我们如何确定一个理论上可以被造得更安全的产品不够安全,因而可能被认定为不合理地造成了危险?早先,已有涉及设计缺陷的案件偶尔被诉至法院,但法院并没有意识到设计缺陷与制造缺陷的区分。最早是涉及卖者保证挡风玻璃能够"防碎"的案件。[131] 卖者因违反明示担保而被判决对乘客承担责任,但是案件主体的行为标准是由其承诺所决定的。然而,在没有承诺的情况下,人们在 1932 年如何确定挡风玻璃是否需要有防碎功能呢?另一类案件同样能够自洽地给出回答,即被指控的缺陷使涉案产品本欲实现的设计目的落空,因而导致了事故。例如,按照设计方案制造则容易发生堵塞的汽化器,承受不了自身重量而坍塌的千斤顶,或者未能安全地固定住木制工件的机床。在这些例子中,设计上的缺陷并不是出于故意而是出于疏忽。

实际当中的困难主要涉及设计者有意选择的设计特征。这一选择往往是由一系列因素的组合所决定的,其中安全和成本考虑是最突出、但并非排他的因素。特定特征并没有导致事故,而仅是加重了结果,这进一步加剧了困难。例如,当人们认为一辆电动车应该是"防撞击的",那么,更重的钢结构比之较轻的架构,无疑将提供更好的保护,但将以降低速度、更高的油耗和更高的价格为代价。因此,安全考虑与消费者偏好和国家能源政策产生了冲突。这些决策传统上是由设计工程师(以及更高级别

---

[130] 第 402 A 条,Comment k. See also Comment i. 但这些情形并不必然排除警示的义务(a duty to warn)。

[131] *Baxter v. Ford Motor Co.*, 168 Wash. 456, 12 P. 2d 409 (1932). 这个案件适用的规则体现于《侵权法第二次重述》第 402 B 条以及《模范产品责任法》第 104 条。

的决策者)作出的；也可能是由独立主体作出的，例如贸易组织或者行政机关。后者的一个例子是美国的全国高速公路交通安全署，其负责制定一系列强制性的安全要求，包括安全带、头垫、钢化安全玻璃和其他装备。关于安全气囊的长期监管争议就展示了人们对其中某些事项的敏感性。在侵权法领域，一个关键问题是，这些决策是否应该交由法官和陪审团判断。[132]

支持认定设计缺陷的一方主张，有意的设计选择是深思熟虑的商业决策的结果，其将安全投资和边际利润相挂钩，因此特别适于通过潜在的侵权责任规则加以控制。此外，这些决策在性质上与过失诉讼通常处理的事项并无不同，都涉及简称为成本—收益分析(cost-benefit analysis)的方法。因此，很容易判断如下的管理性决策是站不住脚的，即为了节省基本可以忽略的支出而未装备某一安全装置，例如多支出 2 美元的成本即可安装的、用于防止小孩被花洒喷出的热水烫伤的混合阀。[133] 但很少有管理性决策如此明显地存在缺陷。更常见的情况是，对于解决富勒教授所称的"多中心"问题并无公认标准。在这样的难题里，需决策的要点与其他所有要点都相关联，如同蜘蛛网丝线一般。[134] "只有经由充分考虑市场价格、功能性效用、美学和安全等因素，并在它们之间取得适当平衡之程序，方能给出'什么程度的产品安全才是充分的'这一问题的理智回答。最终这一问题简化为'有限的社会资源中多大部分需要分配给安全考虑，而减少为实现其他社会目标而投入的资源？'"[135] 美国法院不懈

---

[132] 在存在系统而可靠的政府部门监督的领域，例如药品领域，一个强有力的案例支持了将食品药品监督管理局(Food and Drug Administration)的许可视为排除设计缺陷请求权的理由：*Collins v. Karoll*, 186 Cal. App. 3d 1194, 231 Cal. Rptr. 396 (1986).

[133] *Schipper v. Levitt & Sons , Inc.* , 44 NJ 70, 207 A. 2d 314 (1965).

[134] See especially Fuller, "Forms and Limits of Adjudication", 92 *Harv. L. Rev.* 353 (1978). 关于富勒的理论参见 Summers, *Lon L. Fuller* 98-100 (1984).

[135] Henderson, "Judicial Review of Manufacturers' Conscious Design Choices: The Limits of Adjudication", 73 *Colum. L. Rev.* 1531, 1540 (1973).

地努力界定"缺陷"的定义,即说明这一问题的存在。[136] 特雷诺法官自己承认,没有什么方法被证实可以充分定义生产者严格责任的范围。[137]

詹姆斯·亨德森(James Henderson)教授因而主张,由法院主导的司法裁判过程在制度意义上并不适合于创建产品安全标准。[138] 诉讼双方提出的每项替代标准,都需要从多重因素的角度加以评估,安全仅是其中一项因素。司法过程更习惯于去适用,通过自身之外的、更适于创建规则的决策程序创建出来的规则,而其自身不适合于创建这样的标准。他指出随之而来的结论:

> 司法机关对有意识的设计选择进行独立审查的广泛投入,将对司法过程的公正性产生现实威胁。面临毫无解决希望的、通过司法裁判对产品进行重新设计的难题,并且大概率无法抵挡支持受害之原告的普遍社会压力,法院不可避免地求助于某种形式的掷硬币式司法,亦即可能基于某些武断的依据来确定被告的责任。……实际上,裁判的过程很大程度上将沦为一种形式。尽管这些技巧或许在短期内可以使得这些案件变得可控,但取得这一效果的代价是,使得那些诉讼主体对法院的信心遭到严重侵蚀,他们将准确地发现,因为上述司法诡计,自己无法有效地利用诉讼程序。[139]

这一批评暗示,在将产品责任规则扩张适用于有意的设计选择的过程中,法院经不住诱惑,承担起它既缺乏能力行使、又缺乏合法性来行使的职责,正如其他一些值得质疑的冒险事业——对学校和监狱进行司

---

[136] 例如,加州法院放弃了《侵权法第二次重述》采用的"不合理地造成危险"标准,因为它"给原告增加了负担,需要去证明一个有过失标准意味的因素",其后恢复到采用过失测试中为人们所熟悉的平衡推演,但倒置了证明责任,作为对生产者适用更严格责任的唯一体现:*Barker v. Lull Engineering Co.*, 20 Cal. 3d 413, 573 P. 2d 443 (1978). See Prosser and Keeton, *supra* n. 27, 698-702.

[137] "The Ways and Meanings of Defective Products and Strict Liability", 32 *Tenn. L. Rev* 363, 373 (1965).

[138] 参见前文,脚注[135]。

[139] Ibid., at 558.

控制。[140] 事实上，严格责任非但没有减少诉讼，反而使得侵权赔偿请求的数量爆发到了如此地步，人们普遍地抱怨日益严重的法院诉讼壅塞。"老式"的制造缺陷诉讼请求往往通过和解得到解决，除非对因果关系或赔偿金额存在争议。通过诉讼处理的争议大多数涉及设计缺陷，被告艰难地应对这样的诉讼请求，因为在这类案件中，不利判决将引起偏见性的效应。一个不利判决不仅是对特定的单个偏离制造规范的物件作出消极评价——如同制造缺陷案件中的情形，还是对整条生产线作出消极评价。即使不当然地对其他诉讼请求产生约束力[141]，不利判决还是确定了基调，并且经常引起广泛的公共关注，这都可能导致销售量的下滑，也可能在后续案件中对和解和陪审团裁断产生不利于被告的影响。

"未进行警示"(failure to warn)成了卖者责任一个更为不稳定的来源，因为其成立无须对产品的质量本身、而仅需对销售方式进行评判。此外，防止该责任的措施所带来的负担相对轻微，因而人们往往支持在卖者未警示风险时对其苛加责任。然而，两类案件都抛出了以下棘手的问题，即在判断被告是否意识到或者应该意识到案涉风险时，应该运用先见之明(foresight)还是后见之明(hindsight)。新泽西法院曾经采取了一种极端的(且在智识上具有煽动性的)看法，即生产商应为未能警示风险而承担责任，尽管在相关时点上该风险并不为其所知晓或者不能为其所知晓。[142] 而其他法院则退避三舍，不愿将产品责任和通行的责任承担观念切割开来。[143]

其他对传统侵权法责任界限的显著偏离还涉及大规模诉讼的程序性

---

[140] 这一做法系由美国最高法院在 Swann v. Charlotte-Mecklenburg Board of Education，402 US 1 (1971)一案中所批准的(通过司法解释支持了反隔离政策)。See Chayes, "Foreword: Public Law Litigation and the Burger Court", 96 Harv. L. Rev. 4 (1982); D. Horowitz, The Courts and Social Policy (1977).

[141] 案件既判力(res judicata)和间接再诉禁止(collateral estoppel)在本书第七章脚注〔40〕处讨论。

[142] Cepeda v. Cumberland Engineering Co., 76 NJ 152, 386 A. 2d 816 (1978); 该规则被判决不对药品适用，see Feldman v. Lederle Laboratories, 97 NJ 429, 479 A. 2d 374 (1984).

[143] "这是少数派观点，可以合理地认为属于极端观点。"See Prossor and Keeton, supra n. 27, 701; Henderson, "Coping with the Time Dimension in Products Liability", 69 Calif. L. Rev. 919 (1981).

调整。其中之一是对大规模诉讼的推进[144];另外一个则是对"全行业范围"(industry-wide)之责任观念的一时推崇,目的在于帮助无法在一个群体中辨认出特定加害者的原告(获得赔偿)[145]。这两项发展都是个人责任向集体主义演变过程中的显著标志,将侵权法的功能由人们熟知的"交换正义"推进到"分配正义"。对于法院而言,这一改革方向在两个方面看是激进的:其一,其所决定的这一次转向,比之司法功能,与立法功能相关性更高;其二,这一转向将侵权法从铰链上取下,将其转变为一项财富再分配的工具。

---

[144] 参见本书第七章。
[145] 同上。

第三章
合宪性

　　司法机关和立法机关之间的关系显然具有宪法意义。受到同时代政治观念的限制,其易于随着时间和地域而变化。在大多数国家,甚至那些以作为法治象征之独立司法为傲的国家,公权机关(指行政机关和立法机关)都十分羡慕司法机关,声称自己仅仅执行法律而实则在制定法律。在西方民主国家,法院从属于立法机关是一个值得尊崇的政治传统,在大多数这些国家里,并无根基深厚的宪法条文将法院——至少是宪法法院——确定为其他政府分支所行使之权力的最终仲裁者,因而这种从属性就更得到了加强。

　　美国关于两者关系的观念则与此十分不同。根据联邦和各州宪法,司法机关是政府中一个平等的分支,同行政机关和立法机关相比,具有同等而独立的地位。虽然这一权力的行使在宪法事项上最为明显,但在法院的整个管辖范围内都很普遍。宪法事项可以在各个层级的司法机关被提请裁判——与现代欧洲单一宪法法院的模式相反——进一步体现了法院在所有立法和行政权力行使的合法性上,拥有最终裁判权的观念。自第二次世界大战以来,美国联邦宪法的关注点明显地从州与联邦的关系转向了《权利法案》(the Bill of Rights),由此带来了与各州乃至联邦政府针锋相对的民权的大规模延伸,并且带来了民权特别是少数群体权利的爆炸性扩张。因而法院越来越自视为个人权利的保护者,使其免受政府和其他有权势机构滥用权力的侵害。在侵权法领域,这一理念强化了其他一些趋势,以支持原告对抗公司和机构被告。

　　司法机关对立法机关态度的这一新转变带来了多方面的影响。首先,它支持了"司法能动主义"这一上一章已经讨论过的、声名卓著的理念,它建基于如下看法,即立法机关对于引领规则变革并无垄断地位。立法机关大体上可称为怯懦的回应,只会更加激励法官承担法律改革者这一新发掘之角色的信心。其次,保守的立法,特别是源于被告方利益集团的立法,已经成为司法审查的诱人目标。对它们的质疑系以宪法为依据且手段巧妙。这两种技巧都借助司法诡辩术造出了迷人的晕影效果(sophistry)。

第一节 合宪性判决

侵权领域的成文法易受到合宪性的质疑,可能的依据有:拒绝依据联邦宪法给予平等保护(the denial of equal protection)或正当程序(due process)对待;拒绝依据州宪法给予平等保护或正当程序对待,或者其他依据特定州法特有的违宪情形,如确保权力分立(separation of powers)或者保护获得法院裁判(access to courts)的权利。与大家可能预想的相反,与由联邦法院裁判州制定法的合宪性相比,州法院总体上更愿意由自己来判定其违宪。[1] 此外,具有改革精神的法院倾向于依赖州宪法而不是联邦宪法,对诸如平等保护和正当程序等开放性概念作出较最高法院更为自由的阐释,因而使其判决在上诉时不被推翻,这已越来越成为一种潮流。[2] 这一定程度上解释了人们对相关合宪性测试缺乏共识,就目前讨论的话题而言,也经常反映出对侵权法恰当角色的不同思想认识。

---

[1] 在适用联邦和州宪法时,一个重要的差异是,联邦法院出于联邦主义的考虑,给予州法某些尊重。基于10年的裁判历史,美国出庭律师联盟最近研究认为,质疑侵权领域制定法时,引用州宪法是比联邦宪法更好的方式。*ATLA Advocate*, vol. xii, no.7, p.1.

[2] 对州宪法兴趣的复苏,仅仅是最近10年以来的现象。对表述完全一致的宪法性保障最初不一致的解释,并非基于显见的多样性地方因素,而仅仅是受到扩张民权范围这一目标的驱动,这成为"新联邦主义"最受争议的一点。See generally Collins, "Foreword: Reliance on State Constitutions: Beyond the 'New Federalism'", 8 *U. Puget Sound L. Rev.*, no. 2, p. vi (1985). Williams, "In the Supreme Court's Shadow: Legitimacy of State Rejection of Supreme Court Reasoning and Results", 35 *So. Ca. L. Rev.* 353 (1985).

一、平等保护

美国《联邦宪法》第十四修正案禁止一州拒绝"给予其辖区内的任何人以法律之平等保护"。在美国传统上,改革性的侵权领域制定法倾向于处理特定易出问题的事项,而不是处理宽泛的大类问题。通过在一般性的普通法原则——例如过失责任——之中创设例外,这一聚焦单一问题的做法创造出独特的分类,结果造成了不平等对待。宪法并非禁止一切区别对待。"它并不要求事实上有差异的事物,在法律上受到一样的对待。但它出于平等的考虑,确实要求处境类似的事项得以被类似地处理。对分类合理性的度量决定了其多大程度上能做到类似情形类似对待。"[3]

美国最高法院确定了两项主要标准,以审查是否遵循了这一宪法要求:严格审查(strict scrutiny)和最小合理性要求(minimal rationality)。严格审查适合于所谓的"可疑"分类,例如基于种族、宗教、国籍的分类,以及涉及宪法明示或隐性保护的"基本性权利"的分类,如婚姻权利和投票权。[4] 这些分类仅能基于追求"压倒性的"州利益而被正当化。而侵权法规则不大可能落在这个类别里。

传统上,其他分类仅需满足最低要求,即合法性受质疑的措施合理地促进了合法的政府目标。[5] "合法"意味着仅需满足其目的不违反特定的宪法禁止性要求。这一测试不考察措施的优劣,如果仅从字面解读,它高度尊重各种分类规则,几乎不曾(如果确实有过的话)支持过对此种分类的合宪性质疑,因为很难想象立法会如此偏离理性,以致完全不能促进

---

〔3〕 Tusman and tenBroek, "The Equal Protection of the Laws", 37 *Calif. L. Rev.* 341 (1949).

〔4〕 大部分这些概念只是在最近几年才得到明确,例如隐私权[*Roe v. Wade*, 410 US 113 (1973),涉及堕胎]、迁徙权[*Attorney General of New York v. Soto Lopez*, 106 S. Ct. 2317 (1986)]、结社权[*NAACP v. Alabama*, 357 US 449 (1958)]。

〔5〕 最近的一个例子是 *Lyng v. Castillo*[106 S. Ct. 2727 (1986)]一案(在联邦食物券计划之下,支持了"家庭"的概念)。

一项欲达到的目标。[6] 然而,为了避免对专断随意分类的司法监督沦为摆摆样子,人们建议对该测试标准进行修正,使其与一些更具干预性的州法院判决相吻合或者说更相吻合。一种建议是所谓的"聚焦手段"(means-focused)测试,以制定法促进目标实现的有效程度来衡量其合理性。[7] 它关注"过于宽泛"(overbreadth)和"涵盖不足"(underinclusiveness)的问题,这是在严格审查测试中扮演传统角色的两项标准。还有一种是推崇"滑动等级"(sliding scale)方法,即审核的程度随着"受到消极影响之利益的宪政和社会重要性,以及特定分类所依赖之基础所招致的公认厌恶程度"而变动。[8]

这两种修正都与一种审查程度适中的标准相关联,迄今为止,美国最高法院仅在涉及性别以及是否婚生的分类中适用过,即被审查的规则必须"实质性地推进"其所指称的立法目的。尽管进行审查的法院表面上避免对立法目标的实质优劣提出质疑,但是比之适用合理性要求分析,州政府必须为其采取的措施给出更强的正当理由。[9] 侵权法领域的一个例子是丧失配偶权利的普通法诉讼,传统上仅由丈夫而不由妻子享有。这一招来大众不满的性别歧视规则,只能通过废除丈夫的诉讼请求或者将其延伸适用于妻子而加以纠正。它被指责为迂腐古板且违反宪法,对此,两种解决方法法院都采取过。[10] 社会改革者,认识到纠正不平等分类的

---

〔6〕 合理性测试将会、事实上也已经受到人们的嘲笑,因为其使得我们的法院成为"裁判立法者(偶尔也包括司法机关的兄弟们)理智与否的愚蠢委员会"。Cohen, "Transcendental Nonsense and the Functional Approach", 35 *Colum. L. Rev.* 809, 819 (1935). 但是,我们为什么要苦苦追寻,要求司法机关对无嫌疑立法进行审查呢?

〔7〕 Gunther, "Foreword: In Search of Evolving Doctrine on a Changing Courts: A Model for a Newer Equal Protection", 86 *Harv. L. Rev.* 1 (1972).

〔8〕 *San Antonio Independent School District v. Rodriguez*, 411 US 1, 98-9 (1973); *Lyng v. Castillo*, supra n.5, at 2732-2734(马歇尔法官是主要的支持者,持续地提出异议意见)。

〔9〕 该测试延伸适用至教育领域,*Serrano v. Priest*, 18 Cal. 3d 728, 557 P. 2d 929 (1976). 这一判决通过禁止按照财富标准对不同学区进行区分对待,改革了加州学校财政支出体系。

〔10〕 基于违宪的理由,see *Karczewski v. Baltimore & Ohio R. R. Co.* 274 F. Supp. 169 (III. 167); *Hastings v. James River Aerie N. 2337*, 246 NW 2d 747 (ND 1976). Generally see Prosser and Keeton, *Law of Torts* 931-932 (5th ed. 1984); Harper, James, and Gray, *Law of Torts* § 8.9 (2nd edn, 1986). 两种解决方法加州法院都尝试过:*Rodriguez v. Bethlehem Steel*, 12 Cal. 3d 382, 525 P. 2d 669(1974)。

潜在作用,声称其有助于实现"对弱势群体的基本公平"。司法机关只不过是零星地支持了侵权诉讼原告,比不得有组织地出庭的律师对其利益的有力代表。[11]

二、乘客法

对侵权制定法发起违宪审查的第一个主要试验场针对的是受到广泛批评的乘客法。在1927年保险公司的游说之下,之后十年的时间里,大多数州都制定了乘客法,目的在于大幅减少汽车司机对作为搭车人之乘坐者的责任。[12] 典型的立法例,如加州制定法规定:

> 任何作为乘客在高速公路上接受任何车辆搭载而未给予报偿者……无权因为个人伤害或者死亡而针对司机主张民事赔偿,(除非系)由司机醉驾或者故意的不当行为导致。[13]

随着法院越来越多地卷入大量涉及"接受搭载而未给予报偿"以及"故意的不当行为"(或者类似的不适用情形,如轻率、重大过失等)含义的诉讼,这一立法模式很快就失去了司法机关的支持。有一度加州立法机关试图介入以解决另一个更受争议的问题,即在该条文的开头加上"车辆的所有者或者(任何……的人)"的措辞,意图将所有者和其他所有未向司机支付报偿的乘客一视同仁。法院普遍地对这一条款表达了不满,不仅故意地狭义解释了这一制定法,还公开地批评其是不公平且最终是过时的。立法机关并未回应这些抗议,受沃伦(Warren)法院时期保护民权的司法热情所鼓励[14],人们发起了质疑加州的乘客法违反宪法第十四修正案平等保护条款的诉讼,最终在1973年加州最高法院 Brown v. Merlo

---

[11] See Brown v. Merlo, infra, n.15.

[12] See Comment, "The Constitutionality of Automobile Guest Statutes: A Roadmap of the Recent Equal Protection Challenges", [1975] BYU. L. Rev. 99. 关于加拿大的情况,参见 Linden, Canadian Tort Law (3rd edn. 1982) 613.

[13] 《机动车法典》(the Vehicle Code)第17158条(1929年制定)。

[14] 厄尔·沃伦(Earl Warren)是1953—1969年间美国的首席大法官。See generally Choper, "On the Warren Court and Judicial Review", 17 Cath. U. L. Rev. 20 (1967).

一案中促成了该条款的无效宣判。[15]

质疑者主张,这一制定法不公平地区分对待机动车搭车人和其他好意行为的接受者(recipients of hospitality),区分对待机动车搭车人和付费的乘客,还区分对待高速公路上和其他地方发生的事故。这些区分与立法机关想要推进的合法目标有合理的关联吗?早在1929年,美国最高法院就支持了康涅狄格州的一项制定法,拒绝深入探讨其立法优劣,拒绝接受任何"主张以下内容的合宪性要求,即一项规定,如果在其他方面都允许的话,必须涵盖其所可能适用的每种类别"[16]。因此,该制定法并不意图适用于其他运输形式的搭车人这一事实,并不应导致其被禁止。1929年美国最高法院的判决并未对其他区别对待发表意见,加州最高法院基于此便将其草草地置于一边。此外,两个案件中间隔着40年,见证了有关乘客法的法律和事实背景所发生的好几方面的变化,例如强制性责任保险的推出,以及法院废除了对"被许可者"(licensee,指获准进入的访客,例如在被告物业区域内活动的公众访客)的偏见性对待。[17] 因为宪法原则和法律环境变化介入的缘故,一项规则可能在宪政意义上变得陈旧过时,这是没有争议的:因而合理性需要根据**当时**而不是**事后**的情况加以审查。

在立法机关没有明确地表述其立法目的情况下,加州法院讨论了"传统上司法先例和学术评论提出的"乘客法的两项目的:保护主人免受不知恩图报之搭车人的损害,以及防止共谋的法律诉讼(collusive law suits)。

好意施惠的理由,正如已经提到的,逐渐被下述几项法律变化所侵蚀:对慈善豁免的废除,以及物业所有人或运营人对获准进入者和其他访

---

[15] 8 Cal. 3d 855, 506 P. 2d 212 (1973).

[16] *Silver v. Silver*, 280 US 117 (1927).

[17] 加州法院在下述案例中对所有类型的访客都适用了一般的注意义务规则:Rowland v. Christian, 69 Cal. 2d 108, 443 P. 2d 561 (1968). 注意其发展历程:通过先前普通法上的改革,法院得以损伤先前制定法的根基! 类似的策略在 *Reda Pump Co. v. Fink*[713 SW 2d 818, 821 (1986)]一案中被拒绝采纳,在该案中,法院被请求判定,因为其于1974年引入了比较过失规则,1978年一项将与有过失作为对产品责任之完全抗辩理由的制定法应被宣布无效。"如果不加以拒绝的话,那本法庭的行为就将构成权力的僭越"。

客所负责任之差异的废除。这个理由本身包含着两项不同的论证逻辑：一是"一分钱一分货"(you get what you pay for)的主张。然而普通法或制定法承认的一般规则并未规定，一个人必须支付费用以享有针对过失侵害行为的法律保护。或许可以合理地在付费和非付费乘客之间作出区别，而无须完全取消后者在面临过失行为侵害时可得的保护。例如，普通法规定商业交通工具的乘客有权得到"最高注意"(utmost care)标准的保护，这一点是颇值维护的。二是"好撒玛利亚人"(Good Samaritan)的理由，即起诉招待你的东道主是不可宽恕的忘恩负义之举。然而，责任保险的出现完全使这一主张失效，因为起诉东道主的保险人并非忘恩负义之举。最后一点，这一区分与生活现实并不关联，法院的假定与经济学理论存在冲突，理性人并不会因为付费性的交换而改变其行为，被降低的责任标准也不会鼓励人们变得更加热情友好。

第二项假定的乘客法所欲达到的目的，即防范乘客和司机合谋欺诈保险公司，被认为"过于宽泛"而不被考虑。亦即，相较于法律谴责的不当行为所涉及的人群，这一分类方法在范围更大的人群身上施加了繁重的负担。虽然一般来讲，乘客法让人想起的是忘恩负义的搭便车者形象，但事实上，更常见的搭乘者是家庭成员。[18] 直至20世纪60年代早期法院的改革之斧斩落了家庭豁免制度，这些人原先是不能起诉司机的[19]；然而，自那时起，他们成了乘客法的主要受害者。考虑到并非所有司机都会屈从于合谋欺骗保险公司的诱惑，并且无论怎么看合谋的风险都不局限于交通事故，取消所有不付费搭车人获得赔偿资格的做法，何以能被正当化呢？

末了，将适用情形局限于"高速公路上"或者"(在某些乘客法中)旅途中"发生的事故，完全无法和上述两项假定的立法目的搭上关系。

---

〔18〕 在 *Tisko v. Harrison*〔500 SW 2d 565 (Tex. Ct. App. 1973)〕一案中，获得支持的得克萨斯州制定法得到修订，明确只包括"二级以内血亲或姻亲"(relatives "within the second degree of consantuinity or affinity")。

〔19〕 *Emery v. Emery*, 45 Cal. 2d 421, 289 P. 2d 218 (1955). 参见本书第二章脚注〔21〕之后。在那个案件中，合谋的说法不被接纳为保留家庭豁免的充足理由，但该案处理的是推翻一项普通法先例，而不是判决一项制定法无效。

上述分析包含着严重的错误,连加州法院随后也不得不承认。[20] 用法院的话讲,上述分析在好几个方面"偏离了传统的平等保护标准"。

首先,它将相关制定法的正当化理由局限于司法先例和学术评论所提出的理由。事实上,保险行业游说支持乘客法的主要目的当然是在于,降低保险费率以使其更易为人们所购买,显然这是一个政府应该追求的、完全合法的目标。难道立法机关通过限制司机对搭车人——他们构成了伤亡者总数的约三分之一,主要是司机的家庭成员——的责任以促成这一目标是不被允许的吗?[21] 可以争辩的是,这一目标本可以在不改变责任规则的情况下达到。例如,不要求保险公司为不付费乘客所遭受的损失支付保险赔偿金,而仍旧让司机承担潜在的责任,并且让那些选择为各种情况都上保险的司机支付更高的保费。然而更为重要的一点是,替代方案(也许甚至是那些可能更有助于实现立法目标的替代方案)的存在,并非为公认的最低限度合理性这一合宪性审查标准所禁止。因为这将质疑立法机关是否明智,一般而言这是法院所否认的(标准)。

其次,法院还在另一方面感到后悔,认为"给某一特定的制定法,针对'特定群体'(如接受好意施惠者)安上假定的立法目的,进而指责其'涵盖不足'的技巧,可以说是忽视了如下基本原则——立法机关在应对它所认定的不当行为时,并不需要在管制所有受到这一不当行为影响的情况和完全不作管制之间作僵化选择"[22]。以上对自身错误的坦白,事实上使得 Merlo 案的大部分论证都站不住脚,特别是关于合谋的说法。因此,尽管在投保的情况下,不管什么领域,所有家庭成员之间的诉讼都存在合谋风险,但是在机动车案件中,仍有理由相信这一难题需要得到特别矫正,因为在这个领域内保险很普遍甚至是强制性的。

最后,法院对于下述做法也表达了悔意,即要求制定法与州政府所确

---

[20] *Schwalbe v. Jones*, 16 Cal. 3d 514, 518 n. 2 (1976),该案微妙地将坦诚过往错误隐藏在一个脚注之中。在 Merlo 案中,法院轻描淡写地将美国最高法院在 *Silver v. Silver* 案中的判决(参见前文,脚注[16])——认为康涅狄格州的一项制定法不因"涵盖不足"的质疑而无效——降格到脚注中回应,这也是颇有启示意义的。

[21] 在加州,尽管有强制要求,但仍然至少有15%的机动车并未上第三方责任保险。参见本书第五章脚注[79]处。

[22] 参见前文,脚注[20]。

立的目标之间有"正当而实质"（fair and substantial）的关系。尽管法院拒绝了如下主张，即乘客法牵涉"基本权利"，更不必说它创设了需要严格审查的"可疑分类"[23]，但实质上，通过询问这一制定法上的分类是否过于宽泛或者涵盖不足，这一法定分类是否事实上推动了假定的立法目的的实现，以及立法目的的相对重要性能否支持对机动车搭车人施加严厉的限制权利措施，法院采取了比传统的最小"理性"测试更为严格的标准。[24]

然而，如今已来不及挽回乘客法了，因为同时期立法机关已经清理了制定法规则，撤销了所有被质疑的、与无偿乘客相关的条款，但令人疑惑地保留了对接受其他人接送的机动车车主的适用性。关于这一残余规定的合宪性，在3年内接受了法庭的3次审查，第一次被宣告无效，然后被认定为有效，最终被确定为无效（这一摇摆主要归因于人员的变动，因而显现了美国裁判不稳定性的另一个侧面[25]）。[26] 尽管法院暗示在 Brown v. Merlo 案中作出的最初判决是基于对传统合宪标准的掺水式适用，其现在想要加以反对，但是在立法机关发出"致命一击"（coup de grâce）后，这一条款再也无法复活。由于没有现实的独立基础可以支持乘客法对机动车所有者的适用[27]，这一制定法遂被宣告完全无效。

其他很多法域的法庭十分乐意跟随加州的先例，以摆脱令人厌恶的

---

[23] Ibid.

[24] Comment, *supra* n.12, at 110.

[25] 另一个值得注意的例子是著名的精神损失案件 *Dilon v. Legg.* 68 Cal. 2d 728, 441 P. 2d 912 (1968)，该案推翻了 *Amaya v. Home Ice, Fuel & Supply Co.*，[59 Cal. 2d 295, 379 P. 2d 513 (1963)]案的判决。摇摆的一票归属于一位晋升的法官，他的判决在第一次上诉时被驳回。他恰巧也是 *Cooper v. Bray*（后文，脚注[26]）一案中的决定者。大多数终审法院法官都自觉可以自由地追随自身判断，而不对合议制所形成的一致意见给予尊重，这当然与英国的实践形成了鲜明的对比，see Paterson, "Lord Reid's Unnoticed Legacy: A Jurisprudence of Overruling", 1 *Oxf. J. Leg. St.* 375 (1981).

[26] (1) *Schwalbe v. Jones*, 14 Cal. 3d 1, 534 P. 2d 73 (1975); (2) 复审，*Schwalbe v. Jones*, 参见前文，脚注[20]; (3) *Cooper v. Bray*, 21 Cal. 3d 841, 582 P. 2d 604 (1978). 这些审判的法官构成变动很大，托布里纳（Tobriner）法官的异议意见转变为多数意见（由其在 *Cooper v. Bray* 一案中作出）。

[27] 立法目的必须是真实的，而不能如同在第二次上诉中被描绘的那样，是假想的（参见前文，脚注[26]）。

乘客法[28]；在其他一些州，立法机关姗姗来迟地废除了这一条款。[29] 无论如何，这一令人不快的插曲还是给大家上了有益的一课，提醒大家防范不负责任的司法冒险主义。加州和其他有类似想法的法院，在无拘无束地改革普通法以适应其对当代价值的看法后，又试图像推翻令人尊敬的普通法先例一样，冷酷无情地推翻制定法，显然丧失了大局观。这一做法不仅违背了权力分立这一根深蒂固的宪法传统，还借由合宪审查的权力，剥夺了立法机关作出最终决定的机会。当法院推翻其自身已经树立多年的先例时，相当于向立法机关传递了一个"是时候对其进行审查"的信号，便开启了一段可以被反转的——如果未获立法机关的多数派接受的话——新进程。[30] 而过时制定法的难题就不那么好对付了。

法院可以采用各种方式来推动立法机关审视过时的或者合宪性较为薄弱的制定法。例如德国法院采用的合宪手段，即为立法机关设定一个确定的期限，要求其修订法律以合乎宪法[31]；也包括美国坚持的原则，即由联邦法院不予适用特定制定法（abstention）或者宣布其因表述模糊而无效。[32]这都是促成法院和立法机关之间进行对话的工具。人们建议，应采用类似的方法以应对废止制定法的问题，例如众所公认的恼人的乘客法。[33] 后文将讨论一个开启这种立法审查的典型例子。

在后续的案例中，法院意识到宣布某一制定法因违宪而无效并不能推进原有的立法目标，且无论如何在这样做时应该留有最大的余地。我

---

[28] Comment, *supra* n. 12.
[29] 科罗拉多州、康涅狄格州、佛罗里达州、堪萨斯州、蒙大拿州、佛蒙特州、华盛顿州。
[30] 参见本书第二章脚注[47]处。
[31] See Rupp von Brünneck, "Admonitory Functions of Courts: West Germany", 20 Am. J. Comp. L. 387 (1972). 在美国，同样的手段也被反复用于废除普通法规则（参见本书第二章脚注[47]处），但几乎不适用于以宪法原则为基础宣布制定法条文违宪。一个例子是 *Shavers v. Kelley*, 402 Mich. 554, 267 NW 2d 72 (1978)，在该案中，密歇根州法院将其判决效力延后了18个月，从而允许立法机关（以及保险专员）弥补法律的缺陷。
[32] See Bickel, *The Least Dangerous Branch: The Supreme Court at the Bar of Politics* 111-198 (1962).
[33] Calabresi, *A Common Law for the Age of Statutes* 10-11 (1982). *Weinrot v. Jackson* [40 Cal. 3d 327, 708 P. 2d 682 (1985)]一案对一条过时的制定法进行限缩解释，将雇主所享有的法定的失去仆役服务之诉权（*per quod* action）限制于家内雇佣情形（对比 *I. R. C. v. Hambrook* [1956] 2d. B 641）。

们仍在乘客法的语境中举一个例子,加州保险法典的一个条款允许机动车责任保险把被保险人的家庭成员排除在保险范围之外。该条款得到了法院的支持,尽管它区别对待了家庭成员和其他乘客,当时家庭豁免原则已经不再存在,并且关于欺诈和合谋的顾虑已经被打消了。如此判决,主要系基于现实性的考虑,即这一豁免的目的完全在立法机关的权限范围之内,其意图通过降低那些无法负担更高保费或者已就家人的医疗开销做好准备的车辆所有者所负担的保费,来鼓励大家投保。[34] 这一原则性的反转得到了法院言行一致的反映:

> 我们可能不同意立法背后的部分或者全部理由,但这并不意味着可以拿我们关于什么是适当的公共政策的观念去替代立法机关的观念……[35]如果我们不认定其合宪,而枉顾缔约各方更充分的判断,要求必须把家人列入投保范围,那就将是对私人契约安排和经济安排的一次史无前例的司法干预……[36]

三、医疗过失法

合宪性的质疑并不限于针对制定法如乘客法,这些条款可以说是过时了,其废除可以解释为仅仅是一种家务或者清理操作。更为"棘手的"是针对以下制定法的司法审查,即同时代那些目标在于改革普通法甚至是纠正法院自身判决的法律。侵权领域制定法改革的两次高潮——一次是针对医疗侵权,另一次是针对机动车责任——提供了关于这种合宪性判决的试验场。

在20世纪70年代"医疗保险危机"的阵痛中,许多州的制定法意图让医疗保险收费回归到可以负担的水平,通过改变背后的责任规则和适

---

[34] *Farmers Insurance Exchange v. Cocking*[29 Cal. 3d 383, 628 P.2d 1 (1981). *Brown v. Merlo*]一案涉及的是对侵权责任而非保险责任的限制,并且其是强制性而非授权性的,这并不能解释方式和结果上的差异。值得注意的是,法院的裁判是由理查森(Richardson)法官——唯一的保守派作出的。

[35] Ibid., at 388-389.

[36] Ibid., at 390-391.

用条件来鼓励保险公司继续提供医疗保险。这些措施包括为赔偿金设置"上限"、废除平行来源规则、判决以定期支付代替全额支付、强制性仲裁，甚至限制胜诉酬金。因为这当中好几项改革举措减弱了或者损害了因过失行为而主张赔偿的普通法权利，法院对于寻求宪法保护的上诉诉讼特别敏感。这些案件的判决结果各不相同，有些案例基于传统的联邦合理性测试支持了制定法，其他案例基于更为严格的平等保护的州法标准、"正当程序"要求，或特殊的州宪法条款宣告其无效。[37]

少数一些法院甚至将获得人身伤害赔偿的权利归入"基本"权利，就像隐私权，需适用严格审查标准，在缺乏"压倒性"州利益的情况下不得侵犯。[38] 一种更温和、更受欢迎的处理方式是，虽然不把侵权法上主张赔偿的权利视为一项基本权利，但是认为其如此重要，因而对其进行限制需要受到比合理基础测试更为严格的审查。对于这一中等强度的测试，新罕布什尔州法院的判决表述得最到位，就是"受到质疑的分类是否合理，并且与立法目标是否有着合理而实质的关系，一项医疗过失责任制定法是否构成正当的、促成公共利益的合理措施，取决于其对私人权利所施加的限制是否过于严重，以致超过了所欲给予一般大众的利益"[39]。适用这一测试标准进行判断，限制医疗服务提供者的赔偿金额被认为是不正当的，因为它将伤势最严重的医疗过失受害者单独列出，为医疗侵权人和其保险公司提供特殊的责任免除，是专断而不公平的。如果将赔偿负担在所有伤者之间加以分散，例如按比例减少赔偿金而不是设置绝对的上限，情况会有所不同。

考虑到加州法院针对乘客法的矫正性实践，其关于医疗过失条款的判决受到人们的热忱期待，但其结果却令人感到意外。勉强达到多数的法官支持了医疗改革规则，对若干针对其主要内容的质疑不予支持，按其

---

[37] See Smith, "Battling a Receding Tort Frontier: Constitutional Attacks on Medical Malpractice Laws", 38 *Okla. L. Rev.* 195 (1985); Redish, "Legislative Responses to the Medical Malpractice Insurance Crisis: Constitutional Implications", 55 *Tex. L. Rev*, 759 (1977).

[38] *White v. State*, 661 P. 2d 1272 (Mont. 1983).

[39] *Carson v. Maurer*, 120 NH 925, 424 A. 2d 825, 831, 12 ALR 4th 1 (1980).

所承诺的[40],回归到尊重立法机关的合理性标准。[41] 这些制定法都侵蚀了律师群体的特殊利益,但最为突出的是对胜诉酬金的限制。支持限制胜诉酬金规则的判决显得格外异常,因为这些制定法跟所声称的减少保险费率的立法目标的联系更不明显。胜诉酬金来源于原告所获赔偿金,不同于被告的律师费用(然而这一项却是不受影响的),它不是一项额外成本。此外,这一条款仅对医疗过失的受害者适用,结果他们发觉越来越难获得最佳的法律代理服务了,这岂非构成对他们的歧视? 然而这些论证并不能说服法院的多数法官,他们认为对胜诉酬金的限制确实有助于减少保险费用,原因在于:一是原告更可能接受一个较低的和解赔偿金;二是可以降低律师随意提起诉讼,或者鼓励其客户拖延时间以取得不切实际之高昂和解赔偿金的动力;三是将补偿原告因为其他赔偿金限制规则(包括将非财产损害赔偿限制于 25 万美元以下[42])带来的损失。

  佛罗里达州一项制定法规定,判给胜诉方(无论是原告还是被告)合理的律师费用补偿,意图起到更为显著的抑制诉讼的效果。[43] 不同于其他一些制定法,这一规则在医疗事故领域也经受住了合宪性质疑,法院主要的理由是,佛罗里达州其他四十几项制定法也包含了类似条款。[44] 然而,其最终还是被更为通常的限制胜诉酬金的规定所代替。[45]

---

  [40] *American Bank & Trust Co. v. Community Hospital*, 36 Cal. 3d 359, 683 P. 2d 670 (1984) 推翻了其自身在 660 P. 2d 829 (1983)一案中的判决(涉及分期付款);*Barme v. Wood*, 37 Cal. 3d 174, 689 P. 2d 446 (1984) (附带利益);*Roa v. Lodi Medical Group*, 37 Cal. 3d 920. 695 P. 2d 1058,上诉被驳回,106 S. Ct 421 (1985)(胜诉酬金);*Fein v. Permanente Medical Group*. 38 Cal. 3d 137, 695 P. 2d 665,上诉被驳回,106 S. Ct 214 (1985)(附带利益,对非财产损害赔偿规定上限)。

  [41] 少数派法官坚持了 Merlo/Carson 标准,尽管其在 *Schwalbe v. Jones*(参见前文,脚注[26])一案中被推翻。

  [42] 一项经验性分析发现,限制费用上限的规则使得平均和解赔偿金下降 9%,使终止诉讼率由 43%上升到 48%,而将诉讼比例从 6.1%降低到 4.6%;Danzon and Lillard, *The Resolution of Medical Malpractice Claims: Modeling and Analysis* (1982)。

  [43] *Good Samaritan Hosp. Ass'n v. Saylor*, 495 So. 2d 782 (1986) 说明了这一措施无法限制诉讼成本,在该案中,法院根据联邦北极星计算公式(federal lodstar formula),判定合理的律师费用为 110 万美元(2000 个工作小时乘以 275 美元每小时的费率,再乘以可能性系数 2)。关于费率的讨论参见本书第六章。

  [44] *Florida Patient's Compensation Fund v. Rowe*, 472 So. 2d 1145 (1985)。

  [45] Fla. Stat. § 768.595 (1985)。

四、正当程序

反对者可加以利用的诉请法院判决相关侵权领域制定法无效的另一个宪法保障是联邦和州宪法上对"未经正当程序即剥夺任何人的生命、自由和财产"之行为的禁止。[46] 平等保护原则的目的在于确保给予不同类别的群体以平等对待,而正当程序原则则追求国家和个人之间的平等。美国最高法院大体适用了与平等保护原则同样的双层次标准:一方面,对基本权利或者政治程序的限制需要受到严格审查,只有追求压倒性的抗衡(countervailing)利益才能被正当化。另一方面,经济和社会领域的各种政府规章则被假定为有效,除非其专断而随意(arbitrary or capricious)。[47] 特别地考虑到20世纪最初几十年,也就是所谓的"洛克纳时代"(Lochner era)[48],公众对法院偏袒性地适用正当程序条款以对抗社会改革的做法产生过激烈的争论,自此,比之基于"程序性"正当程序("procedural" due process)的理由,基于"实体性"(substantive)理由作出否定性判决时,司法机关对制定法施加的限制显得更为突出。

人们援引实体性正当程序原则,反对对医疗责任以及机动车无过错责任事故中的伤害赔偿金额进行限制。完全废弃这一侵权诉求而不提出替代规定,对此宪法是否允许?这依旧是一个开放性问题,但美国最高法院强调:

> 我们的先例清晰地表明,一个人并不从普通法的任何规则中取得财产和既得利益。宪法并不禁止立法机关创造出新的权利,或者废止普通法所认可的旧有权利,以促成一项被允许的立法目标,即便

---

[46] 美国《联邦宪法》第五修正案和第十四修正案。案由是一种受到正当程序条款保护的"财产",问题在于什么样的程序算是正当的。这种权利一开始是十分初级的,直至最终得到裁判才定型,它与传统对有形财产的所有权十分不同。因而保护措施的焦点主要落在程序公正性上。

[47] See e.g. Usery v. Turner Elkhorn Mining Co., 428 US 1 (1976).

[48] 这个词来源于臭名昭著的洛克纳诉纽约州[Lochner v. New York, 198 US 45 (1905)]案的判决,以及九个阻挠罗斯福总统新政的老家伙。See Pearson and Allen, The Nine Old Men (1937); Jackson, The Struggle for Judicial Supremacy (1949); Tribe, American Constitutional Law 421-455 (1978).

有些已经产生的期待可能因此落空。事实上,限制责任的制定法是比较常见的,它们一直以来也被法院执行着。[49]＊

84 人们还可以说,若是不允许以制定法来改变普通法的话,所有通过制定法对普通法进行改革的努力都将是白费功夫,而法院将对普通法的一切发展拥有最终决定权。

一些因为文化观念变迁而过时的普通法诉因,例如诱奸(seduction)和离间夫妻关系(alienation of affection),制定法已普遍加以废除,且未受到合宪性质疑。[50]但对更为可行的诉因的废除在好几个案件中都经受住了合宪性质疑,其中就包括废除对已撤回之诽谤(retracted libel)的非财产损害赔偿请求[51],以及被告因过失提供酒精导致他人醉驾而对受害者的所有赔偿责任[52]。

大部分医疗责任法都包含对损害赔偿金额的限制,如上文所述,在面临不公平地区别对待医疗过失诉讼的不同原告,因而未能为其提供平等保护的指控时,这些条款得到了成效不同的辩护。加州法院以微弱多数支持了将非财产损害赔偿上限设置为25万美元的做法,认为其符合正当程序原则的要求,强调"深思熟虑的法理学家和法学理论一度还质疑过,过失诉讼中对疼痛与痛苦(pain and suffering)进行赔偿的明智性",立法机关有权为了公共利益而减少这一补偿措施的部分成本。同时,无论如何,法院并不掌握"加州或者联邦层面有何宪法原则禁止立法机关为了增

---

[49] Duke Power Co. v. Carolina Environmental Study Group, 438 US 59, 88 n. 32 (1978). 法院支持了普莱斯—安德森法案(Price-Anderson Act),该法案将核事故的责任上限设置为5.6亿美元,但同时设立了一个保险辛迪加并规定适用严格责任。但37个作出了所谓"司法救济"保证("open court" guarantees)的州,其判决使得废除(注意不是限制)普通法上的诉因实质上成为不可能。e.g. Boswell v. Phoenix Newspapers, Inc.[730 P. 2d 186 (Ariz. 1986)]案否定了亚利桑那州的道歉法。

＊ "open court" guarantees是美国各州宪法中的条款,保证向人民提供司法救济途径。例如,《得克萨斯州宪法》第1节第13条第2句写道:"法院必须敞开司法救济的大门,任何人,只要土地、财产、身体或者名誉受到侵害,都能依法院的正当程序而得到救济。"(All courts shall be open, and every person for an injury done him, in his lands, goods, person or reputation, shall have remedy by due course of law.)——译者注

[50] See Prosser and Keeton, *supra* n. 10, at 929-30.

[51] Werner v. So. California Newspapers, 35 Cal. 2d 121, 216 P. 2d 825 (1950).

[52] Cory v. Shierloh, 29 Cal. 3d 430, 629 P. 2d 8 (1981).

进一项合法的国家利益,而对特定情形下的损害赔偿金额进行限制"[53]。为了支持自己的观点,法院援引了美国最高法院支持一项联邦制定法对核事故中责任赔偿金额进行限制的做法。[54] 法院将本案与作出相反判决的案件进行了区分,理由是先前的案件审查的是对所有损害赔偿都施加了任意限制的制定法,而不仅是对非财产损失施加限制。但是,这一区分不正是承认了一项制定法不能剥夺原告享有的获得充分补偿的权利吗,不管是在金额上还是在损失补偿的类型上加以限制?其他法院也曾质疑过到底有没有所谓的保险危机,以及尽管对立法机关为应对危机而选择的措施所体现出的原初智慧需要表示尊重,但是时间的推移或已显示出,这些措施延续至今构成了对正当程序原则的违反。

随着普通法上的诉因被一项[无过错保险]赔偿计划所取代,20世纪前20年关于工伤赔偿合法性的长时间争议,终结于认可"权衡"(trade-off)理念符合正当程序原则的最低要求。[55] 类似地,为侵权责任设置"限制"的机动车无过错责任规则,因其对受害者造成的损失,得到了以无过错救济金形式体现的"充分替代措施"(adequate substitute)的平衡,也一般性地得到了成功辩护。[56] 与此不同,佛罗里达州法院判决将赔偿额度在500美元以下的机动车侵权诉讼赔偿请求完全废除的做法无效,因为其缺乏任何合理的替代措施,例如连强制保险都不作要求。[57] 这一结论

---

[53] *Fein v. Permanente Medical Group*, 38 Cal. 3d 137, at 161. 美国最高法院驳回了上诉:*Fein v. Permanenfe Medical Group* 106 S. Ct 214. 只有怀特(White)法官提出异议,质疑"正当程序原则是否要求立法机关提出一项补偿计划,或者就其替换掉的普通法或者州法上的损害赔偿提供替代性措施(quid pro quo),以及如果是的话,怎样的补偿计划或者替代性措施才算是充分的",*Fein v. Permanenfe Medical Group* 106 S. Ct 214, at 216.

[54] *Duke Power Co. v. Carolina Environmental Study Group*, supra n. 49.

[55] *New York Central Railroad Co. v. White*, 243 US 188 (1917).

[56] See King, "Constitutionality of No-Fault Jurisprudence", 1982 *Utah L. Rev.* 797 (逐州进行了分析);Siedel, "The Constitutionality of No-Fault Insurance:The Courts Speak", 26 *Drake L. Rev.* 794 (1977).

[57] *Kluger v. White*, 281 So. 2d 1 (Fla. 1973). See Vinson, "Constitutional Stumbling Blocks to Legislative Reform", 15 *Fla. St. U. L. Rev.* (1987). 很多法院还宣布产品责任法下的"除诉期间法"(period of repose)无效,因其违反了正当程序或者"获得法院裁判"(access to courts)条款,其理由是,对现存法律救济的废除或者限制,只有被认定为是消除明显的社会或者经济弊端所需且合理而不专断的,才是正当的,see *Berry v. Beech Aircraft Corp.*, 717 P. 2d 670 (Utah 1985).

难称正当,因为对于任何愿意支付保险费的汽车所有人,自愿性的第一方保险总是可以选择的;相关制定法只不过是给风险偏好者一个选择权,而不是以父爱主义的态度将所有机动车所有人都当成了风险厌恶者,不管其是否愿意。

与此不同,密歇根州法院在财产损失和人身伤害之间作了精细区分。它支持了强制性财产保险条款的有效性,该等条款仅涵盖由被保险人造成的对第三方财产(而不是其自身驾驶的机动车)的损害,理由是该等规定有望一般性地优化事故赔偿制度体系,并且法院尊重立法机关就成本控制事项作出的判断。而对个人伤害赔偿规则的改变需要接受更严格的审查,以确保在决定保险费率和保单条款时的公平性,以及行政机关对保险公司的有效控制。[58]

"程序性"正当程序原则偶尔也成了侵权法改革的障碍。尽管来源于同一项宪法条款,出于某些原因,这一要求执行得更为严格,其中最重要的理由是,法院在评估程序公平性时更有信心,以及将该原则适用于实体政策的审查时干预的意味更弱。一个有力的例证是美国最高法院作出的 *Bell v. Burson* 判决[59],法院否定了州财务责任法(state financial responsibility law)下的一项典型条款,根据该条款,除非司机能够为苦主诉请的损害赔偿金额提供担保,否则当其卷入一宗交通事故后,在未对责任问题进行听证的情况下,其驾驶资格将被中止。正如当事人所争辩的,如果从实质角度而不从形式角度看,这一措施中的过错和责任并非无关因素。例如,在当事人获得无责任释放或者判决的情况下,对其资格的中止将结束。因此法院判决,一州在听证程序中对责任问题不予考虑的,将无法满足正当程序原则的要求,因为中止驾驶资格将可能侵犯持证人的重要利益。[60] 结果是财务责任法需进行修正,或以强制性保险加以

---

[58] *Shavers v. Kelley*, 402 Mich. 554, 267 NW 2d 72 (1978).

[59] 402 US 535 (1971).

[60] "在某种情况下满足正当程序要求的程序性规定,并不必然在每一种情形下都满足程序性正当程序要求。因此,足以满足决定福利性诉求需要的程序安排,在裁判重罪控诉时可能是不充分的。然而,很显然,给予持证人充分的正当程序保护所需的过错和责任审查程序,并不需要采取对责任问题进行完整裁判的那种形式。"Ibid., at 540.

取代。[61]

大多数机动车无过错责任和医疗责任法不得不应对平等保护原则和实体性正当程序原则的质疑。然而,它们也同时受到了废弃陪审团裁断(abrogate jury trial)的指责,这是联邦和各州宪法之下特殊宪法性保障所要求的。这些针对机动车制定法的质疑大多失败了,因为它并没有取代陪审团事实裁断者的地位,而仅仅是对实体规则进行了修改。[62]

若干医疗责任法之下都规定了审前筛查要求(pre-trial screening provisions),它们接受合宪性审查的结果各不相同。有一些被认定为违反了权力分立原则或者获得法院裁判的保障[63],如某部制定法,要求对财产损失在 3000 美元以下的诉求强制进行仲裁而非交由陪审团裁断。[64] 大多数筛查条款则被认定为并不违反获得公平而无偏见之陪审团裁断的要求。[65]

第二节 非基于宪法原则的废除

当司法机关对特定制定法感到不满时,通过人为而随便的阐释(contrived and cavalier constructions)对其适用范围进行限制的做法并不罕见,这是美国法庭上常见的一类技巧。[66] 如果说这种对自我宣称的司

---

[61] 参见本书第 5 章,脚注[83]。

[62] e.g. *Montgomery v. Daniels*, 38 NY 2d 41, 340 NE 2d 444 (1975).

[63] e.g. *Bernier v. Burris*, 113 Ill. 2d 219, 497 NE 2d 763 (1986)(但支持了其他条款)。

[64] *Opinion of the Justices*, 113 NH 205, 304 A. 2d 881 (1973); *Grace v. Howlett*, 51 Ill. 2d 478, 283 NE 2d 474 (1972).

[65] See Smith, *supra* n. 37, at 213-214.

[66] 例如,依相关制定法,被告人嗣后采取补救措施的,不能采信此证据"以证明存在过失或者可责(culpable)行为",*Ault v. International Harvester Co.* 案[13 Cal. 3d 113, 528 P. 2d 1148 (1978)]认为这个制定法规定不适用于基于严格责任的赔偿请求;在 *Nelms v. Laird*, 406 US 797 (1972)一案中,法院认为严格责任并非"过失或者**不法**(wrongful)作为或者不作为"(黑体是作者增加的)。同样地,制定法又朝着另一个方向被扭曲,以支持一个可欲的结论。一个运用得特别彻底的案例是 *Royal Globe Insurance Co. v. Superior Court*, 23 Cal. 3d 880, 592 P. 2d 329 (1979),在该案中,加州法院有意曲解一项针对保险人特定"行为"的监管性制定法,认为其同时赋予了被保险公司单次恶意拒绝和解的侵权受害人以私法上的救济。参见本书第五章脚注[141]处。

独立性的滥用曾经被严厉批评为(仅是)敌视自由主义改革之保守法官的独家垄断权力,那么在当今时代,当自由派法官面临着代表了(在他们看来)令人生厌的理念或者方法论的制定法时,他们也以同等程度的热情行使着该等权力。

一个富有启示性的例子是,加州法院为了以比较过失原则取代与有过失带来的完全抗辩,用以克服一项制定法障碍时所运用的技巧。[67] 这一障碍在于1872年颁行的《加利福尼亚民法典》(California's Civil Code)第1714节,其以权威口吻规定:"任何人不仅对其故意行为的后果,也对因其在管理其财产或人员时缺乏一般的注意和技能所导致的对他人的伤害负责,除非后者故意或者因缺乏一般的注意而自己招致伤害。"

法院先是拒绝了原告提出的论点,即认为"除非……"的表达一直以来所欲传递的,就是引入比较过失的规则体系,虽然迄今为止也无人具有足以留意到该点的洞察力。著名的法典编纂者戴维·达德利·菲尔德(David Dudley Field)[68](更不必说加州法律委员会的委员)并无意于暗中发起如此激烈而早熟的改革,证实这一点的证据已足够充分。但是,法院提出了如下令人惊讶的推理,"这一法典具备作为普通法之延续的特殊性质,允许(如果不是要求的话)第1714节被以此解释,以给予该法条所概括出来的基本要求以动态的表述"[69]。正如法典隐含地承认了"最后的明显机会"例外,其也支持了未来对与有过失抗辩的司法修正。因此,正如英格兰(England)教授所指出的[70],法院一下子在普通法上的"制定法排除"原则(principle of statutory preclusion)方面,以及在法典解释的

---

[67] Li v. Yellow Cab Co., 13 Cal. 3d 804, 532 P. 2d 1226 (1975).

[68] 关于美国法典化运动的论述,参见 Cook, The American Codification Movement (1981); Friedman, A History of American Law 351-355 (1973); Van Alstyne, "The California Civil Code", West's Annot. Calif. Codes, Civil Code 1.

[69] Supra, n. 64, at 822. 一旦承认一项普通法规则可以由司法机关加以改变,那么为什么一项仅仅作为普通法之延续的制定法规则[民法典(Civil Code)第5条]是更为神圣不可侵犯的?

[70] England, Li v. Yellow Cab. Co.: 'A Balated and Inglorious Centennial of the California Civil Code', 65 Calif. L. Rev. 4 (1977).

民法传统方面都偏离了原有做法,以正当化其作为法律改革者的角色。[71]

此后,还是这个法院诉诸了甚至更非常规的方法,以废除那些阻碍了"更好"的规则得以执行的制定法。

关于责任分摊的制定法

统一州法委员会(Uniform Law Commission)在 1939 年和 1955 年连续两部模范法典中提出了在侵权人之间进行责任分摊的规则。两部法典都采取了平均分担的原则,即不是根据侵权人各自的过错或者责任比例进行分摊,而是均等地分摊。这一做法的好处在于有助于促成和解,缩短审判时间,不必去比较几个被告的过失。此外,人们认为侵权责任认定中占主导的原则是因果关系,而成因的比较比之过错的比较更令人望而却步。[72]

很多州,包括纽约州、密歇根州和加利福尼亚州等所采用之制定法的另一项特征是,仅允许在共同诉讼中作为被告的侵权人之间进行责任分摊。这一限制带来了众所承认的缺陷,即固化了原告——如同其在普通法上所享有的——随其喜好选择特定被告共同或者单独承担损害赔偿责任的权力。然而更为重要的目标似乎是,避免不一致的赔偿金额,避免关于原告损失金额的争议,避免就先前和解效力的争议,避免权利失效,等等。它还通过阻却反复诉讼而提升处理纠纷的行政效率。必须承认,这些目标至少在允许交叉起诉的情况下仍能实现,但只有密歇根州认可这一修正性做法满足共同诉讼的条件。[73] 这遭到了原告方律师的反对,他们不愿意被迫应对可能引发特别的同情心,因而带来不利于己方的陪审团裁断的被告。此外,不纳入特定共同侵权人的通常理由是他没有上保

---

[71] 对比 *Vincent v. Pabst Brewing Co.* [47 Wis. 2d 120, 177 N, W. 2d 513 (1970)]案中类似的裁判技巧。在该案中,7 名法官中的 3 位接受了如下的论证,即一项要求对过错比例低于 51%的原告适用责任分摊的制定法,并不排除对过错比例更高的原告适用责任分摊,因为对于后者,制定法并未改变普通法规则,因而可以相应地由司法机关加以修正。

[72] 对比"因果关系自身就够难的了,因果关系的程度的认定简直就是一场噩梦"。Chapman, 64 *LOR* 26, 27 (1948).

[73] 在 1974 年被废除,放弃了主要的规则,see Mich Comp. Laws Ann. § 600.2925.

险或者他是原告希望豁免其责任的亲戚或者朋友。[74]

纽约州制定法的这两个特征在 *Dole v. Dow Chemical Co.* 一案[75]——之后被援引它的加州法院形容为"著名的判决"[76]——中受到了质疑。一名工人在清洗一个大型容器的内部时,死于其使用的化学物质所产生的毒气。其家人控告陶氏化学公司未能就在密闭空间中使用该清洁剂作出警示;陶氏化学公司回过头来要求死者的雇主分担责任,因为其在使用前未进行测试并对其雇员作出警示,因而存在过失。这一交叉诉讼存在两项制定法上的障碍:其一,正如美国其他各州一样,纽约州的工伤赔偿法提供了针对雇主的排他性救济[77];其二,正如前文已经强调的,《统一侵权人责任分摊法》(Uniform Contribution Among Tortfeasors Act)仅允许在一个共同诉讼中被认定有责任的侵权人之间分摊责任。因此,陶氏化学公司和雇主一道对于死者或者其家属并无共同责任基础,更不用说共同诉讼基础了。

然而,这些障碍都未对纽约州最高等级的法院,即上诉法院造成困扰。法院富有冒险精神地认为,关于责任分摊的制定法仅仅是对普通法上"否定(侵权人之间的责任)分摊"这一严苛规则的局部立法性修正,并没有排除司法机关对与之并行的普通法"补偿"规则(common law "indemnity")的扩展性适用。诚然,在过去,"补偿"规则仅仅意味着损失的完全转移[78],但是关于"责任分摊"的制定法并不排斥由多人分担损失。因此,也可以采纳"部分补偿"(partial indemnity)规则,以响应公平分摊的准则。这就免去了三项制定法上的限制:共同侵权责任(joint tort liability)、共同诉讼(joint judgment)和平均分担(pro rata shares)。因此,单单通过将"责任分摊"重新标签为"部分补偿",三项制定法规定实质上

---

[74] 正如 *American Motorcycle Assn. v. Superior Court*,20 Cal. 3d 578,578 P. 2d 899 (1978)一案中的情形。

[75] 30 NY 2d 143, 282 NE 2d 288 (1972). 1974 年,《统一侵权人责任分摊法》(CPLR §§1401-1402)被修订,废除了"共同诉讼"的要求并引入了"公平的分摊"。

[76] *American Motorcycle Assn. v. Superior Court*, 20 Cal. 3d 578,at 597.

[77] See Larson, *Workers' Compensation*, vol. xii.

[78] 对比,*Fairfield v. McGrath*[(1984) 2 NSWLR 247, 249 (Glass, J A)]一案指出,"只有100%的责任分摊才能称为'补偿'"。

就被搁置一边了。加州法院热切地追随了同样的准则。[79]

所谓的立法意图被变戏法似地造出来,以支持所欲实现的司法判决,而不顾制定法毫无歧义的相反表述。像这样愤世嫉俗的态度,[不仅在损失分担这个主要问题上,]而且在法院处理附带问题时,(自由地)采纳或者拒绝制定法模型的随意做法中,进一步得到了体现。其中一个附带问题涉及,是否保留传统的"连带责任"规则,根据该规则,每一个被告都就判决的全部金额向原告承担赔偿责任,而不管其自身的责任份额。实践中,这一规则经常使最有偿付能力的被告承担了所有或者大于其责任比例的赔偿金额。为了遵循概莫能外的"一个人负担的责任不能超过其过错比例"的律令——正是这一自我施加的命令激发法院引入了比较过失和比较责任原则,连带责任难道不应该被废除?然而,在这一问题上,加州法院甚至在原告自身也存在过错的情况下,仍支持"连带责任"规则,相较于原则的一贯性,法院更偏向保护原告利益之事业的一贯性。[80]加州法院在判决中还坚持了《统一侵权人责任分摊法》下的一项规则,即未进行和解的被告只能在赔偿金额中扣减先前(善意)和解确定的赔偿金额,而不是基于和解者过错比例计算的金额,并且和解者此后即可免受(来自其他未进行和解的被告的)分摊责任的声索。[81]

---

[79] 参见前文,脚注[74]。Fleming,"Report to the Joint Committee of the California Legislature on Tort Liability on the Problems Associated with *American Motorcycle Assn. v. Superior Court*",30 Hast. L. J. 1465 (1979).

[80] *American Motorcycle Assn. v. Superior Court*,20 Cal. 3d 578,578 P. 2d 899 (1978) n. 67. 较低级别的上诉法院认为"按份"责任("several" liability)能更好地调和责任分摊制定法下平均承担责任的规则与 *Li* 案的要求。最高法院绕开了平均承担责任的规则,保留了"连带责任"规则,由此解决了这一僵局。在其他州,9个采纳了不在共同侵权人之间进行责任分摊规则的州中,有4个州(印第安纳州、堪萨斯州、新罕布什尔州和佛蒙特州)的比较过失制定法排除了连带责任的适用。新墨西哥州认为在司法上采纳比较过失原则,要求同时采纳"按份责任"原则,尽管统一法典并非如此规定;俄克拉荷马州只在原告也有过失的情况下选择"按份责任"原则。

[81] 在 *Baget v. Shepard*[180 Cal. Rptr. 396 (1982)]一案中,一个中等级的上诉法院偏离了这一模型,从未进行和解之被告的责任中,扣除掉已和解的侵权人的责任份额。这一观点后续被否定了。See Grodin,"The Depublication Practice of the California Supreme Court",72 *Calif. L. Rev.* 514 (1984). 但引起了原告方律师团体恐慌的是,*Tech-Bilt v. Woodward-Clyde*[38 Cal. 3d 488,698 P. 2d 159 (1985)]一案在最近扭转了先前的趋势,认为一次和解如果想被认定为善意,必须跟责任比例匹配;和解必须对其他未进行和解的被告公平。

相反地，在双方均存在过错、均给对方带来损害的情况下，各方的诉讼和反诉是否应该抵消（set-off）的问题，加州法院重新用起通过解释绕开具有阻碍效果之制定法的技巧，帮助原告及其律师获得更多的赔偿。[82] 由制定法规定的抵消[83]是一项衡平性质的原则，在适用时如果不考虑各方的保险覆盖情况，就将导向自我摧毁的不公平结果。因此相应的，法院声称，"如果抵消将使财务责任法的主要目的落空，并将以牺牲车辆投保人的利益为代价，而为保险公司带来不公平的意外之财"，则这一制定法"不能被适当地解释为要求进行抵消"[84]。

最后若是不补上几笔，本小节就不完整。加州法院如此忠诚维护的"连带责任"规则，之后成了一场由地方政府联合保险行业和其他"财力雄厚"的团体充当先锋之改革运动的斗争目标。在通过立法来完成改革的努力被原告方律师团体及其在立法机关中的支持者挫败后，一个广受欢迎的提案最终批准了一项至少在非财产损失诉求方面对"连带责任"规则进行限制的措施（俗称"深口袋"修正案）。[85] 在这里，扭转局面的因素是，民众对"连带责任"规则的广泛反对得以被激发出来，因为在涉及未上保险或者投保不足[86]的司机的道路事故中，当这一规则被适用于仅对事故发生起到微弱作用的地方政府时，其将对纳税人产生直接的财富影响。5个月之后，3名法官在竞选中被击败了。如果说这一结局给人以什么教益的话，那就是在追求其自身政治计划的过程中，放弃了开明与中立态度的法官，到头来将面临被作为政治家——正如他们自己所展现的——来对待的风险，并且在民主国家中，容易因公众不满而受到制裁。

---

[82] *Jess v. Herrmann*, 26 Cal. 3d 131, 604 P. 2d 208 (1979).

[83] 《民事诉讼法典》(Code of Civil Procedure)第431.70和666条。

[84] *Jess v. Herrmann*, *supra* n. 82, at 143.

[85] 1986年《公平责任法》(Fair Responsibility Act)，对《民法典》(Civil Code)第1431条进行了修改。某些州，例如亚利桑那州完全废除了这一规则。

[86] 因为下述两点发展，这一规则变得日益棘手：其一，赔偿金额和风险规模的巨大增长并不伴随着机动车司机保险覆盖率的相应增长，因而他们往往是投保不足的；其二，形成了这样一种趋势，即利用那些责任关系间隔很远且很脆弱的主体的财力（来支付赔偿）。

第三节 其他宪政主义主题：言论自由

先前两部分主要将重点放在了司法对制定法内容的抽离（evisceration）上，这一过程几乎是由州法院独家推进的。宪法原则主要的**普通法**目标，则是诽谤和侵犯隐私这两个侵权法领域，这是联邦法院考虑的事项。[87]

一、损伤他人声誉之言论

不言而喻，在现代民主社会里，平衡社会对个人声誉的关切，以及公众言论自由和获取信息及观点这两项利益之间关系的需要，主导了关于损伤他人声誉之言论（defamation）的法律，在涉及社会关切的事务时尤为如此。当代英国法的复杂性，不仅容纳着早先政治文化残留的痕迹，还反映了一个多世纪以来，通过零散的立法和温和的司法创新对这一平衡的调整。但比之美国价值观，英国公共观念更关心对个人声誉和隐私的保护，部分是由于对不受限制的自由言论系传播有价值信息的最廉价方式之看法怀有更深的怀疑，部分是由于对媒体之益处怀有更加好坏参半的态度。两种法律文化之间的差异在关涉到政治言论时尤为显著。英国法对公众关于公共利益事项之"知情权"（right to know）的让步是极端谨慎的，为政治家和其他政治人物抵御调查性报道提供了充分保护。而相反地，美国法反映了"其代表国家态度，对如下原则深远的承诺，即对公共事项的讨论应该不受限制，富有活力且充分敞开"[88]。

相应地，英国的诽谤规则在其跨大西洋的社会环境下，经历了几项普

---

[87] 民权诉讼（civil rights action），即所谓的"宪法性侵权"（constitutional torts），在目前段落的讨论范围之外，它是对传统普通法原则的补充而不是修正。

[88] *New York Times v. Sullivan*, 376 US 254, 270 (1964). 关于英国法和德国法之间十分有价值的比较，参见 Barendt, *Freedom of Speech* (1987).

通法上的修正。其最受争议的特征过去是、现在仍是其对严格责任的坚持,将错误的风险,甚至是无心之错,不偏不倚地加之于媒体和其他被告身上。这一严厉的责任仅因极少数的几种抗辩理由才能加以减轻:除了法定正当理由外,只有所谓的受到特别允许之情形和公正评论。尤为明显的是,人们并不享有就涉及公共利益之事项向一般大众发表损伤他人声誉(defamatory)之言论的特权,即便是出于善意。而对涉及公共利益之事项的公正评论也不是一项抗辩理由,除非它是"公正的"(并不是由恶意所激发)且基于真实的事实。

在美国许多州,严格责任规则被普遍加以修正,它们将表面并未损伤他人声誉的言论(他成诽谤 libel *per quod*)像损伤他人声誉的口头言论(oral defamation)一般对待,认为其如果不带来实质性的损失即不可诉(actionable)。[89] 因此,只有被指责的言论带有可能引发潜在问题的不良迹象时,作者才处于(主要是因未能进行深入调查核实而陷入的)风险之中。另一项修正预示着未来的发展,即在许多州里,评论这种抗辩(the defence of comment)同样适用于不准确的事实。[90] 这些州的法院发起的有利于媒体的规则修正,与 1964 年的联邦干预相比大为逊色,联邦干预以受宪法保护的言论自由的名义,为损伤他人声誉之言论提供了新的更大的保护所。[91]

直到意义深远的 *New York Times v. Sullivan*[92] 案判决作出之前,大众接受的观点是,损伤他人声誉之言论和淫秽材料(obscenity)一样,都不应受到美国《联邦宪法》第一修正案关于"言论自由或出版自由"的保

---

[89] Harper, James, and Gray, *supra* n.10, §5.9A. 这可与之后 1954 年英国制定法引入(在进行了修正的情况下)"无恶意公开"(innocent publication)抗辩[1954 年《损伤他人声誉之言论法》(Defamation Act)第 4 条]相媲美。

[90] e.g. *Coleman v. MacLennan*, 78 Kan. 711, 98 P. 281 (1908).

[91] 在 *Lingens v. Austria* (1984) 一案中,欧洲人权委员会的报告也使《欧洲人权公约》(the European Convention on Human Rights)第 10(1)条(人人均享有言论自由的权利)所可能要求的类似修正显得逊色。See Elder, "Freedom of Expression and the Law of Defamation: The American Approach to Problems Raised by the *Lingens* Case", 35 *Int. & Comp. L. Q.* 891 (1986).

[92] 参见前文,脚注[88]。

障。[93]这一无辜假定(innocent assumption)成了南部民权斗争的攻击对象。这个案件涉及亚拉巴马州蒙哥马利市警察总长提起的诽谤诉讼,所称诽谤的主体为《纽约时报》一则略有轻微事实错误的、报道针对民权示威者滥施暴力的"警察行动"的广告。盲从的陪审团对支持种族融合的东方出版社的愤怒被激发出来,作出了赔偿50万美元的裁断,这一裁断得到了亚拉巴马州最高法院的维持,认为其符合州法规定,包括指导陪审团将恶意(malice)等同于"不友好的感情"(ill will),而不顾是否满足诽谤行为必须充分地指明作为诽谤对象之原告的要求。美国最高法院回应如下:一位被选举出来的公众官员只有证明了被告人的"实质恶意"(actual malice),亦即被告人知晓被指责的断言是假的,或者其作出是草率而不顾事实的,原告才能获得遭受诽谤的赔偿。在诸如本案牵涉政治言论的案件中,第一修正案关心的核心事项,即对言论自由的宪法关切,要求将公共官员个人声誉置于上述程度的从属地位。在无畏而激烈的争论中,错误的陈述是不可避免的,为了保证其获得必要的喘息空间,必须加以容忍;只有蓄意制造的假象才缺乏社会价值。不管怎么说,由此要求公共官员承受的牺牲总是可以得到缓和的,因为他享有进行公开反驳的充足机会,且其就履行公共职责而作出的任何陈述享有绝对豁免。[94]虽说同普通法上受限特权(qualified privilege)规则有几分相似,但宪法性抗辩不会仅仅因任何敌意或者其他不当的动机而失效。这些动机常常陪伴着政治性言论,而且很容易受到有偏见的陪审团的滥用。也是出于这一原因,"实质恶意"的证明必须符合"清晰而有说服力的证据"(clear and convincing evidence)的宪法标准,并且可以由上诉法院重新审查。

自此,美国最高法院卷入了一项事业之中,即探寻将各州损伤他人声誉之言论的相关法律加以宪政化的内涵。它首先将该案的判决拓展到"公共人物"(public figures)[95],而最远则延伸到了所有"涉及公众关注

---

[93] See Chaplinsky v. New Hampshire, 315 US 568, 571-2 (1942).
[94] Barr v. Matteo, 360 US 564 (1959).
[95] Curtis Publishing Co. v. Butts 以及 Associated Press v. Walker, 388 US 130 (1967).

的事项"(matters of public concern)〔96〕。此后,不断增加的关于宪法正当的干预限度和恰当标准的质疑,预示着这一原则的回撤。在标志性的 Gertz v. Welch 案〔97〕中,获得微弱多数支持的判决拒绝将 New York Times v. Sullivan 案关于实质恶意的要求拓展到公共人物之外的主体:只有针对公共人物,才能要求其作出如此的牺牲,以作为自愿寻求公众关注的代价。〔98〕但是,作为一个补充,法院判定此后诽谤赔偿责任一般需基于"过错",在不存在"实质恶意"的情况下,不管是假定的还是惩罚性的赔偿都不能得到支持。首次将讨论转向赔偿事项,是对如下事实的迟来的承认,即媒体过重的赔偿责任确实提供了(对诽谤指控进行)宪法控制的动力;它也质疑了选择按照地位予以豁免(针对"公共人物")而不是控制赔偿金额是否实现了最佳的宪政平衡。

几乎是顺便提到,在 Gertz 案中,法院还宣称:

> 在第一修正案下并无错误观念(false idea)这个概念。不管一个观念看起来多有害,我们并不依赖法官和陪审团的良知来对其进行修正,而是依赖其他观念的竞争。但是,关于事实的虚假陈述并没有宪法性价值。〔99〕

这一原则来源于"观念市场"(market place of ideas)〔100〕的长久宪政传统,但仍有待于权威性的阐明。《侵权法第二次重述》将其解释为给予下述情形绝对的豁免,即"基于公开的或者假定的非损伤他人声誉性质的事实,单纯表达观念……不管这一观念可能是怎样的不公正和不合理或

---

〔96〕 *Rosenbloom v. Metromedia*, 403 US 29 (1971). 这一主张只有 4 票的"多数"支持,构成过半数多数的第五名成员的论证系基于其他依据。

〔97〕 418 US 323 (1974). 布莱克蒙(Blackmun)法官将其个人观点屈从于形成多数决的需要。

〔98〕 大多数"公共人物"是在社会事务中承担特殊的突出角色的人。有些人所处的职位具备令人信服的权力和影响力,由此从各方面看,他们都被认为是公共人物。更为常见的,(他们)将自身投入具有争议的特定前沿战线,为的是影响所涉事项的决策。supra n. 97, at 345. 采取狭义适用范围观点的趋势自 Gertz 案始延续了下去,*Time, Inc. v. Firestone*, 424 US 448 (1976).

〔99〕 *Gertz v. Welch*, supra, n. 97.

〔100〕 *Abrams v. US*, 250 US 616, 630 (1919)(霍姆斯法官的异议意见)。

者是怎样的带有贬损性(deregatory)"[101]。美国最高法院自身仅曾将其适用于"修辞性的夸张"(rhetorical hyperbole),在特定的上下文中被解释为不具有损伤他人声誉的性质[102];而从未将其适用于基于公开的或者假定的事实所作的损伤他人声誉的推断或者对该等事实的评价。此外,它还质疑过该等特殊规定可否适用于私人事务,而不是将其限制于涉及公共利益的事务,如同普通法上的"公正评论"抗辩。[103] 值得注意的是,正如其普通法上的先行者,这一抗辩并不受限于"公平性"(fairness)要求;可能是因为信息接收者能够评估一项观念的价值,不管其动机为何。事实/观念的区分并不能完全避免模棱两可,但是截至目前,在充分考虑争议言论的语境和可验证性的情况下,它仍被自由地被加以适用。[104]

与此同时,法院仍旧分裂为寻求扭转联邦对州法干预做法的保守团体,以及承诺让言论自由获得最宽广适用的自由主义一方。在最近的判决中,前者获得了多数支持,使得关于损伤他人声誉的州法,在涉及"纯粹私人关切"(purely private concern)的言论时免于遵守 Gertz 案的要求。[105] 尽管现在人们看起来像是承认了宪法保护的对象不限于媒体这类被告[106],将其适用范围限定于公众关注的事项,实质上将终结对"私人性质"的损伤他人声誉的行为规则的宪政化。

---

[101] 参见《侵权法第二次重述》第 566 条。

[102] *Greenbelt Publ. Assn. v. Bresler*, 398 US 6, 14 (1970)("敲诈");*Letter Carriers v. Austin*, 418 US 264, 285-6 (1974)("工贼是他信奉的上帝、他的国家、他的家庭和他的阶级的叛徒。")。

[103] 参见后文,脚注[105]。

[104] See especially *Ollman v. Evans*, 750 F. 2d 970 (en banc DC Cir. 1984);cert. denied, 471 US 1127 (1985)(教授是"马克思主义的公然支持者")。在该案中,一系列观点得到了表达。伦奎斯特法官(Rehnquist, J.,)——伯格大法官(Burger CJ)加入——将抗辩的适用范围限定为政治"观念"(ideas),而不是一般的"意见"(opinions)。Ibid., at 2663-4. Generally, Note, "Statements of Fact, Statements of Opinion, and the First Amendment", 74 *Calif. L. Rev.* 1001 (1986).

[105] *Dun and Bradstreet v. Greenmoss Builders*, 472 US 749 (1985). 多数法官认为无须对是否包括过错要求进行评论。多数派中的 2 名法官支持完全推翻 Gertz 案的判决,也就是甚至对于涉及公众关注的事项也不予适用。

[106] Ibid., at 773, 781-784.

二、隐私

在通过法院发展出针对侵犯隐私行为的特殊侵权救济,在这一拥挤的世界中促成文明的生活标准方面,美国法律比英国法律显得更为热切。这一差异可以基于几项依据而得到解释:一是英国法院一般不乐意在没有立法授权的情况下承认新的诉因,这一点与美国法院正好相反。二是英国立法机关倾向于采取刑事制裁,在针对隐私权滥用的几个方面已有实践[107],这与美国司法机关发展出了寻求损害赔偿的侵权诉因形成对比。三是很自然的,媒体的反对对立法机关,比之对司法机关更起作用。

为侵犯隐私权的行为创设独特的诉讼方式,其动力来源于沃伦（Warren）和布兰代斯（Brandeis）1890年著名的法律评论文章[108]——后者注定将在美国最高法院开启一项杰出事业。这篇文章有力而明确地认可了隐私权的存在,其理论基础是与普通法进行类比,主要是英国案例,包括从滋扰（nuisance）和侵入（trespass）到伤害他人声誉和版权等领域的案例。由这颗种子开始,生长出了庞大的判例法体系,如今在《侵权法第二次重述》中得到了分类整理。[109]除了侵入领地隐私（territorial privacy）这种普通法上故意侵入（trespass）的扩展形式外,多数侵权的类型涉及冒犯性公开（offensive publicity）,特别是公开私人性质的事实,以及对个人姓名或者肖像的商业化使用。在发展这一类侵权规则时,法院总体上意识到平衡原告利益和公众"知情权"的需要。通过坚持要求构成侵犯隐私权的行为——依据通常的礼仪标准——必须具有高度冒犯性,以及通过承认"新闻价值"（newsworthiness）作为一项抗辩,这一平衡得以维持。[110]

---

[107] See Seipp, "English Judicial Recognition of a Right to Privacy", 3 *Oxf. J. Leg. St.* 325 (1983).

[108] "The Right to Privacy", 4 *Harv. L. Rev*, 193 (1890).

[109] Restatemant, Torts Second § 652A-I,分为四类:"侵入他人的隐私"（Intrusion from Seclusion）、"窃用他人的姓名或肖像"（Appropriation of Name or Likeness）、"公开他人的私生活"（Publicity Given to Private Life）以及"使他人有不实形象之公开"（Publicity Placing Person in False Light）。

[110] See Prosser, "Privacy", 48 *Cal. L. Rev.* 383 (1960); Prosser and Keeton, *supra* n. 10, ch. 20; Harper, James, and Gray, *supra* n. 10, ch. 9.

不过直到 New York Times v. Sullivan 案后，被告才意识到寻求宪法保护的可能性。在涉及就公共利益事项作出真实且非损伤他人声誉之言论的案件中，被告的辩解是最强有力的。当代媒体对强奸受害者和少年侵犯者姓名的公布——如果它们出现在法院记录中——相应地被判决受到宪法保护。[111] 为公共教育的需要而启封过去的事件，可能会公开曾经的性工作者或罪犯的身份信息（有损名誉但为事实），在罪犯改造方面的公共利益与公共教育价值于此间激烈冲突，各州法院就信息公开的合法性从未达成一致意见。[112] 不是那么棘手的，是涉及虚假但是并不损伤他人声誉的信息公开案件："使他人有不实形象之公开"（putting the plaintiff in a false light）。在两个案件中，美国最高法院援引了 New York Times 案中的"实质恶意"（actual malice）标准，因而不管是出于多么善意的动机，仍允许判令被告为其知晓的虚假言论承担责任。[113] 但是，法院还未曾对作为虚构小说来创作，但是容易被理解为指向真实存在之人物的虚构自传和作品发表看法。[114] 在两类案例中，公开信息的自由受到了特别的限制。

"公开私人性质的事实"这一类别最少牵扯到第一修正案关切的权利。乍一看，似乎公开真实且不具有损伤他人声誉性质的事实，和公开虚假且具有伤害他人声誉性质的事实相比，至少应享有同等的宪法保护。但事实上，与信息自由相权衡时，隐私比声誉更具有获得保护的资格，正是因为其只关乎私人利益事项，而声誉则牵扯上公众关切的事项。[115]

---

[111]　*Cox Broadcasting Corp. v. Cohn*, 420 US 469 (1975).

[112]　See *Sidis v. FR Publishing Corp.*, 113 F. 2d 806 (1940); *Briscoe v. Reader's Digest Ass'n.*, 4 Cal. 3d 529, 483 P. 2d 34 (1971).

[113]　*Time, Inc. v. Hill*, 385 US 374 (1967); *Cantrell v. Forest City Publishing Co.*, 419 US 245 (1974).

[114]　See e. g. *Spahn v. Julian Messner, Inc.*, 21 NY 2d 124, 233 NE 2d 840 (1967); *Hicks v. Casablanca Records*, 464 F. Supp. 426 (SDNY 1978); *Guglielmi v. Spelling-Goldberg Productions*, 25 Cal. 3d 860, 870-871, 603 P. 2d 454 (1979).

[115]　See Nimmer, "The Right to Speak from *Times* to *Time*: First Amendment Theory Applied to Libel and Misapplied to Privacy", 56 *Calif. L. Rev.* 935 (1968). Hill, "Defamation and Privacy Under the First Amendment", 76 *Colum. L. Rev.* 1205 (1976).

第四章
陪审团

□ 第一节 一般特性

陪审团审判是美国侵权体系中的鲜明标志。大陆法系并无此制度安排,而除了旧有英联邦中部分国家外,它也几乎在其他英美法系国家消失了。[1] 而在美国,民事陪审团仍保留其令人敬畏的地位,得到联邦和大部分州宪法的维护。[2] 它独特地与侵权诉讼联系在一起,既因为其几乎排他性地只在侵权案件中发挥作用[3],也因为获得陪审团裁判的权利很少被放弃。其流行性可以由下述统计数据所表明:加州人口为2500万人,在1984—1985年间约记录了10万件侵权诉讼;约7万件得到了判决,其中1660件存在争议。在这最后一项中,有1560件涉及陪审团裁

---

[1] See Fleming, *Law of Torts* 284 (7th edn. 1987); Cornish, *The Jury* ch. 8 (1968); Devlin, *Trial by Jury*, ch. 6 (1966). 在英国,只有在诽谤、欺诈、恶意控告和不当监禁的案件中,才能主张民事陪审团裁判的权利;参见1981年《最高法院法》(Supreme Court Act)第69条。每年只有不超过24件民事陪审团裁判, see Zander, *Cases and Materials on the English Legal System* 384 (4th edn. 1984).

[2] 美国《联邦宪法》第七修正案;州宪法层面,例如《加州宪法》第1条第7项;得到陪审团裁判的权利在特定时点——包括1791年根据第七修正案的规定,也包括1850年根据加州第一部宪法的规定——都得到了维护,如同其在英国法之下的待遇。将这一历史测试适用于此后创设的新权利和救济,对此有许多学术研究,但普通法下的侵权诉讼显然是包括其中的。See e. g. James and Hazard, *Civil Procedure* §8.1 (3rd edn. 1985).

[3] Peterson and Priest, *The Civil Jury: Trends in Trials and Verdicts, Cook County Illinois, 1960-1979* 6 (1982) 提到,少于2%的陪审团裁判的案件涉及非侵权事项,如反垄断(联邦案件),州层面(而非联邦层面)的财产征用(condemnation)案件。

判,构成了所有 7 万件判决的 2％。[4] 在全国范围内,每年民事陪审团裁判的数量超过 3 万件,其中大部分很可能就是侵权案件。[5]

美国民众传统上对陪审团制度的尊重有着深刻的根源。在殖民地时代,陪审团获得了作为捍卫自由之堡垒的光环,他们愿意跟随自己的良知而不是异邦权威的命令。直到 19 世纪开端,陪审团行使着法律适用和事实发现两项功能,对此司法机关很少进行控制。[6] 稍后,杰克逊时代(Jacksonian era)的民主观念使得下述理念得到了固化,即认为陪审团代表着民众的真正声音和正义的源泉。因此,陪审团独立性的美国传统和这项制度本身一样古老。当然,陪审团抓住公众注意力的,在过去主要是未来也将是其与刑法判决相关联、而非与民事诉讼相关联的角色。[7]* 当 19 世纪下半叶的社会和经济变迁开始削弱如下假设,即大街上的人将继续与新的精英阶层共享同样的价值且追寻同样的目标,变化便伴随而来。[8] 结果是对陪审团的司法控制加紧了,陪审团独立性的表现也渐渐

---

[4] Judicial Council of California, *1986 Annual Report* 138-9. 在 1974—1975 年间,陪审团裁判占所有判决的 4.3％。

[5] See *State Court Caseload Statistics*: *Annual Report 1984*, Table 19 (1986).

[6] See Nelson, *The Americanization of the Common Law 26-30* (1975),涉及马萨诸塞州早期的经验。

[7] 不受限制的陪审团裁量权的最显著方面,是其在刑事案件中拒绝接受证据或拒绝适用法律(nullification)的**权力**,可以向前追溯到 *Bushell* 案,(1670)6 Howell's St. Tr. 999,即针对轻罪,允许作出与法官指示相反的无罪或者有罪判断。甚至到了今天,还有一些社会活动家声称在"良心案件"(conscience cases)中,人们享有拒绝接受证据或拒绝适用法律的**权利**。See Simon, "Jury Nullification in the American System: A Skeptical View", 54 *Tex. L. Rev.* 488 (1976); Scheflin and Van Dyke, "Jury Nullification", 43:4 *Law & Contemp. Prob.* 51 (1980). 陪审团是否应该被引导以考虑拒绝证据或者法律是存在争议的,see *People v. Dillon*, 34 Cal. 3d 441, 490-3; 668 P. 2d 697, 728-30 (1983)[考斯(Kaus)法官发表附议意见]。有几个州甚至将定罪量刑托付给陪审团:阿肯色州、肯塔基州、蒙大拿州、俄克拉荷马州、得克萨斯州、弗吉尼亚州。

* 陪审团的拒绝(jury nullification)是指陪审团故意拒绝接受证据或拒绝适用法律,因为陪审团欲对某些超出案件本身的社会问题传达某一信息,或者因为根据法律规定所得出的结果有违陪审团的正义感、道德感或公正感。——译者注

[8] See Nelson, *supra* n. 6, at 165-71. 该书追溯了 19 世纪前三分之一时间内,法律适用由陪审团转移到法官手中的过程。"裁判案件的基础,突然间从对个人和道德的考量转向了对一般经济政策的促成和对群体利益的决策。其系陪审作为行政力量有效助手之地位衰弱的一项原因,因为陪审团成员无法将其思考的方式加以调整,以适应公平竞争的法律概念体系,其亦系法官由此只能自己解决相关问题的一项原因……"Malone, "The Formative Era of Contributory Negligence", 41 *Ill. L. Rev.* 151, 152 (1946).

被批评为不合时宜。更为保守的代言人,特别是法律界有影响之人士对陪审团的批评不断地积累,迄今仍未平息。

正如在英国和美国,刑事案件中的陪审团制度被法律和秩序的代表所谴责一样,侵权诉讼中的民事陪审团制度也成了原告的法宝和被告的苦难。对于原告方律师而言,陪审团是在法庭上取得成功的关键因素,它得到了精心守护,以免受到有组织的宣传和政治行动对其加以限缩的威胁。[9] 甚至有很多被告方律师都宁愿将其案件托付给陪审团而不是法官,他们相信把结果锚定在单个的个人(往往很容易地被质疑有偏袒原告的倾向)身上过于冒险[10],希望能够说服陪审团中足够多的人站在他们的立场,反对原告的主张。

在接下来的论述中,我们将尝试找寻这一争论的答案。一方面,是关于程序体制和实体法应否提供机会给陪审团成员,由其听从自身判断的争论,另一方面,是关于可供采取的将其控制在一定限度之内的措施的争论。

一、陪审团的规模及一致通过

在普通法上,陪审团由 12 名陪审员构成,他们的裁断需要得到一致通过。在英联邦国家[11]和美国[12]的很多法域,这一传统的两个方面都

---

〔9〕 参见本书第五章。

〔10〕 比之陪审团的多数人员,对单个法官的普遍不信任是继续对陪审团体制提供专业性支持的一个也可能是唯一一个主要因素。多名法官构成的审判庭(panels)或者由一名专业法官带着两名门外汉助手(layman associates)的模式在其他一些国家得到适用,但普通法程序则未曾采用。

〔11〕 例如,英国刑事皇家法庭的陪审团由 8 人构成(7 个人即可作出多数裁断);新南威尔士州的陪审团由 4 人构成(3 个人即可作出多数裁断)。相应的依据是,《1974 年陪审团法》(Jury Act 1974)第 17 条和《1912 年陪审团法》(Jury Act 1912)第 29 条。除了刑事皇家法庭外的英国法庭,至少由 9 名陪审员构成的陪审团可以作出裁断,所需的多数票分别是 12 票中的 10 票和 10 票中的 9 票。Ibid.

〔12〕 相关总结见 Cooley v. Strickland Transportation Co., 459 F.2d 779, 782 n.9 (5th Cir. 1972). 在联邦法庭上,仍然要求一致同意[Masino v. Outboard Marine Corp., 652 F.2d 330 (3rd Cir. 1981)],但并不要求陪审团达到 12 人[Colgrove v. Battin, 413 US 149 (1973)支持了一项联邦地方法院关于陪审团人数为 6 名的规则]。一致通过的规则可能会诱使被告转向联邦法院。

得到修正。得到允许的陪审团规模可以低至6人,而在某些法域,陪审团可以由9人或者10人的多数作出裁断。

这些改革宣称的目标是促进行政效率。更小的陪审团规模和更少的"陪审团僵局"加快了裁断。除此之外,声称陪审团规模的缩小并不显著地影响其代表性或者其裁断,则引发了争议。[13] 不管怎么说,对一致通过要求的放松看起来是有利于原告胜诉的,因为被告不再能够通过获得12名陪审团成员中的1名成员的支持就宣告审判未决。对原告更为有利的一点是,某些州判决认为,为构成一项必要的多数裁断,陪审团成员不必在所有事项上都取得一致。由此,原告可以在争取到少于9名具有一致意见之陪审员的情况下获得有利裁断。例如,一两名投票反对责任事项(liability)的陪审员,仍可以在原告和被告之间进行责任分摊的事项(apportioning liability among plaintiff and defendant)上投出所需的多数票。[14] 在特殊裁定(special verdict)中放弃一致性要求或许可以加快审判,但这是以牺牲清晰性和逻辑性为代价的。此外,正如美国最高法院作出的"低于6名陪审员作出的裁断与对陪审团审判的宪法性保障不相容"[15]的判决所表明的那样,很明显对于陪审团审判传统概念的持续侵蚀是有限度的。

二、构成

最初,陪审员是因其对当地情况的了解而被选中的;如今,大家认为

---

[13] See Lempert, "Uncovering 'Nondiscernible' Differences: Empirical Research and the Jury-Size Cases", 73 *Mich. L. Rev.* 643 (1975); Kane, "And Then There Were Twelve", 68 *Calif. L. Rev.* 1004 (1980).

[14] e.g. *Juarez v. Superior Court*, 31 Cal. 3d 759, 647 P. 2d 128 (1982). 在 *United Farmworkers v. Superior Court* [111 Cal. App. 3d 1009, 169 Cal. Rptr. 94 (1980)]一案中,11名裁断原告承担90%责任的陪审员中,只有8名认为其过失是造成结果的近因!"同一陪审员"(same jurors)难题必须和"拼接裁断"(patchwork verdict)区分开来。前者涉及的是这样的案件,即诉讼当事人必须在2个或者更多的关键争点上均取得支持方能获得胜诉,后者则是他可以基于2个或者更多的不同理由而获得胜诉,例如被告的过失可能包括超速、打瞌睡或者刹车失灵。一般而言,拼接裁断是被容忍的。See Trubitt, "Patchwork Verdicts, Different-Juror Verdicts, and American Jury Theory", 36 *Okla. L. Rev.* 473 (1983).

[15] *Burch v. Louisiana*, 441 US 130 (1979). 如同所有其他将联邦正当程序标准(美国《联邦宪法》第十四修正案)适用于州层面陪审团审判的判决,这一要求仅仅涉及刑事审判。

他们代表了社区整体。"代表"一词,很长一段时间里都被认为是指"为社区代言",这与如下做法并不矛盾,即选择"思想正直"(right thinking)的公民,而不是与美国政治多元化群体相对应的一组人员。在特定案例中,选择所谓的"蓝带"陪审员的做法很普遍且合宪性得到了认可。[16] 直到接近20世纪中期,对典型的中产阶级陪审团之阶级偏见的抗议才开始被留意到。特别是对于处于不利地位的刑事案件被告,若是陪审团里竟然没有少数族裔的代表,没有主流中产阶级之外的社会经济群体的代表,能否做到公平是值得质疑的。民权诉讼,特别是关于种族隔离的诉讼,特别地推动了如下宪法要求的最终确立,即陪审团成员的挑选不得在人种或族裔构成上有系统性的偏见性。

结果是,不管是民事还是刑事案件的陪审员挑选程序都发生了剧烈变化。陪审员候选库(jury pools)必须在不排除任何"可识别的群体"(recognizable group)的意义上才称得上是具有代表性的。[17] 明确的陪审员选择和资格标准取代了受意识形态影响的各异的实践。[18] 为此,人们做出了很多实质性的努力,不再仅依赖于选民名单——其对于少数族裔和年轻人的代表性不足,还选择了驾驶证、纳税申报表以及福利名单(来确定陪审员候选人)。[19] 唯一最低资格的要求包括公民身份、本地居所和理解英语的能力。现如今,几乎没有(不担任陪审员的)豁免可获允许,在某些州,甚至连律师和教师都不例外。

---

〔16〕 *Fay v. New York*,332 US 261 (1947). See generally Van Dyke,*Jury Selection Procedures: Our Uncertain Commitment to Representative Panels* (1977). 该文主要关注刑事审判。与之形成对比的是,英国在1949年废除的"特别陪审团"制度(参见 Cornish,The Jury, at 33-35.)。

〔17〕 例如,1968年《联邦陪审团选择和服务法》(Federal Jury Selection and Service Act) (28 USC §1861-1869)。基于联邦模式的《统一陪审团选择和服务法》(A Uniform Jury Selction and Service Act)(1970年)已经被一些州采纳了。虽然这一转变是受刑事判决推动的,但它同样也适用于民事陪审团审判,因为候选库通常是一样的。

〔18〕 例如,在联邦(1968年之前)和州法院广泛流行的"关键人员"(key man)或者"推荐人员"(suggester)体制,旨在找出具有"良好品格、受认可的正直品质、明智的判断力和较高教育水平"的人士。See Friedenthal, Kane and Miller, *Civil Procedure* §11.10 (1985).

〔19〕 See Kairys, Kadane, and Lehoczky, "Jury Representativeness: A Mandate for Multiple Source Lists", 65 *Calif. L. Rev.* 776 (1977).

三、预先审查

单个主体的筛选发生在**预先审查**阶段(voir dire)。[20] 先是从陪审员候选库中列出一张大名单,比方说 60 人,呈交上去,以最终选出 12 名正式的陪审员。预先审查声称的目的是滤掉偏见和偏袒;事实上,其目的在于选出有助于达成自身目的的陪审团。隐藏在确保产生一个无偏见的陪审团的托词之下的,是形成一个"被买通的陪审团"(a packed jury)的目的。如果说无因回避(peremptory challenges)曾经因能矫正有偏见的陪审员选择程序而具有正当性,那么自从采取了相关现代保障措施以确保产生代表社区各团体利益的陪审员候选人以来,它就变得不合时代特征了。具有讽刺意味的是,在最开初采取各种措施以确保产生一个能够代表异质性社会(heterogeneous society)的陪审团后,人们竟然允许这种代表性之后(在预先审查过程中)被白白断送。[21]

虽然实践上并不统一,这一程序经常开端于法官的询问,为的是排除那些熟识任何一方的陪审员、可能的目击人、律师以及与前述人士关联的人,或者那些熟悉该案件相关情况的人。在大多数州,随后即由双方律师直接展开作为主戏的交叉询问(interrogation),他们相信只有不受限制、面对面的深入询问方能冲洗掉偏袒和偏见。[22] 这立马就给律师提供了机会,以排除那些感觉对己方最不具有同情心的陪审员,并且将其对案件的看法兜售给陪审团。通过这种方式,不仅案件的轮廓逐渐显现,而且通过合法地询问陪审员与保险公司雇员之间的关系,那些在诉讼过程中不

---

[20] Voir dire 的意思是讲出真相,Voir 是 verus 的变体。

[21] 这一瑞典观察家的观察得到了下文的引用:Zeisel and Diamond, "The Jury Selection in the Mitchell-Stans Conspiracy Trial", 1976 A. B. F. Rev. J. 151, 174. 该文对一场著名诉讼中的预先审查程序进行了富有启发价值的分析,展示了下文将讨论的许多方面的特点。

[22] 法官主导的预先审查在联邦法院更为常见,但也为某些州的法官所采用。在加州,这一做法尽管很少被采用,但还是在下述案件中经受住了质疑,即 People v. Crowe, 8 Cal. 3d 815, 506 P. 2d 193 (1973),但很快就被《刑法典》(Penal Code)第 1078 条所废除。对律师主导的预先审查的一番坚定辩护,see Babcock, "Voir Dire: Preserving Its Wonderful Power", 27 Stan. L. Rev. 545 (1975).

被准许提出的证据——例如被告投了保险——也可以得到暗示。想一想这个场景,美国律师问他的英国同事,在英国模式下,审理什么时候算开始。英国人回答道:"当陪审团宣誓时开始。"美国人很震惊地说:"在我们这边,那是我们的审理快要结束的时候。"确实,预先审查不仅特别耗费时间[23][24],而且在第一个目击人被召唤之前,胜诉的基础可能就已经奠定了。出庭律师加诸这一程序的重要性,已被大量为了这门艺术而写就的手册、文章和召开的研讨会证实了。[25]

要求单个陪审员回避的请求可能是有理由的(for cause),也可能是无理由的(peremptory)。前者针对的是明显具有偏见或者恶意的人士[26],后者则完全是基于自由裁量的,因而更为重要。可以无条件要求回避的陪审员数量,各州规定各不相同。无因回避制度在最开初就赋予美国审判以独特性。[27] 例如加州,在民事案件中,双方各有 8 次申请无因回避的机会,而在刑事案件中有 26 次机会。[28] 在联邦法院层面,民事诉讼案件申请无因回避的机会限于 3 次。[29] 这一规定,连同在联邦层面陪审员候选库来源更广的事实,显著地影响了联邦案件陪审团的构成。

---

〔23〕 该脚注原书缺失。——译者注

〔24〕 在某些法域里,即使是在民事案件中,预先审查也经常耗费好几天的时间。在 Los Angeles Hillside Strangler 案中,预先审查就耗费了超过 1 年的时间;在 Mitchell-Stans 案中,有 196 名陪审员接受了检验(Zeisel and Diamond, supra n. 21.)。

〔25〕 其中大部分是重复的,且只停留在"厨艺书"的水平。法律期刊索引("陪审团")是这类风格文章的墓地。更加雄心勃勃的是 Starr and McCormick, Jury Selection: An Attorney's Guild to Jury Law and Methods (1985). 甚至有一个主要致力于陪审员选择事业的组织——全国陪审团计划(National Jury Project),它雇用了 15 名雇员,在奥克兰、纽约和明尼阿波利斯拥有办公室,并且出版了一种活页手册。最近 50 年内大量社会科学研究——其中包括引人注目的芝加哥大学陪审团计划,得到了下文的总结和批评:Simon, The Jury: Its Role in American Society (1980). 这些研究主要关注刑事陪审团,利用的样本量很小,而且很快就过时了,它们更能引起社会心理学家而不是律师的兴趣。

〔26〕 例如,加州《民事诉讼法典》(Code of Civil Procedure)第 602 条列举了 8 项理由,包括家庭关系和利益冲突等。

〔27〕 在英国,民事诉讼中,无因回避早在 1854 年 Creed v. Fisher(9 Exch. 472)一案中就被否定了,而在刑事案件中,数量被限制在 3 名以内。[1977 年《刑事法典》(Criminal Law Act)第 43 条]See the Roskill Report ch. 7 (1986), 该报告建议在刑事欺诈案件中完全取消无因回避。而一些英联邦法域对这一制度并不陌生。see e. g. Morison, The System of Law and Courts Governing New South Wales (2nd edn. 1984) § 19.08.

〔28〕 加州《民事诉讼法典》第 601 条和《刑法典》第 1070 条。

〔29〕 28 USC § 1870.

诉讼当事人往往有权选择在州或者在联邦法院进行诉讼。他们的决策经常受到策略性考虑的影响，其中之一就是陪审团的构成。在州法院的侵权案件中，人们更能信赖陪审团倾向于支持原告，特别是在大型城市。另一项影响力不比陪审团构成低的程序性因素是，和联邦法院的要求不同，一些州不再要求一致裁断[30]，而联邦法官的要求更为严格[31]。

在刑事案件中，不正当偏差（illicit bias）的效果，毫无疑问是特别具有偏见性的。因此，禁止通过无因回避制度基于人种或者民族来源因素系统性地排除陪审员，其严格程度不低于在选择陪审员候选库时的类似禁止要求。[32] 然而在民事案件中，双方律师都发挥自己的精力和才能，以使那些被认为更同情己方而不是对方的人员进入陪审团。有一些律师甚至还雇用陪审团咨询师，即精通社会科学方法、调查研究技巧，以及在事先准备阶段就对陪审员候选库的背景进行过研究的专家[33]，但通常情况下，大多数诉讼律师都依赖于行业内成为常识的固定模式（stereotype），这一模式可能已经被那些自认为具有特别的心理学洞察力或者直觉的律师很好地调试过了。

四、固定模式

在很多场合里，民事案件中对原告的偏袒和刑事诉讼中对被告的偏见联系在一块。几乎所有能想象得到的人口学特征都被认为影响了陪审团的偏好：民族来源、宗教、婚姻状态、性别、年龄、职业和财产情况。例如，不同民族群体的情感尺度以及相应对同情心的包容性，由高到低如此排列：爱尔兰人、犹太人、意大利人、斯拉夫人；排在末尾的是：英国人、斯堪的纳维亚人和德国人。旧金山臭名昭著的贝利（Belli）先生因公开地贬称东方人对原告最不具同情心，并声称他将优先把东方人从陪审团中排

---

[30] 参见前文，脚注[12]。
[31] 参见后文，脚注[104]（对陪审团的指示）。
[32] Batson v. Kentucky, 106 S. Ct 1712 (1986); People v. Wheeler, 22 Cal. 3d 258, 583 P. 2d 748 (1978).
[33] "Are Jury Consultants Worth the Cost?", Nat. L. J. 21 July 1986.

除出去,而在最近遭到很多谴责。[34] 此外,天主教和犹太教信徒被认为是具有同情心和宽容心的,不像清教徒,特别是路德派;男性对受害者,特别是年轻妇女,更具同情心;女性对所有被告都很好,除了具有吸引力的女性;高收入群体对事故受害者更少表示关心,而低收入群体对作为被告的公司具有偏见;等等。[35] 正如一个观察者所总结的:

> 似乎由前文引述之特点所代表的价值,经常跟少数或多数族裔或者宗教身份,以及上层或下层阶级身份联系在一起。人们预期那些认同少数族裔、种族和/或宗教团体的陪审员将信奉,社会上的法律是由多数派强制推行的,可能被用来为不义提供正当化理由。人们也预期这些陪审员将同情因不公待遇而表示不满并寻求矫正的一方,特别是当原告是单一的个人而有过错的一方是法人团体时。人们还预期他们将对被认定为权势之外在象征的事物抱有一般性的敌意。作出有利于原告的认定并裁断更高的赔偿金,这被解读为对受害一方表达同情,并要求对其遭受的不公进行矫正(其得到了整个法律制度的充分支持)的机会。

> 相反地,对多数派群体身份的含义可以作出如下的阐释。人们认为这些人更为有效地将既定法律规则背后的价值取向和规范予以内化,并且相信其固有的公正性。他们很可能对既定的权威结构抱有更强的认同感,并对其外在象征抱有一般性的尊崇之情。对于这些人,作出有利于被告的认定或者给予原告更低的赔偿金额的做法,成为他们认同现存司法体制的公开表达。[36]

实际上,这些业已从事过的社会科学研究,对典型案件中这些对陪审员的固定模式与其裁断偏好之间可感知的关系,仅给出了微弱的证据支持。唯一清晰的相关性是基于陪审员对特定一方的认同,即陪审员倾向

---

[34] 用贝利(Belli)通常浮夸的语言表达是:"天杀的中国人在裁断时油盐不进。你不得不把他们排除出陪审团。在我参与的最近一场诉讼中,我利用所有的无因回避权利排除了那些天朝的孩子。"但正如《全国法律期刊》1982年8月16日报道的,在美国出庭律师联盟集会上,其对诉讼律师的这一建议显然造成了其计划出席的旧金山美国律师协会集会之资格的取消。

[35] See e.g. Penrod and Pennington, *Inside the Jury*, ch.7 (1983); Simon, *supra* n.33.

[36] Simon, *supra* n.33, at 35-36.

于支持跟他们自身具备相似性的一方,不管他是原告还是被告。20世纪50年代晚期著名的芝加哥大学陪审团研究计划,为追随英国取消陪审制(至少是在民事领域)的呼吁提供了证据,这一呼吁当时在有影响力的法律职业领导者群体中很流行。[37] 然而,大部分实证证据并未确凿无疑地支持批评者的猜想;实际上,它们证实了陪审团和判决结果之间的关联是相当紧密的。这些研究是相当碎片化的,并且是相当过时的。不管怎么说,它们并不与下述在律师当中仍然很流行的观念相矛盾,即陪审员倾向于认同某一方或者另一方。在20世纪80年代,城市地区大部分陪审员来自低收入群体,因而自然地认同侵权案件中的原告。[38] 当然,有利于原告或者被告的陪审团裁断基本持平的事实,并没有证否这一猜想:如果骰子被注铅而不利于被告,或者大家是如此理解的,这将影响大家选择和解而不是诉讼。[39]

五、深口袋

一个常见的,特别是在陪审团制度的批评者之间很流行的见解是,其对公司以及其他被认为是财力雄厚的"深口袋"被告抱有偏见。就这一偏见反映的过度的赔偿金而言,这一态度可能表达了对普遍被视为普通民众压迫者和剥削者的权势利益集团的常见的潜在敌意。[40] 如果这一偏见还导致了认定被告负有初始责任的更强倾向,那就和如下一般性倾向——自由主义的司法者也具有该等倾向——相一致,即在缺乏任何综

---

[37] See e.g. Frank, *Courts on Trial*, ch. 8 (1949).

[38] 人们如何解释,根据 *Jury Verdict Research*, *Personal Injury Valuation Handbook* (1965),专业人士作为原告的获赔率比平均水平低25%,且赔偿金额低于平均水平17%?

[39] See generally Priest and Klein, "The Selection of Disputes for Litigation", 13 *J. Leg. Stud.* 1 (1984); Priest, "Reexamining the Selection Hypothesis: Learning from Wittman's Mistakes", 14 *J. Leg. Stud.* 215 (1985). 1960—1980年,在旧金山陪审团审判中,原告的胜诉率在52%—64%之间波动;在伊利诺伊州的库克县,则在52%左右。基本上,在前者即城市里胜诉率更高。但是在不同类别案由的案件中存在着显著差异,在医疗过失案件中,二者分别是33%和41%,而在工伤案件中,分别是69%和64%;相对于后一种案件,前一种案件更能归因于"差异的重要性"解释(differential stakes)。

[40] 关于这一中低阶层憎恨情绪的传闻证据,参见下述陪审团采访报道:W. St. J. 29 May 1986, at 1, 20.

合性的社会保险项目的情况下,将侵权/保险系统转化为发挥一般性福利功能的体制。深口袋的存在确保能够将成本进行大范围分散,从而驱散了该等成本将无法被负担的顾虑。这一成本将最终通过传导,造成更高的消费者价格和保险费率,这一后果似乎还未被注意到——除了在机动车责任的案件中,在这类案件中,保险公司长期坚持的公共关系运动有效矫正了陪审团的过分慷慨。

这些初步的传闻性印象随后得到了更为坚实的统计信息的支持。对芝加哥在1959—1979年间民事陪审团案件的综合性研究[41]得出如下结论:尽管深口袋被告被认定负有责任的概率并不会更大,除非原告受到了非常严重的伤害,但是一旦被认定负有责任,往往比作为个人的被告付出更高的赔偿金。"公司被告向严重受伤的原告支付的赔偿金是类似案件中个人被告支付的4.4倍,是政府被告的3倍。政府被告可能要向严重受伤的原告支付7.5万美元,个人被告要支付5万美元,而公司被告要支付22万美元。"[42]更为明显的是惩罚性赔偿的趋势:在加州,针对商业组织的赔偿判决超过一般主体的5倍,平均值几乎达到了6倍。[43]对待个人和公司被告的差异反映了如下事实,即机动车案件占了第一类案件的大部分。[44]这证实了如下推论,即对个人被告展现的相对宽容可能是因为人们对一般的司机群体更抱有同情心,同时也是因为担忧高昂赔偿金对保险费率的消极影响。不管怎样,在这些案件中,陪审团被疑心具有的、利用侵权体制将资源从富裕的被告再分配给不幸的原告的倾向并不

---

[41] Chin and Peterson, *Deep Pockets*, *Empty Pockets*: *Who Wins in Cook County Jury Trials* (1985). 这一研究是基于19000件陪审团审判的结果。公司被告在所有被告中的占比略高于1/4。这些案件中大部分与工伤和产品责任相关。

[42] Ibid, vii; see also 41-3 and Table 4.5. 这些数据的得出是基于严格的多变量归因分析。

[43] Peterson, Sarma, and Shanley, *Punitive Damages. Empirical Findings* 50-51 (1987). 此外,补偿性和惩罚性赔偿之间的关系在两类主体之间也存在差异,并且对商业主体更为不利; ibid. 61-62.

[44] 个人被告占到了机动车案件中被告总数的79%。以下事实加强了这一印象,即20世纪70年代以来,机动车案件赔偿金额的变动趋势并没有共享产品责任和工伤案件(至少是在造成较为严重损伤的案件)中赔偿幅度大幅增长的特点; Peterson, *Compensation of Injuries: Civil Jury Verdicts in Cook County* 55-56 (1984); Peterson and Priest, *supra* n. 3, at 54-57 (1982).

明显。

　　一个相关联的趋势是,陪审团诉讼类型的显著转变,即从机动车交通案件向产品责任、医疗过失责任和政府责任案件的转变。[45]尽管机动车案件经过好几十年的实践后,很大程度上已经变得常规化,但是其他类型案件涉及更大的诉讼标的金额和更低的可预测性,解释了为什么当事人更加不乐意和解以及原告更愿意在陪审团诉讼上赌一把,尽管胜诉率略低于50％。[46]也许很讽刺的是,陪审团越来越多地面临着他们越来越不胜任的案件。这种情况发生的次数越来越多,即那些远远不同于大街上普通人所熟知的一般活动和事故的事项,被当事人提交法院以寻求判决。这种新类型的案件不但要求陪审团评估技术性的数据和专家证人意见,要求在冗长的诉讼过程中持续地保持理解力,还经常提出无疑是不适于以司法裁判方式处理的争议,因为对于传统法律裁判而言,这些争议涉及过多方面的问题。这就是那些诸如典型的产品设计缺陷案件中出现的多中心事项,对此,我们在之前的章节中已经讨论过了。[47]如果说这些事项,如一些批评家所评述的[48],已使司法功能过度负载,那它们就尤其不适合交由陪审团处理。这是有充分理由的,即陪审团往往更看重安全和赔偿受害方这些价值目标,对特定政策因素(如成本和效率)却考虑不足,如果将这个立场一般化,将认为那些范围广泛、影响深远的社会经济福利事务,都应该拱手交给随机挑选出来的、无法胜任的陪审团来决策。

---

　　〔45〕　兰德民事司法研究所(Rand Corporation Institute for Civil Justice)进行的芝加哥陪审团研究显示,在1960—1979年间,机动车案件占据了陪审团60％左右的工作量,产品责任和专业人员过失行为案件数量增长超过2倍,主要是抢占了工伤案件的份额。Peterson and Priest, *supra* n.3, at 12-16. 作者强调:"随着民事陪审团担负的工作越来越复杂,有些人就门外汉陪审员是否具备相应能力表达的关切就变得越来越尖锐了。"(第16页)
　　在加州,这一转变更为明显。机动车案件诉讼的占比由48％降至38％,而产品责任诉讼从4％增至10％,不当行为诉讼从6％增加至8％。Shanley and Peterson, *Comparative Justice, Civil Jury Verdicts in San Francisco and Cook Counties*, 1959—1980, p.5.
　　〔46〕　参见前文,脚注〔39〕。
　　〔47〕　本书第二章。
　　〔48〕　本书第二章脚注〔138〕处。一些法官同样易受感情影响,《纽约时报》1986年12月27日的一篇社论展示了这一点,其痛斥了一位联邦法院法官,专家委员会在回顾了20项流行病学研究后,建议食品药品监督管理局接受优势证据所显示的、杀精剂和出生缺陷之间不存在关联的结论,而该法官仍径直判决由杀精药生产商承担500万美元的赔偿。

针对地方政府或者其他公共主体的大额赔偿要求,给纳税人带来了严重的成本负担。就陪审团对这一负担不够敏感而产生的担忧,推动一些州对赔偿金额施加了上限要求,以作为放弃主权豁免的前提条件[49],其他州(包括联邦政府)则完全拒绝了陪审团裁判[50]。那些尚未采取保护措施的州,如今遭受了深口袋综合征之苦,同时还因为保险公司在这一业务领域的大规模撤出而更为深重。[51]

第二节 陪审团的裁量权

一般认为,法官的角色是阐明法律,陪审团则将其适用于他们所认定的事实。这一对陪审团功能浅薄的定义并没有准确描述真实的法律程序。尽管存在传统的命名分类习惯,陪审团的职责并不局限于"事实"问题,即所谓真实发生的事件或者事实存在的状况,而是也被要求于为这些事实确定相应的法律后果。[52]后一项任务涉及规范性判断,需要为手头案件涉及的这些抽象标准,如理性人、可预见性等提供具体的定义。连同那些程序性规则——它们模糊了法官就适用的法律给予陪审团指示的有

---

〔49〕 8个州设置了上限,从肯塔基州的2万美元到伊利诺伊州和北卡罗来纳州的10万美元不等。See *Civil Actions Against State Government*: *Its Divisions*, *Agencies*, *and Officers*, Shepard's McGraw-Hill 1982. 更多的州正在采取措施。

〔50〕《司法法》(Judicial Code)(USC § 2402)。"主要的反对理由……是陪审团……可能倾向于过度慷慨,因为政府拥有几乎不受限制的支付裁决赔偿金额的财力。" House Report No. 659, 1954 *US Code Cong. & Adm. News* 2716, 2718.

〔51〕 这一保险"危机"无疑应为当前对"连带责任"规则的攻击负责。在加州,这一问题还因为地方政府依据宪法不能征税而更加严重。

〔52〕 有时候,这被称为"混合着法律和事实的问题"。无论如何,无法通过询问什么是事实问题来确定陪审团的功能;相反,一旦被认定为属于陪审团发挥功能的范畴,其便被指定为事实问题。这一分类受到法律政策影响的事实,可以通过比较下述几个概念而得到强调:过错责任诉讼中的"合理"(reasonableness)——传统上认为属于陪审团判断的问题,作为恶意控告(malicious prosecution)构成因素之一的"合理及可能的原因"(reasonable and probable cause)——被划分为法律问题,以及在商业领域中的"合理期间"(reasonable time)——对此实践中认定不一。See Weiner, "The Civil Jury Trial and the Law-Fact Distinction", 54 *Calif. L. Rev.* 1817 (1966); Harper, James, and Gray, *The Law of Torts*, ch. 15 (2nd edn. 1986). 经典之作参见 Thayer, "'Law and Fact' in Jury Trials", 4 *Harv. L. Rev.* 147 (1890).

效性,这些侵权诉讼程序的特点为"陪审团法"(jury law)敞开了大门,借由"陪审团法",大街上的主流价值可以影响诉讼结果,而在长期看来还重新定义了法律权利和义务。[53]

在很多国家都可以观察到朝向更严格的侵权责任标准的现代趋势,即朝向"无过错责任"[54]或者"名义上的过错"[55]。[56] 这一趋势超越了大陆法系和普通法系法域分野的事实,说明其反映了西方社会一般性的价值演变,而不是特定地和美国法律文化特性相关联。尽管如此,在大部分美国州法域中,这一转变在深度和一致性程度上,均超过了分享类似社会和经济价值的其他国家,包括英联邦国家。陪审团对淡化过错要素及其对和解实践的影响所做出的贡献,成为这一发展态势的重要影响因素。

一、价值判断

概括裁断(general verdict)的制度将一件有力的武器交予陪审团手上。其"无特点的概括性"(featureless generality)允许陪审团仅仅宣布结论而无须指明依据或者论证过程:因而它是特别结果导向的。并且我们应该看到,这一力量很大程度上是无法控制的,只要该裁断落在司法所容忍的越来越宽泛的光谱之中。没有理由可以假定,陪审团的论证过程和其他未受教育的大众存在差异,也就是说他们的论证过程主要是结果导向的,是以偏见、印象和直觉等的混杂为基础的。在概括裁定的面具之下,陪审团得以:(1)含糊处理事实,以适用法律得到他们认为理想的结果;(2)或者是有意为之,或者是出于误解,创造自己的规则;(3)以"直截

---

[53] 莱昂·格林(Leon Green)著作的一个主题就是,法官和陪审团的功能是紧密交织的,并随着司法控制的需要——取决于案件的不同类别——而波动。

[54] Ehrenzweig, *Negligence Without Fault* (1951), repr. 54 Cal. L. Rev. 1422 (1966).

[55] Leflar, "Negligence in Name Only", 27 NYU. L. Rev. 564 (1952).

[56] 例如,法国的情况参见 Viney, *Le Declin de la responsabilite individuelle* (1965); Viney and Markesinis, *La Reparation du dommage corporel* (1985);德国的情况参见 Weyers, *Unfallschaeden* 81 ff. (1971); Koetz, *Deliktsrecht* 123-4 (3rd edn. 1983).

了当的指向性",冲向理想的结果,而毫不留意法律规则,也不关心事实认定。[57]

实体法本身在很多方面也要求陪审团对范围很广的各类规范事项行使裁量权。侵权法,特别是过失责任法,使用了如此多定义不密实(open-textured)的概念或者标准,而不是精确而严密的规则[58],这绝非偶然。最为重要的是,其因此允许社区价值,及其随着地域和时间变动而发生的调整影响司法程序。当然这些目标也可以通过将那些问题交由专业法官判断的方式而得以实现,正如英国在20世纪绝大部分时间中所实践的那样。而根据传统普通法实践,将这些问题交由陪审团判断,容易大幅提升改变这些概念的规范内涵的可能性,以相符于陪审员来源的群体所持有的变动的社会价值观。

在美国,陪审团还额外地承担了包容其民族多样性的媒介角色。相比于西欧同质化社会,在美国,对反映了族裔、社会和宗教多样性的不同价值的宽容,在现代社会越来越被推举为核心的公民德性。因此,相较于努力达到对行为标准清晰而一致的描述——其可以获得法律权威神谕的最好守护,陪审团裁断内在的模棱两可,恰恰反映了一个多元化社会凝聚力所要求的社会和道德价值的矛盾性。[59]

上述对陪审团角色的肯定性看法并非没有遭遇挑战。霍姆斯法官早于1881年在其著名的《普通法》一书[60]中就声称,法院将每个案件中的过失与否的问题留给陪审团判断而未给予其方向舵和罗盘,相当于承认自己未能阐明很大一部分它们要求被告知晓的法律内容,并且暗示我们

---

[57] See Frank, *supra* n.37, at 111.(现实主义理论)将该制度安排和大陆法系程序作了比较,后者孜孜不倦地遵循着将决策作出者隔绝于诉讼当事人、证人和其他证据带来的印象主义判断的做法。"指引法官"(judge of instruction)收集证据,而法庭("指引法官"可能并非其中的一员)作出结论。See Merryman, *The Civil Law Tradition*, ch.16 (2nd edn. 1985)。

[58] 对比 Paton, *Jurisprudence* §48 (Principles, Standards, Concepts and Rules) (4th edn. 1972); Dworkin, *Taking Rights Seriously* 22-28 (1977)。

[59] 对比 Calabresi, *Ideals, Beliefs, Attitudes and the Law* (1985),该书强调了这些矛盾性,但并未明确提及陪审团。

[60] At 123-124。

无法从经验中学习到什么。虽然门外汉最开初更可能掌握相关的实践经验[61]，以帮助他们明智地制定特定情形下适当的行为标准，通常来讲理想的做法还是一劳永逸地将其确定下来，而不是让陪审团来回往复地摇摆（除非标准处于迅速的变动之中）。因此，对于反复出现的情况，就不必再一遍遍地采纳陪审团的意见了，"法官完全无须采纳陪审团观点，就能作出判决的司法领域将越来越大"[62]。然而，霍姆斯法官为平交道口案件牢固确立"停步、观察和倾听"规则的尝试[63]，最终为普通法的另一位大师本杰明·卡多佐法官所拒绝，后者力劝采用原则而不是构建等同于僵化法律规则的行为标准。[64]

霍姆斯对裁判效率的关切并不是孤立的。裁判效率在英国民事陪审团最终被取消上起到了决定性作用，而且在下述趋势中仍然很有活力，即赋予对所谓事实问题的法官裁断准先例的权威效力。[65]在美国，一些法官行使权力更频繁地将案件从陪审团手中拿回的倾向性重新浮现。[66]

可能更为严重的是，对陪审团暗中侵蚀法律政策领域的担忧。并不是所有的法官都毫无抗议地就向日后司法机关在这方面的放任让步。例如，我们时代最受尊敬的州法院法官之一的特雷纳法官，他坚称司法享有把控具有政策性质之决定的特权。例如，对于他而言，在雇主责任（respondeat superior）范畴之下"受雇期间"（course of employment）的概念[67]，以及违反制定法（violation of statute）上的民事责任，何种辩解理由应获允许，这些都是政策性决定。[68]他主张对确定赔偿金额享有控制

---

[61] 想想霍姆斯大法官的格言："法律的生命不在于逻辑而在于经验。"[The Common Law 1 (1881)]

[62] Ibid., at 124.

[63] Baltimore & Ohio R. R. v. Goodman, 275 US 66 (1927).

[64] Pokora v. Wobash Ry., 292 US 98 (1934).这一龃龉在英国有一个类似的例子，see Tidy v. Battman [1934] 1 KB 319.

[65] 注意如下例子，在 Froom v. Butcher [1976] QB 286.一案中，对未系安全带的赔偿扣除的标准化。

[66] 参见后文，脚注[120]。

[67] Loper v. Morrison, 23 Cal. 2d 600, 145 P. 2d 1 (1944).

[68] Satterlee v. Orange Glenn School Dist., 29 Cal. 2d 581, 177 P. 2d 279 (1947)（特雷诺法官发表附议意见）；在下述案件中得到支持，Alarid v. Vanier, 50 Cal. 2d 617, 327 P. 2d 897 (1958).

力的(不成功)尝试,反映了其一贯坚持将陪审团限制于其传统上被分派的任务范围内。[69] 过失侵权法的宽泛要件一直纵容着陪审团滥施偏见,反而是陪审团更宝贵的实际经验却未发挥期待的作用,这些现象最近遭受了越来越多的批评。诉诸情感和情绪,诉诸对受害者的同情,往往压倒了对陪审团提出的公平对待诉讼当事人的要求,对此,原告方律师再清楚不过了。我们越来越容忍将诸如被告的可责难性、因果关系、对危害结果的可预见性,或者原告的与有过失等问题交由当代陪审团,已经相应地削弱了司法机关确保陪审团遵照法官划定的规则行事的能力。相反的,陪审团立法已经深入了白纸黑字写就的法律的方方面面之中。

从说明这一趋势的大量案件中选取两个例子就足够了。在加州,在多数情况下,可预见性成了认定"义务"存在的充分标准(正如其对于近因认定而言),结果是,本来是作为确保司法机关对敏感的政策问题享有至高权威的控制手段而被创设出来的因素,实质上被弃之于陪审团手中。[70] 因此,在 *Bigbee v. Pacific Tel & Tel.*[71] 一案中,原告在一辆摩托车撞向其正站于其中的、离主干道 15 英尺的电话亭时受了伤。初审法官作出了支持被告的简易判决,理由是他们没有义务保护使用电话亭的人免受原告所遭遇的这种风险,并且,原告声称被告在放置电话亭时存在的过失,或者电话亭的任何瑕疵都不是原告受到伤害的近因,因为在法律的意义上,这一风险是不可预见的。这一判决被推翻了,理由是"考虑到现代生活的情况,很显然陪审团可以合理地认定被告本应该预见到原告所遭遇的事故发生的可能性"[72]。正如异议意见所指出的,这一判决"将把所有路边商铺变成保险公司,要保护自己的客人不为鲁莽的飙车党之

---

〔69〕 *Seffert v. Los Angeles Transit Lines*, 56 Cal. 2d 598, 364 P. 2d 337 (1961).

〔70〕 例如,"本院反复避免适用过于僵化的普通法关于义务的界定方式,转而支持为可以预见的伤害提供补偿……本院关注作为确定责任所必需的关键构成要素——可预见性,而不是传统的义务观念。"*J Aire v. Gregory*, 24 Cal. 3d 799, 805-806, 598 P. 2d 60 (1979). 这一案件同意为租户遭受的可预见的经济损失提供补偿,该损失是作为被告的承包商应房主的要求进行修理工作,但延迟完成而造成的。对比 *Junior Books v. Veitchi Co.*, [1983] 1 AC 520.

〔71〕 34 Cal. 3d 49, 665 P. 2d 947 (1983).

〔72〕 Ibid., at 58.

流所伤"[73]。

在特定类别的案件中，偏向原告的司法政策特别显眼。例如，在某一个大规模免疫责任案件中，因萨宾氏疫苗而感染的概率为 1 比 580 万，而受到所在区域肆虐的野生型病毒的感染的概率为 1 比 3000。陪审团还是被允许认定孩童的感染源于前者。[74] 正如一项研究所得出的结论，"法院基于这一或那一理论，几乎在每个脊髓灰质炎疫苗案件中都支持了原告"[75]。在其他领域中，有意地将过错责任转变为分配正义工具的司法政策，导致了对几乎所有控制手段的放弃。显著的例子是铁路公司雇员和海事工人根据联邦立法提出的请求，这些联邦立法保留了雇主对工伤事故承担侵权责任的相关规定，以取代工伤赔偿计划。[76] 美国最高法院不满足于对自愿承担风险抗辩的完全废弃（1939 年）以及很早便引入的比较过失规则（1906 年、1920 年），它还坚持让原告享有几乎不受限制的获得陪审团裁断的权利，无论在该案件中理由多么微弱。[77] 法院谋划这一发展，目的在于实现并也实际导向了一种不可避免的趋势，将雇主名义上的侵权责任转变为实际上的无过错赔偿体制，却又舍弃了传统上用来换取无过错赔偿[这个制度优待]的对价（quid pro quo），也就是限制救济金额。

在远少得多的情形下，法律原则会因对陪审团裁量权施加限制的意图而被有意地加以形塑。例如，对于过失造成的惊吓损害（精神打击）的责任，在很长时间里仅限于实际造成身体影响的案件，甚至到今日，可能造成身体损伤的危险区域之外的受伤者提出诉讼请求（如果实际上可能

---

〔73〕 Ibid., at 61.

〔74〕 *Reyes v. Wyeth Laboratories*, 498 F. 2d 1264 (5th Cir. 1974). 上诉法庭既不干预原诉法官拒绝进行指示裁断（directed verdict）的做法，也不干预其拒绝重新审判的做法。

〔75〕 Franklin and Mais, "Tort Law and Mass Immunization Programs: Lessons from the Polio an Flu Episodes", 65 *Calif. L. Rev.* 754, 755 n. 3 (1977).

〔76〕 1906 年《联邦雇主责任法》(Federal Employers' Liability Act)；1920 年琼斯法（Jones Act）。配合这一发展又辅之以对不适航性（unseaworthiness）采取直截了当的严格责任，并对该概念范围进行大幅度扩张。

〔77〕 参见后文，脚注〔125〕。

的话)所需满足的条件被定义得更为狭隘。[78] 相较之下,在英国,这些进展的发生早得多,也未曾有过类似的关于界定范围的担忧。[79]

在保留陪审团裁断的法域,例如美国和澳大利亚,占有人责任规则的改革也大大延迟了,原因是担忧规定判断这一事项时适用一般的合理注意标准,会导致对陪审团控制的放弃。在旧体制下,将进入者区分为独立的三类,即受邀请者、受许可者和侵入者,并为每个类别设置了得到明确界定的特定行为标准,不管原初是否就是为了实现控制的目的,确实减少了陪审员偏离法院作出之指示的可能性,也减少了在法律设想的政策标准之上强加给占有人更大负担的可能性。法律采取的这种进路因而起到了类似于特殊裁定程序(special verdict 下文将加以探讨)的功能。在美国,以共同的合理注意义务(common duty of reasonable care)取代上述做法的改革,很大程度上是由法院自身推动的,而在英国则是在1957年通过制定法实现的。但就这一改革被采纳而言[80],其必将带来比英国和其他没有陪审团裁断的法域远为重大的影响。[81]

二、与有过失

就陪审团对有违通常公平感之规则的忍耐度而言,与有过失规则是一项重大挑战。有过失的原告被完全禁止于获得补偿,特别是当他相较于被告更少值得谴责时,这似乎构成了对疏忽采取严峻而不成比例的处罚。一项获得允许的例外是,被告有着"最后而明显的机会"以避免事故,

---

[78] Prosser and Keeton, *The Law of Torts* § 54 (5th edn. 1984); Harper, James, and Grey, *The Law of Torts*, at § 18.4.

[79] See Fleming, *supra* n.1, at 145-152. 颇具生动性的例子是,在最近一次适用扩张尝试中作出的"免责声明",法院认为在任何情况下,赔偿金都是适度的,See *McLoughlin v. O'Brian* [1983] 1 AC 410, 421.

[80] Prosser and Keeton, *supra* n.78, § 62.

[81] See e.g. *Basso v. Miller*, 40 NY 2d 233, 352 NE 2d 868, 877 (1976)[布赖特尔(Breitel)法官的附议意见]; Hawkins, "Premises Liability After Repudiation of the Status Categories: Allocation of Judge and Jury Functions", 1981 *Utah L. Rev.* 15. 陪审团裁断制度的保留也解释了一些英联邦法域不乐意对占有者责任采取"共同的注意义务"("common duty" of care)标准。Fleming, *supra* n.1, at 450.

在这种情况下,"全有或全无"规则要求原告有权获得得以补偿其全部损失的赔偿。法律所不支持的是,根据各方各自的过错比例对赔偿金进行分担,而这已经成为大多数国家的民法规则了。陪审团常常嘲笑对他们所作的关于法律适用的正式指示意见,实际上对原告和被告适用了双重标准,特别是在造成严重伤害的案件之中。[82] 他们可以通过完全忽略原告的过错,或者适当减少赔偿金以实质上对其进行划分的方式来实现上述目的。在下述情况中,后一种方式的适用十分明显,即他们裁断的赔偿金仅覆盖实际支出的损失,对于可能是很严重的疼痛与痛苦则不予补偿或者给予的补偿并不完全充分。有些法院已准备好容忍陪审团故意拒绝接受证据或拒绝适用法律"。[83] 从 20 世纪 70 年代早期正式引入"比较过失"(责任分摊)原则以来的初步研究[84],似乎加强了如下印象,即陪审员在规则被改变之前就已经在适用它了。[85]

大多数美国法域关于比较过失的制定法都规定,原告为获得赔偿,其过错须不超过被告的过错。[86] 陪审团是否应被告知,为原告确定一个特定的过错比例将会带来何种法律后果?支持"隐瞒"陪审团的法院提出如下理由,陪审团的功能在于认定事实,而不是决定法律应该如何适用于事实。[87] 特别是,陪审员不应该试图操纵责任分摊比例以达到在他们看来

---

[82] See Harper, James, and Grey, *supra*, vol. iii, 392; Prosser, "Comparative Negligence", 51 *Mich. L. Rev.* 465, 469 (1953), citing *Haeg v. Sprague*, *Warner & Co.* 202 Minn. 425, 430, 281 NW 261 (1938); Ulman, *A Judge Takes the Stand* 30-34 (1933). 这一趋势得到了《亚利桑那州宪法》第 18 §5 项的认可,"与有过失的抗辩……不管在何种案件中,都应该视为事实问题,并且在任何情况下都应该交由陪审团裁断",因而其排除了指示裁断的适用。See *Herron v. Southern Pacific Co.* (1931) 283 US 91.

[83] *Karcesky v. Laria*[382 Pa. 227,234; 114 A. 2d 150, 154 (1955)]一案承认了陪审团的行为,但维持了初审法官拒绝干预折中裁定(compromise verdict)的选择。关于取消法官裁断的原则,参见前文脚注[7],其在民事案件中无合法适用的地位。

[84] 本书第二章脚注[56]处。

[85] Shanley and Peterson, *supra* n. 45, at 37-49.

[86] 本书第二章脚注[84]处。

[87] *McGowan v. Story*, 70 Wis. 2d 189, 234 NW 2d 325 (1975). 其他法院判决认为,告知陪审团并不是一项可以导致推翻原判决的错误,e.g. *Seppi v. Betty*, 99 Idaho 186, 579 P. 2d 603 (1978). See Comment, "Informing the Jury of the Legal Effect of Special Verdict Answers in Comparative Negligence Actions", 1981 *Duke L. J.* 824.

在社会意义上是理想的结果。[88]

虽然在前述情形中,告知法律后果将有利于原告,但在"连带责任"规则适用的案例中,一旦陪审团了解到,诸多侵权行为人中责任最轻者到头来将支付整个赔偿金,特别是当这个人恰巧能够引发大家的同情时,让陪审团知悉这一点可能产生相反的效果,即对被告有利。因而财力雄厚的被告,如公共机关,一直倡导强制向陪审团告知这一规则。[89]

三、赔偿金

到目前为止,陪审团享有裁量权的事项中权限范围最大的是对赔偿金的衡定。相比责任事项,此处的裁量权范围更少受到限制,因为就非财产性损失衡定货币性价值时并无具体的标准,也是因为法官未能或者不愿意告知指导原则,这些原则本可以将陪审团的行为控制于司法机关所认可的范围之内。结果在美国,关于赔偿金,特别是关于个人伤害侵权赔偿金的相关规则未能得到确切阐述,已达到令人惊诧的地步。陪审团对赔偿金的衡定仅仅受限于宽松的裁定后控制措施,并且实质上相较于其他陪审团发挥其功能的领域,其在衡定时可以有更大的自由摆脱少数明确规则的束缚。判决的赔偿金额对于原告特别是其律师而言,远比责任有无的认定更为重要,这一点无须复杂解释:很显然,裁定赔偿3万美元与赔偿1万美元之间的差异大于裁定赔偿1万美元同裁定支持被告的差异。[90]原告方律师团体对陪审团体系的热忱辩护,主要反映了他们对于在陪审团身上可能期待得到的慷慨裁断有着财务性的利害关系。

陪审团对"纸面上法律"最显著而有趣的偏离是将赔偿金同被告的过

---

[88] 统计证据表明,这一担忧是没有事实依据的。给有过错原告的赔偿金额总体上更小,而不管给予了陪审团何种指示,此后法官将进一步削减其金额。Hammitt, Carroll, and Relles, "Tort Standards and Jury Discretions", 14 *J. Leg. Stud.* 751 (1985).

[89] *Kaeo v. Davis*[719 P. 2d 387 (Hawaii 1986)]一案判决认为,告知陪审团是合适的。

[90] See Kalven, "The Jury, the Law, and the Personal Injury Damage Award", 19 *Ohio St. L. J.* 158 (1958).这篇文章报告了来自芝加哥大学陪审团项目的负责人得到的初步结论。这一计划产生的主要著作,即 Kalven and Zeisel, *The American Jury* (1966),主要研究关注的是刑事案件陪审团。

错程度及财力关联起来。权威规则自然要求一般性的赔偿金应该是补偿性而不是惩罚性的,因而主要关注原告的损失而不是被告的不当行为。[91] 但很明显,美国法基本不在意非财产损害赔偿金确切来讲应该实现什么效果,除了空洞的一般性规则——赔偿金应充分地补偿所遭受的伤害外。是不是要求它达致"恢复原状"(satisfaction),正如德国法律所规定的[92],或者是不是要求它"以金钱替代恢复原状"(substitute satisfaction),正如英国法上"功能性路径"支持者所提倡的?[93] 一些批评者总是疑心非财产损害赔偿金的一个关键要素是惩罚被告,哪怕只是为了让被害者看到被告得到了惩罚,从而让其感到心理上的满意。[94] 美国法律至少是容忍陪审团将赔偿金和被告的过错程度相挂钩的,这颇有别于其公开允许对极恶劣行为施加特别的惩罚性赔偿。[95] 在产品责任案件中,适用的是严格责任,原告几乎还是孜孜不倦地力图证明被告存在的过错,希望他们可以被判得相应更高额的赔偿金。他们还对被告耍弄的如下伎俩感到愤愤不平,即承认责任,而仅仅就赔偿金数额进行争辩,目的在于排除涉及责任大小、可能会提高赔偿金的证据。[96]

我们已经提到过,陪审团针对有财力的被告有提高赔偿金的倾向。尽管法律政策明确反对考虑诉讼当事人掌握的财务资源——这一点为禁止披露保险情况的制度所增强[97],统计证据支持了这样的印象,即实际上陪审团倾向于忽略这些诫令,对公司类被告裁断的平均赔偿金是针对

---

〔91〕 只在少数非普通法系国家,过错(疏忽或者故意)的程度才被用于正当化不同的赔偿金计算方式,See McGregor, *Int'l Encycl. Comp. L.* vol. xi ch. 9, 4-8.

〔92〕 See Stroll, *Int'l Encycl. Comp. L.* vol. xi, ch. 8 § § 92-97.

〔93〕 See Fleming, *supra* n. 1, at 215.

〔94〕 e.g. Ehrenzweig, *Psychoanalytic Jurisprudence* § 207 (1971).

〔95〕 See Kalven, *supra* n. 90, at 165. "比例原则",将责任程度和过错等级相挂钩的要求,曾经获得欧洲法律体系的一些支持,但之后仅在瑞士制定法上作为残留保留下来,其仅在涉及可忽视之过错的案件中,给予司法机关减轻责任的裁量权,See Stoll, *Int'l Encycl. Comp. Law*, vol. xi, ch. 8, 139-141.

〔96〕 See *Fuentes v. Tucker*, 31 Cal. 2d 1, 187 P. 2d 752 (1947)(这些证据和任何有争议的事项都不相关)。参见卡特(Carter)法官直率的抗议,他认为通过这种诡计剥夺原告的在通常案件中大多数原告都享有的权利,是不公平的。

〔97〕 See Green, "Blindfolding the Jury", 33 *Tex. L. Rev.* 137 (1954); Prosser and Keeton, *supra* n. 78, at 590-591.

个人的 4.4 倍。[98] 陪审团"与法律之间有礼貌的战争"的其他例子还包括充分考虑受害人将得到的平行利益、寡妇再婚的前景,以及上文提到的在旧有"全有或全无"规则下原告的与有过失等因素,而相应减少损害赔偿金。另外,人们还普遍怀疑,陪审团会考虑到原告支出的法律费用而提高损害赔偿金。[99]

司法裁断的立场连贯和统一,作为平等正义的理想价值,在美国法上不如在英国和许多其他国家那么受到重视。陪审团在衡定赔偿金时不可避免享有的判断空间,促使英国法院甚至拒绝了偶发的零星陪审团审判,认为专业法官所实现的一致性能够鼓励当事人达成和解,避免美国式的赔偿金爆炸。[100] 出于同样的原因,美国陪审团出奇的慷慨是许多侵权原告选择美国法院裁判而不是在母国诉讼的这一普遍能观察到的偏好的主要原因。[101]

四、对陪审团的指示

美国诉讼程序独特的两项特征显著地助力了陪审团的随心所欲。两者都和法官就其任务对陪审团进行指示的方式有关:禁止司法机关对证据进行评论,以及就陪审团应在事实认定中加以适用的法律进行指示时采用形式主义方式。[102]

---

[98] Chin and Peterson, *supra* n. 41, at 27.

[99] Kalven, *supra* n. 90, at 175-178.

[100] *Ward v. James* [1966] QB 273. 有趣的是,法国的立场和美国法院有相似之处,他们将赔偿金事项视为事实问题,因而给予初审法官(*juges du fond*)相当大的决定权限。See Viney and Markesinis, *supra* n. 56, § 30.

[101] 竞择法院(forum shopping)的做法受到了美国法院"自由法域和法律选择规则"(liberal jurisdiction and choice of law)的鼓动。见本书第七章脚注[5]处。在洛杉矶进行的土耳其航空空难审判过程中,一个实验性案例由陪审团审判。英国原告最初被判给了 3400 美元,并实际上从航空公司处获得了 3 万美元,而他最终被陪审团裁断有权从航空公司处获得 150 万美元的赔偿。See Johnston, *The Last Five Minutes*, ch. 25 (1976).
英国法院允许原告选择美国作为诉讼地点,以从更高的赔偿金中获利:*Castanho v. Root & Brown* [1981] AC 557.

[102] See generally Farley, "Instructions to Juries: Their Role in the Judicial Process", 42 *Yale. L. J.* 194 (1932); James and Hazard, *supra* n. 2, at § 7.14.

在英国的诉讼程序中[103]，法官会营造出一种合议的氛围以引导陪审团，为达此目的，其试图以他们相当有效的沟通技巧所允许的最有力方式，帮助他们评估证据和法律适用的相关事项。司法建议的即席特点，使诉讼的这一环节带有非正式的色彩。法官不仅对证据进行总结，还通过分析证人证言和其他证据，评判证据的证明力。他们甚至多半会表达自己的观点，虽然还是明确表示陪审团当然对其认定拥有最终的决定权并为此负责。尽管如此，法官的威望还是确保了他的指示能对易受影响的陪审员产生强烈的、可能是不可磨灭的心理影响，考虑到典型英国法庭肃穆的氛围以及法官和陪审团之间社会性和教育性的鸿沟，情况更是如此。由于法官的指示是在律师的总结陈词之后，就愈加使律师的影响力显得逊色。由于其历时漫长，整个程序往往持续好几个小时。

美国联邦法官大致上跟随了英国模式。但是如果他们对证据进行了评论——很多人都是这么做的，他们一般来讲会更加谨慎，以免给人留下过度影响陪审团的印象。[104] 联邦法官享有更大的支配权，外加联邦陪审团的不同构成，彰显了联邦和州诉讼之间的巨大差异，进而强化了原告偏好后者的一般倾向。

在大多数州法院，情况迥然不同。直至 19 世纪开端，在事实认定和法律适用功能之间划定更为明细的界限之前，对陪审团的指示或者完全没有，或者是简短而令人困惑的。[105] 甚至到了后来，作为民粹主义运动的一项遗产——在扩张的西部国土尤为严重，法官和陪审团之间的平衡仍旧大幅地偏向于后者，由此取代或者至少是缓和了由司法权力所代表的精英主义因素。结果是很多法域的制定法，甚至是宪法都禁止法官对证据进行评论，有些还要求法官的指示要先于律师的总结陈词。司法机关的控制力因此大幅削弱，而同时传统上防止案件落入陪审团控制的手段较少被动用，结果无疑有利于原告。

---

[103] 现在主要限于刑事审判，参见前文，脚注[1]。

[104] See James and Hazard, *supra* n. 2, at § 7.14.

[105] See Nelson, *supra* n. 6, at 26. 作者关注到，在马萨诸塞州存在一项加重这一情形的因素，即案件是由多位法官组成的审判席所裁判的，在这种情况下，每位法官，也包括每位律师都表达其各自对法律适用的观点。

美国法院对陪审团的指示是高度形式化的。它们并不是通过一般陪审员所熟知的口语化语言传递的,而是以不自然的法律黑话念出来的,遵循着上诉法院对法律原则的阐述方式。有理由相信,这些指示并不总是清晰地被陪审员所理解。[106] 因此,即使陪审团有意识地希望遵循法官阐述的白纸黑字的法律规范,陪审团的裁断还是可能无意地表现出偏离(前述法律规范)的"陪审团立法"。由于上诉法院的逐字逐句审查,以及在有此意向时即可以最轻微的错误而推翻初审判决,法庭指示的矫揉造作和形式主义被强加给了初审法庭。考虑到关于陪审团能否掌握法庭指示之细微处的不无根据的怀疑,上诉法庭对于严格的正统主义式的言辞要求几乎可以说是相当奇怪了。[107] 无疑在很多情况下,初审法庭被认定提供了偏颇的指示这一理由,仅仅是作为推翻一项在实质内容上看似乎存在错误(可能是因为可疑的不当偏见)之判决的掩护说辞。

诉讼当事人有权要求法庭对陪审团作出特定的指示;实际上如果他们未能如此要求,或者在法庭实际上给出这样的指示时提出反对,可能会使其无权在上诉时就此提出挑战。因而实践中的做法是,双方往往都会提交书面的指示,很谨慎地写就,在其中掺入有利于己方的偏向性表述,而法官在此基础上可以形成其最终的指示版本。而在大多数法域,如今的指示主要来源于半官方信息来源,如《示范陪审团指示汇编》草拟的"模板"。[108] 这些模板化的指示大部分是基于上诉法院所形成的法律原则之表述的逐字逐句翻版,并经常根据最新判决,有时候是关于特定指示的专门判决进行修订。在第二次世界大战后,它们得到强烈的支持并被投入使用,对

---

[106] 对体现了这一主题的石棉案件的详细分析,See Selvin and Picus, *The Debate over Jury Performance* (1987). "陪审员往往不大可能理解那些词句的意思,就好像他们是用汉语、梵语或者是乔克托语说出来似的。"Frank, *supra* n. 37, at 116. 在 Farley, *supra* n. 102, at 214, 作者补充道,"其在大众心中留下深刻印象,给陪审员披上了'神圣的'启蒙外衣,给予他们一种平和之感和与权威的融合之感"。对于格林(Green)[*Judge and Jury* 351 (1930)],一位富有同情心的观察家而言,"其多半是仪式性的"。加州陪审团现在有权要求获得法庭指示的纸质版本:民事诉讼法典§612.5.

[107] "无害错误"规则(harmless error)(参见后文,脚注[114])可以为忽略大部分小错误提供很好的正当理由。

[108] 加州是倡导将指示意见模板化的先锋,《示范陪审团指示汇编》第一版是1938年形成的,洛杉矶最高法庭开展了这一计划并持续给予资助。

个别法官形成的、起草和表达得都很糟糕的指示进行了重要优化。[109] 即便如此，它们虽然可能提高指示的总体质量并减少上诉的数量[110]，但和英国的沟通模式相比还是远为逊色。最为严重的问题是，这些模板往往过分风格化和抽象化，无法贴合手头案件的具体情况，因而要求未受培训的陪审团加以理解是不切实际的。[111] 受到若干社会科学调查的鼓励，形成简化的陪审团指示的努力至少是在尝试摸索之中。[112] 此外，"审判席持续教

---

[109] e.g. Joiner, *Civil Justice and the Jury* 83 (1962)（总的来说，法官在提供指示方面做得很差）。

[110] *BAJI California Jury Instruction*：*Civil*，viii (6th rev. edn. 1977)，该书引述了特雷纳大法官为第 5 版写的前言。加州《示范陪审团指示汇编》得到推动适用，须特别归功于吉布森（Gibson）大法官(1940—1964)。

[111] 以如下的《示范陪审团指示汇编》为例：
《示范陪审团指示汇编》4.00
不证自明——适用的必要条件
关于过失争点，在这个案件中，需要由你决定的一个事项是，涉及的［事故］［伤害］是否是在如下条件下发生的：
其一，其属于在没有某人存在过失的情况下通常不会发生的一类［事故］［伤害］；
其二，其［原初］是由被告排他性控制的力量或工具导致的，［在被告放弃该等控制后，这些力量和工具并未失效，也未以其他方式而改变］；
其三，该［事故］［伤害］并非原告一方的自发行为或者促成作用（其系为原告受损伤负责的原因）所导致的。
《示范陪审团指示汇编》4.02(1970 年修订版)
不证自明——被允许接受的过失推断
从本案涉及的［事故］［伤害］的发生当中，你可能得出如下推断，即一项导致其发生的［法律上的］［近］因，系被告一方的某些过失行为。
然而，你不得认定一项导致其发生的［法律上的］［近］因，系被告一方的某些过失行为，除非在权衡案件中所有证据，并从中作出你认为得到了保证的推断后，你相信比之相反的情况更有可能成立的是，其发生系被告一方的某些过失行为所导致的。
为将这些指示适用于本案，《证据法典》第 646 条可以提供帮助：
（c）如果证据，或者通过其他方式确认的事实，支持了一项"不证自明"的推定，而被告提出了支持以下认定的证据，即他并无过失或者他这一方的过失并非事件发生的近因，法院可以自己、也可以应请求而指示陪审团，表达如下意见：
（1）如果导向不证自明之假定的事实被认定或者以其他方式确认，陪审团可以从该等事实中推断一项导致其发生的［法律上的］［近］因，系被告一方的某些过失行为；
（2）陪审团不得认定一项导致其发生的［法律上的］［近］因，系被告一方的某些过失行为，除非在权衡案件中所有证据，并从中作出陪审团认为得到了保证的推断后，陪审团相信比之相反的情况，更有可能成立的是，其发生系被告一方的某些过失行为所导致的。

[112] See Perlman, "Pattern Jury Instructions：The Applications of Social Science Research"，65 *Nebr. L. Rev.* 520 (1986). 该案中对新近起草的阿拉斯加民事陪审团和联邦刑事陪审团指示(附带了样本)进行了介绍。

育"计划特别关注于培训法官以有效沟通而不是令人厌倦的方式作出指示。

还有一项困难是,法庭指示是在诉讼结束时才作出的,因而陪审员在接纳关于他们将最终决定之事项的证据时,全程都处于黑暗摸索之中。现在,很多法官都在诉讼早期或者期间给予"迷你"指示,以协助陪审团找准方向。

总结而言,陪审团指示有助于实现多重目标。除了就法律对陪审团进行启蒙的主要功能外,它们为上诉法院提供了控制陪审团和初审法官的手段。[113] 上诉法院并不总是行使这项重要的权力,这可能使得司法相关业务陷于停滞。事实上,他们对始终存在的错误(除非严重的刑事案件中)睁一只眼闭一只眼,或者是忽略当事人的抱怨、拒绝上诉许可,或者是容许不会导致正义流产的"无害错误"。[114] 同样地,这一权力也可以被加以行使,以促进不同的政策目标,例如废除死刑或者协助原告获得补偿。[115] 这一具有裁量空间的运用方式具有侵权诉讼中普通法规则维持微妙平衡的典型特点。

第三节 对陪审团的控制

随着时间的推移,多种程序控制手段得到了发展,为陪审团设置了行

---

[113] Farley, supra n. 102, at 195,增加了两项其他的功能:"从律师的角度看,是为法院设下的陷阱",以及"作为初审法院维护其公正性的手段"。后者给出的是所谓的谨慎指示(区别于专横的指示)。

[114] 对因为无害错误而推翻案件之行为的告诫,往往是明确写于制定法甚至宪法之中的。如《加州宪法》第六章第13条规定,"不得基于对陪审团进行错误指示、不当地接纳或拒绝证据的理由,或者因为任何关于申辩事项的错误、任何关于程序事项的错误,而推翻已有判决或者作出新的审判结果,除非经过检视整个事项,包括证据,法院认为所抱怨的错误造成了正义的流产。"在加州,因有可能导致偏见的错误,特别是该偏见不利于原告时,而推翻判决的做法仍未减少,尽管有《加州宪法》第13条的规定。See MacLeod, "The California Constitution and the California Supreme Court in Conflict Over the Harmless Error Rule", 32 Hast. L. J. 687 (1981). 对与刑事指控相关之规则的无视,已经引发法院中保守少数派的抗议了。

[115] 在这两项政策上,加州法院都遭到了人们的指责。

为界限,要求陪审团不得逾越。在这些手段达到顶峰之时,其导向了"对官方权力独特的、微妙的分配——一项不寻常的制衡安排"。[116]不过,就像司法程序的其他方面一样,放松这些控制措施,对于将侵权体系的实践运转从有利于被告转向有利于原告,产生了深远的影响。由于这些控制措施是初审和上诉法官作出的大体属于主观的判断所触发的,所以控制措施的放松主要不是体现在法律规则上,而更多见于司法实践的逐渐调整。[117]上文已经长篇论述过,侵权法渐进的"自由化"在更大程度上是放弃对陪审团的司法控制的结果,而不是改革法律"规则"的结果。因此,法律的正式延续性得到了保存,而其实质则发生了转变。

美国民事诉讼规则为陪审团的司法控制提供了裁断前和裁断后的手段,它们显著地超越了从英国实践继承下来的做法。[118]前者是特别用以解决原告究竟能否"接触到陪审团"(get to the jury)这一问题的。当事人必须迈过两道门槛:驳回起诉(nonsuit)和指示裁断(directed verdict)。[119]两者都关心证据的充分性。在原告举证阶段的最后,被告的抗辩往往是原告应被驳回起诉,因为其证据无法支持陪审团合理地作出有利于原告的裁断。在法官看来,如果能够合理地认为陪审团既可能作出有利于原

---

[116] Kalven and Zeisel, *supra* n. 90, at 498. 属于这一类别的还有证据规则,例如传闻规则,其基础是质疑陪审团从司法角度对证据进行权衡的能力。在其他法律体系中,这些限制性规则的重要性较弱或者根本不存在(在英国其地位也在下降),这往往要归因于它们拥有专业的法官。大部分规则并不是侵权诉讼所独有的;一个例外是不允许采纳后续获得修理的证据以证明存在危险状态或者设计缺陷(例如加州《证据法典》第1151条)。

[117] 尽管我们有很长一段时期内指示裁断数量的统计数据,但是它们并未能表明任何实践变化对原告作出冒险进行陪审团诉讼之决策的影响程度。根据芝加哥陪审团的研究,8%到15%的案件终结于有利于被告的指示裁断,See Chin and Peterson, *supra* n. 41, at 24.

[118] See James and Hazard, *supra* n. 2, at §7.12-22. 指示裁断的合宪性得到支持,理由是普通法上存在类似制度,即法官可以决定涉案证据是不充分的(对证据提出异议,命令重新诉讼),See *Galloway v. US*, 319 US 372, 390 (1943). 但除了对证据提出异议外,其结果仅仅是命令重新诉讼,而不是作出一个新的判决。

[119] 对进行诉讼的抗辩早于组成陪审团,因为其一旦成立,就意味着即便所有声称的事实均被证实,它们也未能支持一项诉因。(对证据提出异议,参见前文脚注[118],如今已经过时了)简易判决(summary judgment,一种现代手段)也是如此,如果人们基于附誓书面证词(affidavit)判断,并无真正而重大的事实所支撑的事项,主张的一方可以获得法律意义上的有利判决。See generally Friedenthal, Kane, and Miller, *Civil Pnocedure*, ch. 9. (1985)(未经庭审的裁判)

告的认定,也可能作出有利于被告的认定,则驳回起诉的动议应当被拒绝。[120] 在被告举证阶段的最后,被告可以基于如下理由请求给予指示裁断,即考虑到所有证据,陪审团不应当作出有利于原告的裁断。

如果事前的手段都被拒绝了,陪审团真的作出了有利于原告的裁断,被告仍能够通过申请法院作出"与陪审团裁断相反的判决"(judgment notwithstanding the verdict),阻挠原告获得最终胜利。[121] 同意这项申请的条件,与要求作出指示裁断的条件是相同的,但推迟可能是可取的,可以避免万一上诉法院不同意法官的判决时可能带来的重新审理。此外,如果陪审团真的作出了法官认为其本应作出的裁断,基于该裁断的判决实际上将不受上诉的影响。

初审法官有时候并不撤销陪审团的裁断而作出有利于被告的判决,而可能要求重审案件。由于这一要求的效果远没有那么严厉,一般说来法官被给予了更大的裁量权。在某些州,法官的裁量权是不受限制的,如果法官出于这样或那样的原因而对裁断结果不满意,其实质上扮演了"第十三名陪审员"的角色。[122] 在其他州,如果裁断与证据(明显的)证明力不符,初审法官或者上诉法院可以命令重新审理。还有些州,"联邦标准"要求法官接受陪审团对于证词的可信度和证据的证明力等事项的认定,但允许法官不同意裁断结果,如果他"明显地看到陪审团是由于某些错误或者出于某些不正当的动机、偏见或者情感而行事的"。[123]

133 触发这些司法控制手段的标准,特别是涉及否定陪审团裁断的控制手段,引发了很多争议。那些对于陪审团诉讼有着意识形态方面或者职业方面利益的人士——主要是原告方律师和公民权利的提倡者,谴责这

---

[120] 如果动议得到支持,它有可能是影响实体权利的(with prejudice),也可能是不影响实体权利的(without prejudice)。如果是前者,就等价于指示裁断,也经常被如此称谓。直到现代,驳回起诉总是不影响实体权利的,即允许原告再尝试起诉。目前,是否作出影响实体权利的选择是基于再次起诉是否有成功的可能的判断,指示裁断当然都是影响实体权利的。

[121] 或称 judgment n. o. v. (*non obstante veredicto*)。

[122] 加州诉讼律师致力于限制这一权力,请求在法院发出这一命令时,当事人可以获取细致的书面支持理由,参见加州《民事诉讼法典》第 657 条。

[123] *Aetna Casualty & Surety v. Yeatts*, 122 F.2d 350, 353 (4th Cir. 1941).

些控制手段为"通过司法决定来教唆操纵陪审团"[124],被告方律师则将其视为对抗陪审团暴政的必要保护措施。标准的形成,甚至其执行都不可避免地受到政策偏好的影响。上文已提到的,最明显的例子出现于,依据《联邦雇主责任法案》提出的涉及受伤铁路公司雇员的诉讼中。[125] 在美国最高法院的严密指导之下,通过允许陪审团基于涉及"任何"过失的"任何"证据,而作出有利于原告的认定这一双重策略,适用中的过失标准几乎被转变为一项(无过错的)工伤赔偿制度,但又兼有普通法赔偿标准(的优待)。[126] 例如,导致扳道工死亡有两种可能性,而证据处于两可的中间地带:其一,他可能被一辆通过的火车上的邮包钩击中;其二,他可能被一个流浪汉所杀,这一带经常有流浪汉光顾——有利于原告的裁断得到了支持。[127] 在法院看来:

> 说陪审裁断带有推断和揣测,这并无意义。当事实存在争议或者证据上可以支持公正的人得出不同的推论,对于那些承担着通过作出对于他们而言是最为合理的推断,从而定分止争之义务的群体,一定程度的推断是必须的。只有当完全没有获得证明的事实可以支持其得出的结论时,才出现了可能导致裁断被推翻的错误。[128]

这一放宽的《联邦雇主责任法案》标准是否应当适用于所有联邦审判

---

[124] *Galloway v. US*, 319 US 372, 404 (布莱克法官持异议意见)。

[125] 该法(46 USCA §§ 51-60)最初于 1906 年通过,并获得有组织劳工团体的持续支持。过失标准的放松和可能获得普通法上赔偿的前景,使其比标准的工伤赔偿制度更具吸引力。在其适用的初期,比较过失(责任分摊)原则就取代了普通法上的与有过失抗辩而得到适用,而自愿承担风险的抗辩也于 1939 年被废除。See Symposium in 18 *Law & Contemp. Prob.* (1953).

[126] "任何过失"规则通过战后下述一系列案件而得到确立:*Tiller v. Atlantic Coastline R. Co.*, 318 US 54 (1943);*Rogers v. Missouri Pacific R. Co.*, 352 US 500 (1957)及 *Gallick v. Baltimore & Ohio R. R. Co.*, 372 US 108 (1963).

[127] *Lavender v. Kurn*, 327 US 645 (1946); See also *Rogers v. Missouri Pacific R. Co.*, supra n.126.

[128] Ibid., at 653.

仍充满争议。[129] 在州法院，一系列口头标准得到普遍适用[130]，但没有人会质疑本世纪的一般性趋势显然是有利于侵权诉讼原告的，因为初审法官，以及更为明显的上诉法院越来越不愿意对陪审团角色进行干预[131]。

这一趋势不仅反映于对司法干预标准表述的变更之中（如刚刚提到的《联邦雇主责任法案》标准），还反映于证据和证明规则的发展之中。后者中最为明显的例子是"不证自明"规则的自由化，借由这一规则，陪审团可以认定存在过失，即便欠缺关于因果关系或者过错的直接证据。触发这一规则适用的条件，特别是排他性控制的要求，以及程序性后果都渐渐地越来越对原告有利。因而，一开始其仅仅是用以协助作出初步认定，顶多是允许陪审团从中推断过失的存在[132]，后来在很多法域中已被发展为一项足以影响举证责任的假定，如果说不是事实上完全倒置了举证责任的话[133]。不可思议的是，证据不足的案件演变为证据充足的案件，从仅仅使得原告"可以获得陪审团参与的审判"，发展到甚至在特定案件中获得指示裁断的利益。因此，在美国的法律体系中，证据规则直接地转变为定义和再定义法官与陪审团之间职能分配的规则。

一、赔偿金

正如前文已经解释过的，在侵权诉讼中，陪审团在确定赔偿金上的裁量权甚至比其在确定责任时还要大。法官给予陪审团的指示陷于空洞的

---

[129] See Johnston, "Jury Subordination Through Judicial Control", 244 *Law & Contemp. Prob* 24 (*1980*).

[130] 指示裁断的各种标准在 *Pedrick v. Peoria & Eastern R. R. Co.*，[37 Ⅲ 494, 229 NE 2d 504 (1964)]一案中进行了罗列。

[131] Malone, "The Formative Era of Contributory Negligence", *Essays on Tort*, ch. 4 (1986), 该书记录了司法机关纠正陪审团对铁路公司的偏见所做的努力。

[132] *Byrne v. Boadle* (1963) 2 H. & C. 722.

[133] See Prosser and Keeton, *supra* n. 78, at §39; Harper, James, and Grey, *supra* n. 78, at §§19.5-12；参见前文脚注[111]处。英国也屈从于同样的诱惑，不过在一个不适用陪审团的体制下，其影响的重大性不如美国，See *Moore v. Fox*，[1956] 1 QB 596 (CA); see Fleming, *supra* n. 1, at 300.

概括之中,陪审团遂被原告方律师请求给予过分高昂的赔偿金。[134] 提高赔偿金的压力——其使得自 1960 年以来陪审团在侵权诉讼中裁断之赔偿金的实际购买力增长了一倍以上[135],反映了原告方律师在其客户的利益连同其自身利益(其报酬与赔偿金额相挂钩)方面不断取得的成功。

陪审团掏空深口袋的倾向已反复引起关注,但司法机关防止陪审团掌握不合规定信息的努力在很大程度上遭遇失败。从被告的名称还看不出其财力大小的,可以在预先审查的过程中暗中加以透露,甚至通过主张惩罚性赔偿的诡计而明确提出。[136] 一直以来对责任保险的承保人施加"直接诉讼"(direct actions)的禁止(即使该保险是强制性的)——为的是将陪审团同禁止其知晓的信息相隔绝,已成为闲置的假象,顶多是纯真时代的遗留物。裁定后的控制手段因而显得更有必要,但也显得笨拙而困难。因为不像责任事项,赔偿金的多寡问题不能简化为"或有或无"的问题,法官无法直接用其自己认可的赔偿金额去替代陪审团对适当赔偿金额的认定。因而作为最终手段,对过多或不足的赔偿金进行纠正的唯一方式是重新审理。在判定赔偿金是否落在了可以接受的范围之中时,法官自身也只能回归到裁量性判断上,当然支持其判断的是不受门外汉见解(其系从关于令人惊叹的赔偿金的媒体报道中获得的)所扭曲的、反映一般趋势的知识。然而,这一范围实际上是非常宽泛的,而法官间的差异加大了司法反应的不可预测性。

这一问题在判断惩罚性赔偿金的合理性时更为棘手,因为与其他案件的赔偿金额进行比较并不被认为是一个相关因素。相反地,赔偿金额的合理性需要考虑到每个独立案件的情况,顾及诸如被告的财力、其行为

---

[134] 很多法域容许提出"日补贴"的要求,为遭受损伤的每一天分配特定金额的赔偿金。See *Seffert v. Los Angeles Transit Lines*,*supra*,at 513,364 P. 2d at 346. 限制诉讼请求中"索赔金额"条款("ad damnum" clause)的计划也未获成功。See DRI,*Responsible Reform* 25 (1969)。

[135] See Shanley and Peterson,*supra* n. 45,at 26-30.

[136] 关于分阶段程序(bifurcated procedure)的建议,即陪审团将首先决定是否负有责任以及是否要求判决惩罚性赔偿,随后再接纳关于被告财力情况的证据,已经纳入了丹弗斯(Danforth)参议员的《产品责任改革法案》(第 1999 条)。

的可谴责性以及赔偿金额潜在的阻吓效应等特定因素。[137] 同样的，赔偿金，特别是最高昂的那些赔偿金，将被以很大的比例予以削减。[138] 在最为重要的加州产品责任案件中[139]，陪审团针对财力雄厚的汽车制造商作出了1.25亿美元的惩罚性赔偿金裁断，结果被减少为350万美元。赔偿金被缩减到少于原先的三十分之一，显示出在衡定这些赔偿金额时的主观性；同时，上诉法院维持了初审法院350万美元的裁判，可初审法院若是判定赔偿金额为1000万、100万或者35万美元，上诉法院大概也会首肯的。

各法域的规则都同意，相比于上诉法院，应该给予初审法院在决定赔偿金额时更大的权限。上诉法院适用的一个通用标准是，裁定不得过于高昂以至"乍看之下震撼观者的良心，暗示陪审团在裁定时可能带有激情、偏见或者受到贿赂"。[140] 规则给予初审法官更多的裁量空间，因其处于更有利的位置，得以考虑诉讼各方行为和气氛后，对裁断是否公平形成准确判断。

出于效率的考虑，尽管面临关于侵入陪审团职权领域的宪法挑战[141]，法院还是普遍地裁断赔偿金额，以免重新启动陪审团审理。减免赔偿金（remittitur）使得原告获得比陪审团作出的过高金额较低的赔偿金，增加赔偿金（additur）则要求被告赔偿更高的金额以替代不充分的赔偿金。关于两种情况下赔偿金额应该如何确定，观点存在分歧。根据一

---

[137] 本书第六章脚注[134]处。

[138] 在加州几乎是一半，即最终支付的赔偿金平均仅为最初裁定金额的50%。但大多数赔偿金的减少是因为双方达成了和解，而不是法院给予减免。Peterson, Sarma, and Shanley, *supra* n.43, at 28-30 (1987).

[139] *Grimshaw v. Ford Motor Co.* 119 Cal. App. 3d 757, 174 Cal. Rptr. 348 (1981). 考虑到高昂的陪审团赔偿金裁断——初审法官显然认为其明显与被告的侵权行为不成比例，显示其乃陪审团激情或偏见的产物，难道它没有同时引发如此质疑，即该等激情或偏见也"污染"了关于责任事项的裁定，因而使得对所有事项进行重新审理的决定具有正当性？

[140] *Seffert v. Los Angeles Transit Lines, supra*, at 507, 364 P.2d at 342.

[141] 美国最高法院在 *Dimick v. Schiedt* [293 US 474 (1935)]一案中批评了增加赔偿金的做法，认为其违反了美国《联邦宪法》第七修正案。但是减免赔偿金的做法则在 *Dorsey v. Barba* [38 Cal. 2d 350, 240 P. 2d 604 (1952)]一案中得到了支持，认为其对于陪审团的宪法性角色侵扰更少。尽管如此，很多法院还是否认了减免赔偿金的合法性，满足于初审法官命令重新审理的权力（该权力的行使更为节制）。See *Firestone v. Crown Center Redevelopment Corp.*, 693 SW 2d 99 (Mo. 1985)(en banc.)

种看法——这种看法对陪审团的宪法性功能侵扰更少,减免赔偿金时,其金额应该确定为法院所容许的最高金额(或者在增加赔偿金的情况下,法院所容许的最低金额);根据另一种看法,法官有权判断什么金额是公平而合理的。[142]

虽然普通法传统上认为,陪审团关于赔偿金的裁断是不可分割的,但是仅限于赔偿金事项的重新审理命令很长时间以来都得到认可,"如果被审理的事项如此独特且与其他事项相独立,仅就该事项进行重新审理可以被容许而不会造成不公正"。[143] 存在的问题是,不充分的赔偿金往往意味着存在折中裁断,在这种情况下,如果仅是要求就其支付的赔偿金进行重新审理而维持关于责任认定的裁断,对被告而言是不公平的。一些法院将严重不充分的赔偿裁断视为证明存在不当妥协的决定性证据,例如在造成严重人身伤害的案件中,将赔偿限于实际支付之开支的裁断。另外一些法院则乐于接受折中裁断作为社区价值的表达,如果其没有不当偏见或者存在错误的嫌疑。这种情况过去在涉及与有过失的案件中特别普遍,陪审团实际上适用了比较过失规则而不是官方的"全有或全无"规则。[144] 更难加以辩护的是,法官在这种情况下拒绝认为这一裁断代表了不适当的妥协,并命令仅就赔偿金事项重新审理:"这将使得原告两头都占便宜。"[145]

二、特殊裁断

特殊裁断或者质询(interrogatories)可以有效起到确保陪审团遵从法院指示的功能,因而受到了陪审团体制的批评者和支持者的同等欢迎。[146] 前文提过,通常而言,陪审团给出的是总括裁断,但是法官可以选

---

[142] James and Hazard, *supra* n.2, at 399.
[143] *Gasoline Products Co. v. Champlin Refining Co.*, 283 US 494, 500 (1931).
[144] 参见前文,脚注[82]。
[145] James and Hazard, *supra* n.2, at 402.
[146] Ibid., §7.15.

择向其提出关于不同事项的特定问题,如被告是否存在过失以及是在哪一方面?其过失(如有)是否是原告所受伤害的近因?原告对于过失是否负有责任?其是否加深了自身所受伤害?等等。

这一程序具有若干可能的优势:一是使陪审团承担的任务更容易理解,特别是在复杂诉讼中。二是防止陪审团操纵诉讼结果。例如在比较过失案件中,要求对总的损失、以百分比形式体现的各主体分别的过错比例进行独立认定,而由法官将其转化为实际的赔偿金额。[147] 三是尽量减少折中或者拼接裁断。[148] 四是它最小化了错误的指示或者其他程序上的错误影响陪审团裁断的风险,因为可以论证,就陪审团作出的某个特定认定(其无论如何最终支持了陪审团作出的裁断)而言,该错误是不相关的。因此,如果陪审团特别地认定过失并非造成伤害的主要原因,那么关于注意标准的错误指示就不会有带来偏见的效果。

特别裁断最初是陪审团主动用来避免指责风险的手段,自此而后转变为法院从陪审团手中争夺对诉讼结果控制权的手段。在20世纪30年代之前,其通常仅适用于威斯康星州、得克萨斯州和北卡罗来纳州,随后被《联邦民事诉讼规则》所采纳。[149] 随着比较过失原则的适用,其适用也变得常规起来。

三、两阶段诉讼

很多陪审员受到原告所受伤害严重性的影响而偏向原告一方,这是可以理解的。为了减少这一情感从赔偿金衡定到责任认定的外溢,诉讼应该被分割为两个独立阶段,使陪审团在不知晓受伤程度的情况下考虑

---

[147] "特殊裁断背后的思想是,将陪审团从可能将偏袒感情注入心中的事项中解放出来。"*Seppi v. Betty*, 99 Idaho 186, 191; 579 P. 2d 683, 688. 另外参见前文,脚注[87],基于同样的政策考虑,向陪审团隐瞒责任分配的法律后果。

[148] See Trubitt, *supra* n. 14, at 496-502.

[149] See Dudnik, "Special Verdicts: Rule 49 of the Federal Rules of Civil Procedure", 74 *Yale. L. J.* 483 (1965).

行为责任。两阶段诉讼现在已经得到了广泛许可,但其主要目的是减轻诉讼爆炸问题而不是消除偏见。在达到后一种目的的意义上,如果说不是常规性适用的话,至少也是得到允许的[150],当然其受到了原告的强烈反对和被告同等程度的欢迎[151]。

---

[150] *Morley v. Superior Court of Arizona*, 131 Ariz. 85, 638 P. 2d 1331, 1333,以及 78 ALR Fed. 891, §§ 6,11 中收录的案例。在某些州,如果原告的出现将使陪审团产生偏见,且其无法理解诉讼程序并协助其律师,将原告从责任认定阶段排除出去也是得到允许的,See *Helminski v. Ayerst Lab.* (6th Cir. 1985) 766 F. 2d 208.

[151] 受到了下文的批评,Weinstein, "Routine Bifurcation of Jury Negligence Trails", 14 Vand. L. Rev. 831 (1961);受到了下文的支持,Mayers, 38 U. Pa. L. Rev. 389, 393-395 (1938).

第五章
法庭斗士

处理并操纵侵权损害赔偿请求的主要"玩家"(players)是律师和保险人。本章即讨论此等人的组织事宜、行为动机以及在法院和立法机关对决策程序发挥的影响。

在诸如美国这样的复杂法律体制下,律师执业依科目领域而各有专攻,本乃寻常事。[1] 侵权法也不例外。虽说对全业律师来说,隔三岔五的人身伤害诉讼亦是惯常业务,尤其在小社区更是如此[2],但那些成绩显赫的侵权诉讼律师,多数都是心无旁骛地专攻此行。一个原因是此类业务主要是在陪审团面前参与开庭审理,这需要特殊的天赋和技能。另一个原因是,要说赚钱的诉讼,产品责任、医疗纠纷已为今日大头,此类诉讼需要极为专门的知识,以应付复杂的技术及证据事宜。事实上,专业化已经深入到了区分具体诉讼类型的程度,比如航空责任或者医疗过失诉讼。

但要说美国法律职业最与众不同的特征,还要算侵权诉讼领域原告方律师行业与被告方/辩护方律师行业竟分裂为两大阵营,尤其在人身伤

---

[1] See Johnstone & Hopson, *Lawyers and Their Work* 134-157 (1967);专业化在今日颇受鼓励,see ABA Standing Committee on Specialization (*Handbook on Specialization*, 1983); Greenwood and Frederickson, *Specialization in the Medical and Legal Professions* (1964).

[2] 在引入机动车无过错责任体制之前的1970年,一份覆盖马萨诸塞州律师行业的调查显示,1/3律师承认有部分收入来自代理侵权诉讼的原告,但只有20%以此为最重要的业务领域。Widiss and Bovbjerk, "No-fault in Massachusetts: Its Impact on Courts and Lawyers", 59 *ABAJ* 487 (1973).

害诉讼领域。* 这个分裂可追溯至19世纪中叶,当时有这样一批新型的律师,深受社会及种族障碍的困扰,开始渗透入这个行业并逐步向着为穷人谋利益的事业聚拢,正是穷人群体,构成了侵权受害人从而也是潜在原告的主要部分。而上层社会律师,不管在侵权还是其他什么诉讼中,自然是代表其商业客户参与诉讼;更晚近些时候,很大程度上是随着责任保险的普及,侵权诉讼辩护业务逐渐成为(私人开业)保险律师的招牌业务(当然未必专骛此业)。

至于今日将两大阵营分割开来的主要是律师职业的经济状况在发挥作用。原告方律师热衷收取胜诉酬金,辩护方律师则习惯依钟点计酬。这个差别与深刻的伦理及社会偏见纠缠在一起,造成几乎无人逾越的鸿沟,纵使偶尔变更角色的律师也是如此。[3] 这样的两极化局面,更因体制化而变本加厉。美国出庭律师联盟代表原告方律师行业,保险律师协会(Association of Insurance Counsel)以及其他一些小的职业组织代表辩护方律师行业。尤其是美国出庭律师联盟,以巨大投入来培育团体成员的认同感,推进成员矢志不移、孜孜以求的那些共同目的。出庭律师行业的政治活动,连同其整套话语,都注重对抗。这样的态度不仅对方阵营依样而行,更因在操守和职业伦理方面受到的攻击而变本加厉。但要说两大阵营的关系,实为共生(symbiotic),盖双方皆因对手的存在而得益。倘无责任,自无责任保险,同样的道理,正是原告方律师业咄咄逼人的存在,方使得保险律师业务源源不断。反过来,若非官司打得如此艰难[辩护方律师业势力强大],原告方律师大概也只好满足于仨瓜俩枣的微薄薪酬。因此,双方于对抗式侵权体制皆怀抱永恒忠诚,盖此乃面包黄油所由出也。[4]

除了这些法庭斗士,保险赔偿理算师亦扮演重要角色,分量甚至在辩护方律师之上。侵权诉讼中那些值得起诉的被告人,多数皆由责任保险

---

* 有些律师专门为原告服务,有些律师专门为被告服务,形成不同的圈子,有各自的行业组织,故称原告方律师业或者被告方/辩护方律师业。——译者注

〔3〕 在补偿诉讼(indemnity litigation)或者类似业务中,辩护方律师可能代理双方当事人。
〔4〕 让人想起律师的祷文:"亲爱的主,愿民多生冲突,以使汝忠实的仆人繁荣昌盛。"

公司代理,保险公司的理算师主导和解谈判,除极小比例外,纠纷皆以和解结案。和解而非庭审,方是侵权诉讼的主要形态。

下文将依次论及原告方律师业、被告方律师业以及保险赔偿理算师。侵权责任胜诉酬金机制的运作及效果,另以专章探讨。

第一节 原告方律师业:美国出庭律师联盟

一、早期情况

早期的侵权诉讼律师,"与今人想象的侠义模样相去甚远,那'为穷人执掌开启法院大楼的钥匙'形象,大抵向壁虚构"[5]。方当19世纪中叶,蓬勃兴起的交通业和制造业造成大量伤亡事件,劳动人口受害尤剧。面对时代挑战,侵权法体制的应对笨拙迟缓。不论法院动机何在[6],不太鼓励侵权诉讼确是实情;法院倒是发展出诸多抗辩,[使得受害人]欲将那些犯下过失的雇主或者其他被告人送上法庭追责问罪,往往劳而无功。[7]不宁唯是,受害人面临的社会和经济障碍,被告方恣行无忌的下作手腕,都令正义实现步履维艰。暴力、伪证、腐败,双方当事人皆擅长此道,还自辩这些勾当不过是自卫或者报复的手段。[8]不足为怪,人身伤害诉讼渐为圈子里讲求体面、受人尊敬的贤良讥为"肮脏生意",丢弃给了无力维持生计的底层律师,谁让这些人招揽不到更赚钱的业务呢。从亚伯拉罕·林肯到克拉伦斯·达罗(Clarence Darrow),精英律师但知为铁路公司代理,岂有与之对抗的。对抗铁路公司的业务就留给下层社会律

---

[5] Speiser, *Lawsuit* 122 (1986).

[6] 有理论称,法院刻意如此构造侵权法,牺牲劳动阶层利益,以补贴新兴工业。See Horwitz, *The Transformation of American Law 1780—1860* (1977); Friedman, *A History of American Law* (1973). 但又请参见 Schwartz, "Tort Law and the Economy in Nineteenth-Century America: A Reinterpretation", 9 Yale L. J. 1717 (1981).

[7] See, e.g., Friedman and Ladinsky, "Social Change and the Law of Industrial Accidents", 67 Colum. L. Rev. 50 (1967).

[8] Speiser, *Lawsuit* 139-141 (1980).

师好了；这些律师毕业于夜校，往前追溯其移民先祖，没有盎格鲁-撒克逊血统，亦非新教徒，通往高贵律师事务所的大门注定牢牢紧闭。此辈律师的顾客往往一贫如洗，除了乞援于胜诉酬金安排别无他法，却也因此深遭鄙夷，在法律圈子里将自己的贱民地位坐实打牢。

在大律师行绝不涉足的这个"智慧的贫民窟"(intellectual slum)，照戴维·里斯曼(David Riesman)的说法，"主要由少数族裔、异教徒构成的法律圈子，践行着盎格鲁-撒克逊风格的陪审团审判，并以这些蛊惑人心的活动将法律的理想'玷污'"[9]。另外的反讽在于，操持着古典技艺(指陪审团审判)的这些受鄙夷的执业人，当时主要为独立执业(在这个领域现在依然如此[10])，还保留着美国乡村历史的理想，而企业世界的那些盎格鲁-撒克逊子孙，却都麇聚于都市里前所未有的大律师行。[11] 向来与美国律师协会牵扯勾连于一处的当权派/权势集团(the establishment)，不但无意隐藏自己的窘迫，反倒开始发起攻击。这场针对原告方律师的诋毁运动，由各律师协会里头那些精英人士断续地发起，主要围绕胜诉酬金安排与法律职业伦理大做文章。要说这背后的动机，里头最没有价值的，早有人指出，是隐藏着的阶级和种族的敌意。[12] 无论如何，这些口诛笔伐看起来都更为虚伪，盖这帮精英人物战壕里的兄弟，也就是企业律师，早已通通成为商人——从饱学之业向商业的转型，从美国"内战"后就开始了。[13]* 此外，除了派给法律援助协会(Legal Aid Societies)一些边

---

[9] David Riesman, "Law and Sociology: Recruitment, Training and Colleagueship", 9 Stan. L. Rev. 643, 665 (1957).

[10] 卡林深刻讨论了芝加哥、纽约独立执业律师直到今天还面临的困境，see Carlin, *Lawyers on Their Own* (1962); Carlin, *Lawyers' Ethics: A Survey of the New York City Bar* (1966). 另见 Ladinsky, "The Impact of Social Backgrounds of Lawyers on Law Practice and the Law", 16 J. Leg. Ed. 127 (1963)（论及独立执业与一些种族及社会经济因素向来同时存在）。

[11] See Bloomfield, *American Lawyers in a Changing Society*, 1776-1876 (1976)（该书的一个主题就是，精英阶层律师从审判庭转往企业界担任法律顾问）。

[12] Auerbach, *Unequal Justice (Lawyers and Social Change in Modern America)*, ch. 2 (1976).

[13] 旧秩序在接近世纪中叶时分瓦解，部分归因于"杰克逊式民主(Jacksonian democracy)"，就此过程，可参见 Chroust, *The Rise of the Legal Profession in America*, vol. Ⅱ (1965).

* 原文中"更为虚伪"，是说当权派精英人物指责原告方律师业过度商业化，比如胜诉酬金、揽客等，可企业律师更早就商业化了。——译者注

缘角色[14]，法律当权派几乎没有什么举措来减轻事故受害人的困境，从而默认了现状，包括受孤立的原告方律师行业的[胜诉酬金]执业实践。说到底，胜诉酬金安排提醒人的，难道不是法律服务资源的紧缺吗？而这难道不是整个法律职业的责任吗？

　　直到进入 20 世纪，局面方才改观。美国国会在 1908 年和 1920 年分别通过关于铁路事故和海运事故的立法，1910 年，纽约州率先通过工伤赔偿法（Workmen's Compensation Act），而后好多州跟进，工业事故受害人的境况遂大为改善。[15] 尤其是头两件立法，便利了侵权索赔，从而催生出在势均力敌的表象下得与对手分庭抗礼的第一批侵权诉讼律师。[16]这些律师既有术业专攻的本领，又靠胜诉酬金安排收获丰厚酬劳，遂得致力于探究专门知识，走上专业主义道路，从而得与传统上地位更为显赫的律师阶层并驾齐驱。虽说机动车事故在 20 世纪 20 年代占到了巨大比例，但对出庭律师胜诉的贡献却远没有同样可观。工伤赔偿体制取代了针对雇主的侵权救济路径，转而造就了一个高度专业化的业务领域，但却从未像侵权诉讼那样有钱好赚，盖立法给收费设了上限，不得超过适度赔偿金一个相对比较低的比例。

　　案件转介业务逐渐流行＊，亦帮助提高了侵权损害赔偿请求的胜诉比例，当然也难免招来齐声谴责，被指摘为不过是另外形式的救护车追逐（ambulance chasing，意指"怂恿索赔"）。纽约州针对过失侵权诉讼实务开展过两次官方调查，第一次是在 1928 年，第二次在 1955 年；调查结果

---

　　〔14〕 Chroust, *The Rise of the Legal Profession in America*, vol. ⅱ (1965). 53-62.
　　〔15〕 表现为人身伤害诉讼的急剧增长。各州最高法院审理的侵权案件，从 1870—1880 年间的 5.7%，到 1905—1935 年间的 16.4%，再到 1940—1970 年间的 22.3%。1885—1920 年间，铁路及有轨电车引起的事故占全部侵权诉讼的 1/3。此后，汽车事故成为大头，从 1915—1920 年间的 2.1%，攀升到 1940—1960 年间的 7.6%。Kagan, Cartwright, Friedman, and Wheeler, "The Business of State Supreme Courts, 1890—1970", 30 *Stan. L. Rev.* 121, 142-145 (1977).
　　〔16〕 Speiser, *Lawsuit* 145 (1980).
　　＊ 有些律师只管拉生意，拉到案子后再转给其他律师，类似全科医生转介（referral）。——译者注

显示，在这个时段里，不论是业务本身还是职业伦理方面，皆有显著改善。[17] 伴随着事业的跨越式发展，出庭律师成立了自己的行业组织，即今日美国出庭律师联盟（ATLA）。这标志着从旧秩序向新秩序的转型；这个新秩序，不妨称之为企业家秩序。

二、美国出庭律师联盟及其理念

1946 年，一批代理工伤赔偿事务的律师在俄勒冈州波特兰创立全国索赔人律师协会（National Association of Claimants' Counsel Attorneys，即美国出庭律师联盟的前身），而后又有处理铁路事故、海运事故、航空事故的律师陆续加入。会员人数迅速增加，最初只有 25 人，1951 年就壮大为 2000 人，1960 年攀升到 7000 人，现在总人数膨胀到超过 6.5 万，体量庞大。[18]

美国出庭律师联盟在各州设分会，强化了其全国性组织网络。分会在地方层面依照总会风格开展活动，可谓具体而微。影响最大的是加州出庭律师联盟（CTLA），全员已达 5400 人，开展的政治与教育活动都可以在其创办的月刊《联盟论坛》（CTLA Forum）中查询。

与保险行业之间水火不容的对抗，从一开始即填满了这个律师组织的历史。一方大肆宣传侵权法改革势在必行，尤其是陪审团审判与律师的胜诉酬金安排；另一方则厉声斥责保险公司的种种手段与做派。1952年，《读者文摘》刊载系列文章，痛斥全国索赔人律师协会旗下律师，据信是受了保险行业指使，遂将双方面红耳赤的争吵搬上了更为广阔的舆论平台。美国出庭律师联盟从强烈的个人主义视角来理解普通市民，从而塑造了自己的意识形态，却受到大财团、航空公司、铁路公司、海运业、保

---

[17] The 1928 Wasservogel Report in the *Judicial Investigation of "Ambulance Chasing" in New York* (1928), published in 14 *Mass. L. Q.* 1-32 (1928). The Report of Special Referee Wasservogel, *Regarding Proposed Rule to Limit Compensation of Plaintiffs' Attorneys in Personal Injury and Wrongful Death Actions* (1956), discussed in Note, "Lawyer's Tightrope: Use and Abuse of Fees", 44 *Corn. L. Q.* 683 (1956).

[18] 美国大约有 70 万律师，其中 30 万为自愿组织——美国律师协会（ABA）的成员。只有少数州，如加州，要求必须加入州的律师组织。

险业这些大企业势力的不公正对待。自1961年民权诉讼兴起[19],这张清单还应添加上压迫性的政府官僚机器。"背地里,这些人正在控告整个社会"。[20]

这套意识形态的一个主要特征就是对陪审团审判的崇敬,陪审团审判是任何美国人与生俱来的权利,是美国精神的化身。陪审团代表常人(common man),故可受信赖,表达对于原告(也是同侪)的认同与理解。犬儒主义者或许会补充说,陪审团更容易诉诸偏见与情绪,从而判给大笔赔偿,在帮助了受害人的同时,也充实了原告律师的口袋。陪审团审判之于美国出庭律师联盟旗下律师利害攸关,难怪这些律师密切注视陪审团遴选程序(voir dire,预先审查)*,时刻关心那些主张削减陪审团职能的反对活动。

美国出庭律师联盟的整套话语,都洋溢着色彩鲜明的老派宗教热忱。除了对陪审团的草根基础未免看得过于理想,对于侵权法本身亦从高尚的道德视角来理解。侵权责任有惩罚/报应功能,不会坐视无辜受害人遭受不法行为侵害。不法行为人就他人所受伤害,必须负起个人责任。是以,侵权责任不仅矫正受害人所受之不义,亦为对其他人之警告。对于不法行为,或许还有其他一些辅助性质的制裁措施,但经验表明,以效用而论,无能与侵权责任比肩者。侵权法为公共利益的捍卫者提供了必要激励,将那些危及社区的活动连根拔除,并将作奸犯科者交付公议。诚然,为达成此目的,没有什么比得上判给大额惩罚性赔偿金更为得力。因此,诸如损失分摊、经济效益之类现代观念颇受质疑,盖此等观念塑造之侵权法形象,在更为宽泛的意识形态层面,带来了不可欲的影响,将成本加诸整个社会,而不是将侵权法单纯塑造为受害人与加害人之间的事宜。美国出庭律师联盟表现出来的姿态,其讽刺意味在于,原告方律师的兴趣只在追索口袋深厚的被告,这些被告要么投了巨额保险,要么有其他办法将

---

[19] Monroe v. Pape, 365 US 167 (1961). 此后,民权诉讼的增长势头如雨后春笋,1961年为296件,1985年已经超过1.2万件。

[20] Mayer, The Lawyers 266 (1966)(援引某法学院不具名观察家的说法)。

* 参见边码第106页。——译者注

不利裁决的成本转嫁给更大块的市场——换言之,这样的被告往往并不匹配那种必须以自己的一磅血肉来承担后果的老套而又模式化的不法行为人形象。

出庭律师的胜诉酬金安排乃是此辈人最为敏感的神经。图利动机绝不可张扬,胜诉酬金安排遂被描绘为主要是为顾客利益服务的工具,是"穷人开启法院大楼的钥匙"。但这也是美国侵权程序法最富争议的特征,其核心地位配得上单独一章。

出于这样或那样的原因,很多人对美国出庭律师联盟的整套话语抱持深刻怀疑,盖其大力颂扬的任何价值,正好都得为其增加其业务与收入。联盟律师为下层社会顾客服务,是因为找不到更大笔的业务。为了招徕生意,厚颜无耻地在媒体上吆喝拉客[21],追在救护车后面怂恿起诉[22],不是要做"好撒马利亚人",而是生计赖此着落。联盟律师热烈拥护陪审团审判,是因为这样的体制带来更高的赔偿金额、更大的胜诉分成比例以及更多的胜诉机会。联盟律师更倾向受州而不是联邦管理,盖法官、委员会成员、工会首脑和立法者乃其密友。联盟律师更靠近草根阶层,自得参与("购买、操纵、影响")政治与社会进程,以谋取利益。

---

[21] 自美国最高法院宣布弗吉尼亚州相关制定法违宪[*NAACP v. Button*, 371 US 415 (1963)],禁止招徕客人的传统禁令即告作废。依最高法院立场,个人面对面拉客,仍为法律所不许[*Ohralik v. Ohio St. Bar Assn.* 436 US 447 (1978)];面向一般人的广告,应受保护[*Bates and O'Steen v. State Bar of Arizona*, 433 US 350(1977)],包括图解[*Zauderer v. Office of Disciplinary Counsel*, 471 US 626 (1985)]。据美国律师协会的问卷调查,1984年,13%的美国律师利用印刷品或者广播打广告。美国电视广告局的统计数据显示,律师当年电视广告费用为2800万美元。石棉公害发生后,有律师向特定职业群体发送信件,招徕潜在原告,此事见诸报端(*Wall St. J.*, 18 Feb. 1987)。最令人震惊的事情可能是,以广告聚集起众多顾客,将这些顾客以批发形式转介给其他律师以获取报酬。据报道,波士顿某位律师的"存货清单"(inventory)上有1700件案子(*Wall St. J.*, 3 June 1986)。

[22] See Carlin, *Lawyers on Their Own* (1962); Carlin, *Lawyers' Ethics: A Survey of the New York City Bar* (1966); Note, "Legal Ethics: Ambulance Chasing", 30 *NYU L. Rev.* 182 (1955); Reichstein, "Ambulance Chasing: A Case Study of Deviation and Control Within the Legal Profession", 13 *Social Problems* 3 (1965); Monaghan, "The Liability Claims Racket", 3 *L. & C. P.* 491 (1936).

三、自我形象

对美国出庭律师联盟及其成员来说,改善公共形象尤其是在法律职业领域的形象,永远都是占据支配地位的重要目标。重视开展公共宣传与教育活动当然是重要途径,亦得借此帮助联盟成员提升业务能力,并与美国律师协会、美国法学会开展的那些声誉卓著的活动竞争。

自1946年开始,美国出庭律师联盟(当时叫全国索赔人律师协会)即每年召开会议,1948年创办《全国索赔人律师协会法律杂志》(NACCA Law Journal),几易其名后,现称《审判月刊》(Trial)。[23] 曾任哈佛法学院院长的罗斯科·庞德,于1953—1955年间担任杂志主编,极大提升了协会的行业声望。1957年,《法律杂志》增添了《全国索赔人律师协会通讯》(NACCA Newsletter),现称《美国出庭律师联盟判例汇编》(ATLA Law Reporter);1960年又开办《公共宣传与教育公报》(Public Information and Educational Bulletin),设立了全国性的演讲事务处(Speakers Bureau)以及专门的公共宣传与教育部门。联盟设立的研究机构称"交流所"(Exchange),收存关于产品责任、机动车责任以及其他过失责任案件的卷宗4000册以上,并得获取技术信息、专家证言以及众多数据库,是协会内部极有用、顶成功的机关。[24]

联盟定位的拔高、自我形象的提升,反映在名称的变迁中。1960年全国索赔人律师协会改称全美索赔人出庭律师协会(National Association of Claimants' Counsel of America),1964年启用现名。与此同时,联盟处心积虑地要甩脱救护车追逐者形象,与某些会员轻佻浮夸的装腔作势、鲁莽灭裂划清界限,特别是出庭律师界的坏孩子、自诩的侵权诉讼之王(King of Torts),旧金山的梅尔文·贝利(Melvin Belli)。这位贝利先生有个惯常节目,也就是利用美国出庭律师联盟一年一度的夏季会议,召

---

[23] *ATLA Journal* (1964—1978), *Trial* (1978).

[24] *ATLA Advocate*, vol. 12, no. 7, p. 1. 就其作用,可见一早期案例,see Rheingold, "The MER/29 Story", 56 *Calif. L. Rev.* 116, 122 (1968).

开一系列轻松活泼的研讨会,以成功的庭审技巧为主题,尤其是所谓的"展示证据"(demonstrative evidence),贝利宣称这是自己的发明。[25] 贝利擅长在陪审团审判中代理伤残人士,他在庭审领域的大获成功创造了一个家喻户晓的流行词,"筐中的案子/残障人"(basket case)[26];贝利曾将一位截瘫顾客的普通日常摄制为录像带,用于法庭陈述,也是破天荒头一遭。但贝利的公众形象及其自我推销都太过招惹非议,比如参加一档臭名远扬的电视秀,领着声名狼藉的黑帮头目米基·科恩(Mickey Cohen)出席全国会议,迫得出庭律师协会将其拦阻于1965年会议之外(当然没有永久驱逐)。甚至二十余年后,贝利还在惹麻烦,当时印度博帕尔灾难*(Bhopal Tragedy)发生,贝利不顾脸面地抢生意拉客人,令出庭律师行业蒙垢含羞,公共形象大损。[27]

最近,美国出庭律师联盟对美国律师协会修订的伦理守则大唱反调,甚至递交反提案,其间所牵扯的不只是自我形象,更有自身利益。隐伏于具体事宜是非曲直的下面,这里利害攸关的是法律职业内部的权力分配。照普遍的看法,上流社会与财富阶层主宰着美国律师协会,界定了整个行业的伦理标准。不足为奇,此等人的清规戒律,尤其是关于诸如招揽顾客、业务转介、酬金分润之类事务的规则,往往并不适合那些沉沦于下僚、偏居于一隅的小律师事务所。办理人身伤害案件的律师一直抱怨,大律师事务所里那些从事公司法业务的律师,自不必猥自枉屈、放下身段地拉生意;上层社会那张看不见的网络,自会提供盈门的客源,遂得维持端庄峻整的风度,不受"商业"玷污。相反,对人身伤害诉讼律师来说,那些遭禁止的业务活动往往关乎其生存。虽说违规犯纪未必遭受行政处分,但

---

[25] See Belli, *Modern Trials* (1954).

[26] Belli, *Ready for the Plaintiff*, ch. 24 (1956).

* 印度博帕尔灾难:1984年12月,坐落于印度中央邦首府博帕尔市的联合碳化物有限公司农药厂发生甲基异氰酸盐泄漏,共计40吨,后果惨烈,是历史上最严重的工业事故。——译者注

[27] 美国出庭律师联盟理事会通过决议,没有提名道姓地谴责"某些律师及其代理人,未受邀请,径赴灾难现场,搭起营房,招揽潜在的客人"(*Trial*, Mar. 1986, p. 5)。一年前,加州出庭律师联盟理事会也谴责某些美国律师主动上门,雇人"从事下作的'兜售(hucksterism)'活动"(*CTLA Forum*, Feb. 1985, p. 2)。Habush (ATLA Pres.), *Trial*, Apr. 1987, p. 7(主张纪律惩戒)。

或难以保持会员身份,遑论在体面的律师社团里争取实权地位与社会声誉。此辈律师的业务活动永远打上了伤风败俗的烙印,而其行业地位再也难脱下等人之列(pariahs)。[28]

是以,当出庭律师行业针对库塔克委员会(Kutak Commission)的新伦理守则提出自己的替代版本*,绝不仅仅是要表达对执业规则若干具体要点的不满,更是针对自己律师行业二等公民的卑微地位发出洪亮的抗议声音。这番干涉活动在时间上巧为安排,正赶上人身伤害诉讼律师行业在结构与处境上的巨大转折。具有讽刺意味的是,这番动向与机动车无过错保险制度的大功告成亦非全无关联,这个事情正是美国出庭律师联盟长久以来一向反对的。交通事故向来是那些不入流执业人的主要业务来源。交通事故业务大幅收缩,产品责任、医疗责任等业务却将空白填补[29],发生在20世纪70年代的凡此种种,加速了法律行业的大趋势:在人身伤害诉讼律师行业的等级秩序里,在美国出庭律师联盟的权力走廊里,新型的雄心勃勃的企业家(entrepreneurs),正将往昔偏居一隅的边缘执业人取代。产品责任诉讼,正如工艺、技术行业,需要一批受过良好教育的高端律师。拥有工程学、医学或者经济学背景,在威望素著的法学院取得学位,这样的毕业生受了令人垂涎的丰厚酬劳的吸引正纷至沓来。今日之领袖堪称"大亨"(fat cats,俗称"肥猫"),不惟风光无限,更兼财富超出想象,出于这两个缘故,遂为世人所艳羡,亦为自己所陶醉。此辈人的圈子可谓天空之城,地地道道的百万美元俱乐部,盖赢得百万美元甚至

---

〔28〕 这个职业的经济状况植根于胜诉酬金制,催生了诸多伦理上颇受质疑的业务活动。精练的描述,see Rosenthal, *Lawyer and Client: Who's in Charge?* ch. 4 (1974, 1977). 更见后文第六章。

* 美国律师协会在1977年任命一个13人委员会,以罗伯特·库塔克(Robert J. Kutak)为主席,为律师行业起草新的行为守则。美国出庭律师联盟不甘示弱,罗斯科·庞德设立了一个30人委员会,起草自己的版本。——译者注

〔29〕 兰德民事审判研究院发现,一边是机动车事故案件,一边是产品责任与工伤事故案件,就赔偿金的相对规模而言,在两者间发生实质偏离。20世纪60—70年代,前者的中间值从8000美元下降到5000美元,后者在过去十年间显著增长,高达8.2万美元。不论其他,这个趋势可能反映了原告方律师行业内部的专业化。Peterson, *Compensation of Injuries, Civil Jury Verdicts in Cook County* 55-56 (1984). 其他研究在旧金山也注意到了同样的趋势,Shanley & Peterson, *Comparative Justice, Civil Jury Verdicts in San Francisco and Cook Counties, 1959—1980* (1983).

更高金额的陪审团裁断实乃家常便饭,其胜诉酬金远逾大社团律所资深合伙人的收入亦乃顺理成章之事。与工业巨头、汽车生产商、制药企业、航空公司对簿公堂,战而胜之,正是当行本色。

这些新诉讼类型往往很复杂,遂引发相应制度调整。由于诉讼成本高昂,而且(至少在最初)必须由律师自己负担,也就强化了案件往成功律师手里聚集的趋势。[30] 为原告服务的律师行,多数雇佣的律师不到20人,比不上为被告服务的律师行那般兵强马壮,为弥补资源上的劣势,只好在大规模诉讼中结伙组队,从而促成了共同防御基金(common defence funds)和酬金分润协议。* 在集体诉讼以及其他形式的合并审判活动中,由最突出、最熟练的律师组成领导"团队"掌舵,已成特色。

那种"伤风败俗"、寡廉鲜耻的底层律师为行业所唾弃,早已非为典范与常态,而在大规模事故中偶尔发生的令人害臊的救护车追逐行为,亦必遭公共舆论谴责。[31] 虽说人身伤害诉讼业务在同侪评估中仍排名靠末[32],无论如何,即便在曾经眼高于顶的美国律师协会诸多委员会里头,出庭律师行业就其自身而言亦已足够壮健有力。[33]

---

[30] 大城市里的聚集程度在20世纪50年代末即很明显,可参见在纽约的研究,Franklin, Chanin & Mark, "Accidents, Money, and the Law: A Study of the Economics of Personal Injury Litigation", 61 *Colum. L. Rev.* 1, 47 (1961)。这份研究估计,为原告方服务的律师大约1.5万人,300人是专业律师(平均每年超过100宗赔偿案件),每年处理大概2万件人身伤害案件。

* 法律防御基金(legal defense fund),是专门设立以支付法律费用(包括规费、律师费、诉讼费、法律咨询或其他费用)的账户,得为公办亦得为私办,服务于个人、组织或特定目的,往往由政府公职人员、民权组织或者公共利益组织来使用。法律防御基金往往成员众多,成员要向基金缴费。基金有时就是律师所或者如律师所般运作,律师团队通过诉讼提供法律服务。这些服务既包括起诉,也包括辩护,并不像这个术语字面所说仅限于防御。维基百科:https://en.wikipedia.org/wiki/Legal_defense_fund,2020年4月4日访问。——译者注

[31] 参见前文,脚注[27]。

[32] See Heinz and Laumann, *Chicago Lawyers* 107-108 (1982) ("肮脏""令人憎厌")。

[33] 例如,美国律师协会站在美国出庭律师联盟一边,拒绝医疗责任改革建议(限制赔偿额、胜诉酬金制等),See *New York Times*, 12 Feb. 1986, p. 21. 另见,"协会里头一些有影响力的律师前所未有地组织起来,就那些极难把握、无从界定的伤害,推动赔偿金额逐日提高",See *Battalla v. State of New York*, 10 NY 2d 237, 243, 176 NE 2d 729, 732, 219 NYS 2d 34, 38-39 (1961) (Van Voorhis, J.)。

四、政治活动

152 　　美国出庭律师联盟在成立后的最初10年，定位主要在于关注庭审事务。而后，开展的活动渐渐往政治领域转移。直到最近，重心都主要放在州立法机关，而不是美国国会。这个偏向自有道理，盖一审阶段，人身伤害赔偿法主要是州法。地方政治的性质（尤其在大城市，民主党人占据绝对优势），也确保了议会中可以找到众多可靠盟友，支持美国出庭律师联盟的事业。办理人身伤害案件的律师传统上向来往市政厅、县政府走动，结纳攀附那些兜售权势之人[34]，而今往州会议厅转移，也不过是其以立足乡土、朴实亲民的态度于权力走廊谋求支持这个政治思路的自然延伸。

　　联盟所关注者，向来在两大目标：一为影响法官遴选，另一为影响立法。在法官系由推选产生的辖区，在县或者州的层面（分别对应初审法官和上诉法官），得通过政党渠道影响候选人的遴拣。在法官系经任命的辖区，如加州，若有机会接近州长办公室，不论直接或是经由政治盟友的引见，总是有益无害。原告方律师行业早就深刻体会到，若是法官对原告的处境感同身受、立场上倾向于原告，价值有多么巨大。初审法官对于推动纠纷解决发挥着积极主导作用；初审法官不仅基于证据规则影响诉讼结果，而且最为重要的是初审法官决定是否将案件发付陪审团裁断，又对陪审团发布何等指示。上诉法官督视整个审判程序运转并拥有巨大裁量权，而最高法院对于法律立场到底何在拥有最终决定权。在所有这些层面，在法院里头有朋友都是有赚无亏的事情。第二次世界大战后的侵权法呈现出偏袒原告的鲜明趋势，若非富有同情心的法院系统积极支持或者默默纵容，断不会有如此成就。美国出庭律师联盟及其政治盟友多年

153 来辛勤耕耘，收获累累，在多数人口大州，都可以看到总体倾向自由派的法官当选或者受到委任。以加州为例，州长杰里·布朗（Jerry Brown）肩负使命，大力擢拔女性、少数族裔以及非主流律师担任法官，改变了司法

---

[34] See Carlin, *Lawyers on Their Own* (1962); Carlin, *Lawyers' Ethics: A Survey of the New York City Bar* (1966).

系统的面貌,据报道可是件件任命征求加州出庭律师联盟意见的。[35] 结果,过半数的加州法官,也就是布朗州长任命的那些法官,大致都对这个事业持同情立场。尤显特别的是[加州]最高法院,如前面的章节所述[36],在侵权上诉审中始终如一表现得袒护原告。与此同时,在刑事案件尤其是涉及死刑的案件中,最高法院偏向被告的态度又那么清晰可辨,终于招致民意反对,投票将首席大法官罗丝·伯德(Rose Bird)及其两位同僚掀下法官座席。加州出庭律师联盟遂成为三人防御小组(embattled threesome)的头号扛旗手与经济资助人,对过去给予的以及希望将来继续得到的恩惠,深怀感激之情。*

五、立法斗争

在立法领域,原告方律师行业的主要任务是挫败两方面的动作:一是试图削弱法院那些应受赞许裁决的影响力,一是试图对侵权法的救济措施加以限制。尤其是两件大事,一向置于美国出庭律师联盟及其各地方分支机构议事日程的首位:无过错机动车保险方案,以及所谓的保险危机。

20世纪60年代,保险业内部有力量寻得美国律师协会为盟友,属意在机动车保险案件中废除陪审团审判,最终竟形成提案递交至美国国会。由于保险费率一直稳步攀高,已爬升至不可容忍的水平,于是,动辄判给高额赔偿金的陪审团体制、昂贵的诉讼成本以及诸多司法辖区内的法院案件壅塞,都给拎出来问罪。美国律师协会意在改良甚至限制胜诉酬金安排,可保险业诸多力量正筹谋推出无过错机动车保险方案。美国出庭

---

[35] Bancroft, "All Deukmejian's Judges", *Calif. L. J.*, Jan, 1986, p. 49.
[36] 参见本书第二章、第三章。
* 小艾德蒙·杰拉德·布朗(Edmund Gerald Brown Jr.,1938—),1975—1983年任加州第34任州长,2011—2019年任加州第39任州长,民主党人。
罗丝·伊丽莎白·伯德(Rose Elizabeth Bird,1936—1999),在加州第25任首席大法官的位置上履职10年。她是加州最高法院首位女法官,也是首位女性首席大法官。在1986年11月的州选举中,成为仅有的因选举失败而离职的首席大法官。
"三人防御小组"(embattled threesome),或指伯德法官及两位同僚。——译者注

律师联盟激烈地反对那些包含限制侵权救济内容的方案，出于显而易见的理由，支持所谓"附加"（add-on）性质的方案，即确保受害人得到最低限度的救济，不损及受害人普通法上的权利。正是围绕此议题展开的立法斗争，让美国出庭律师联盟认识到在立法领域深耕易耨的重要意义。联盟四处告捷，要么将保险公司的无过错提案挫败，要么斩其锋芒使之成为全无威胁的附加方案[37]，凡此种种，拔高了联盟的公共形象，联盟亦愈加相信自己有能力扮演支配力更强的角色，不仅在法院的审判庭，同样可以在立法机关的议事厅大展宏图。

20世纪70年代中期，经营医疗责任险业务的保险公司怨声载道，称不论是案件数量还是规模，陪审团判给的赔偿金额正在爆炸般增长，使保险业严重亏损，威胁要退出医疗责任险市场，终于酿成医疗危机。有些城市，医院的医生开始罢工，拒绝为没有保险的患者施治。而但凡还买得到[责任]保险，保险费用即如火箭般蹿升，逼迫得好些医生直接退休。为了避免这一危机，遂有提议设立强制性的国家保险池（state insurance pools），并以多种方法来限制责任成本，例如给非财产损害赔偿金以及胜诉酬金设置上限、允许分期支付赔偿金，以及考虑平行利益（例如付讫的医疗保险）而减少赔偿数额。* 美国出庭律师联盟对所有这些措施皆予激烈反对，并将整个危机归咎于保险业。在美国出庭律师联盟看来，危机的真正原因在于两点：一是1973—1975年间的经济衰退导致保险投资的价值陡然下跌；二是在信贷紧缩时期，盲目寻找业务，而未能增加费率。[38]** 至于[责任]保险费用的增长，应归因于[放任]医学失能（medical incompetence***）以及医疗行业包庇自己队伍里滥竽充数之徒的阴

---

[37] 参见后文，脚注[95]—[104]。

* 损害赔偿法贯彻损益相抵原则，某些利益要从赔偿金中扣除。有些利益不得扣除，如慈善机构的捐款或者受害人自己购买了保险而得到赔付，称"平行来源规则"。正文大致意为，有人主张限制平行来源规则的适用。——译者注

[38] 加州出庭律师联盟的竞选文宣资料，参见 1985 *CTLA Forum* 183-201。

** 参见本书第一章第三节"保险行业"，边码第22—24页的相关论述。——译者注

*** 医学失能会延长患者住院时间，增加纠纷和诉讼，从而抬升医疗服务成本。医疗服务人可能故意无视医学失能，盖患者住院时间延长，手术和检查增多，都有助于充盈医生的钱袋子。——译者注

谋——而根除这两个祸害,正是侵权法律师的使命。除了以金钱精确匹配精神伤害("过错"),惩罚性赔偿金也是增进医疗安全、强化行业管理的有效激励机制。法律费用诚然很高,但医疗纠纷业务技术含量大,请专家证人也要花钱,故在所难免。若是胜诉,赢的赌注自然更多,可败诉的机会也一样大。[39]

美国出庭律师联盟这套枯燥冗长的说辞,惜乎并不能拦挡社会公众对此议题的深入关切,也未能阻止好多州通过限制性立法。就这个问题,美国出庭律师联盟同样未能成功地在法律上挑战改革的合宪性。[40]

美国出庭律师联盟代表原告方利益,为司法上缺陷产品严格责任的发展立下汗马功劳,产业界则力图推动旨在击退这些成果的立法,逼迫得美国出庭律师联盟只好采取守势。在联邦商务部的支持下,又有一部《模范产品责任法》给予灵感,好多州都通过此类立法,给惩罚性赔偿金套上缰索,修订设计缺陷责任,并引入主张权利的期间法(一定期间比方说 10 年经过后,不论是否发现受到伤害或者暴露于伤害环境下,一切请求赔偿的权利皆告消灭)。美国出庭律师联盟虽坚决反对,也阻止不了好多州颁布法律引入这些措施中的一项或多项(少有全盘引进的),1985—1987 年间尤甚。[41]

美国出庭律师联盟逐渐整合为强大政治力量并开始参与全国性事务。1967 年,随着联盟逐渐介入刑事辩护领域,遂得于众议院参与陪审团遴选法律的制定事宜。在那几年,美国出庭律师联盟又成功阻止了参议院通过无过错机动车责任立法。1968 年,美国出庭律师联盟旗下律师成为全国消费者安全委员会的顾问,1969 年,为反对尼克松总统提名海恩斯沃思法官(Hainsworth)、卡斯韦尔法官(Carswell)进入美国最高法院,出席参议院作证。

---

[39] 对芝加哥陪审团的研究表明,医疗过失案件胜诉率在 1959—1979 年间为 29%,总体胜诉率则为 50%—52%。See Peterson, *Compensation of Injuries*, *Civil Jury Verdicts in Cook County* 38-44 (1984); Shanley & Peterson, *Comparative Justice*, *Civil Jury Verdicts in San Francisco and Cook Counties, 1959—1980*, 50-53 (1983).

[40] 参见本书第三章。

[41] 参见本书第一章脚注[85]。

20世纪70年代,新的事务浮现:[公益性质的]法律服务(Legal Services)以及[阻止]产品责任的控扼措施。1971年,美国出庭律师联盟连同其他律师行业组织,支持增加联邦拨款,实际上是一个"大宪章"*,以切实保障穷人得到可负担法律服务的权利。1973年,站在美国律师协会的对立面,美国出庭律师联盟赞成修改《塔夫脱—哈特利法案》(Taft-Hartley Act),为工会提供预付费法律服务计划。当被问及这背后的动机所在,美国出庭律师联盟的主席指向联盟自己的公益计划(pro bono plan),依该计划,每位联盟成员(当时约3万人)每年都要承担一宗公益案件。

在过去的10年,美国出庭律师联盟参与的国会事务里头,最重要的要数奋力阻止以联邦立法形式给产品责任套上种种缰索。如前文提及的,产业界为推进这些改革而在各州发起运动[州是天然阵地(natural forum)],在美国出庭律师联盟及其盟友的坚决抵抗下,只是取得了一些无关痛痒的成功;对多数产品来说,面对的都是全国性市场,考虑到这一点,改革要取得成功,就必须在几乎全部州获得通过。改革派遂将注意力转向全国阵地(national forum),同时希望在更为同情产业界的气氛下在华盛顿得到论辩或听证的机会。自20世纪80年代初以来,美国出庭律师联盟一直在动用大量资源与产业界的议案不懈斗争。[42]

六、政治行动委员会

美国出庭律师联盟在立法领域的成功,是其长期以来于议会深耕易耨该得的回报。好多议员(尤其是有些议员,是地处要冲的司法委员会的成员),自己就是出庭律师或者所属律师事务所开展出庭业务。这些议员在意识形态大方向上趋同(如前文提及的),大抵支持民主党(纵非全部),

---

* 不知道为何以"大宪章"(Magna Charta)指称公益法律服务计划。——译者注

[42] 美国出庭律师联盟目前在华盛顿的办事人员大概100人,并聘请了顶级的院外游说者:民主党人博格斯(T. Boggs)和共和党人蒂蒙斯(W. Timmons);Wall St. J. 9 Apr. 1986, p. 62. 主要议案由参议员卡斯腾(Kasten)、丹福思(Danforth)提出(参见本书第一章脚注[56]、[57]——译者注)。

而在都市繁荣人稠物穰的人口大州,民主党往往是多数党。因此,那些控制立法议程的关键议员,例如议长和委员会主席,更倾向于对美国出庭律师联盟的立场抱持同情。

并不满足于拥有这些天然盟友,美国出庭律师联盟及其地方分支机构还向新朋旧友提供经济帮助,以提升影响力。早在1971年,联盟即成立联邦与州关系部(Department of Federal and State Relations),并将总预算的25%拨付该部。如同诸多其他商业组织和意识形态组织,美国出庭律师联盟也设立了自己的政治行动委员会(Political Action Committee),名为律师业国会竞选基金(Attorneys' Congressional Campaign Trust)。据估计,在1980年的国会选举中(当时联盟会员大概4.3万人),联盟共计向30—35位参议员以及200多位众议员捐款30—40万美元。在1981—1982年间(会员差不多5万人),联盟政治行动委员会募得资金88.9万美元,向332位议员捐款合计44.9万美元。[43] 若以会员规模来衡量,相较财大气粗令人生畏的美国医学会(American Medical Association)的支出,联盟出手要阔绰得多。[44] 1000美元以上为大笔捐款,多数都流向了议会某些委员会的成员,这些委员会可以操控联盟格外关心的那些立法,例如参议院商业、科学与交通委员会(产品责任)、众议院能源委员会(产品责任),参众两院的司法委员会(联邦法院对不同州籍当事人之间诉讼的管辖权)、众议院规则委员会(控制立法程序)。

美国出庭律师联盟各地分支机构在州的层面复制了这一模式。据1985年的报道,加州出庭律师联盟在此前两年间已向州议会司法委员会成员捐款9.1万美元,10倍于农业局(Farm Bureau)的支出。委员会主席,一位来自奥克兰的民主党人,在1982—1984年间接受了将近2万美元捐款。加州出庭律师联盟的支持者并不限于司法委员会成员,控制着该委员会成员资格的议会议长,在1983—1984年间接受了124753美元

---

[43] Federal Election Commission (D Index).
[44] 美国医学会规模是美国出庭律师联盟的5倍(27万人),捐款1644795美元。1983—1984年,美国出庭律师联盟在政治行动委员会的榜单上,募得资金占第31位,支出为第45位;在商业协会的榜单上,则分别为第8位与第10位。

政治捐款。1975—1984年间，加州出庭律师联盟政治行动委员会向州的议员候选人共计捐款142万美元，是排位第六的慷慨捐款人[45]；仅1986年一年的捐款即接近70万美元[46]。如此的慷慨施舍在大选年自不足为奇，在这些年份，虚情假意似乎都变得更为肝胆相照，区区薄礼不过是为了应付电视年代火箭般蹿升的选举成本而已。纵在并非大选之年，政治捐款亦源源而至，此番，再难掩饰明明白白的权势兜售。意味深长的是，在1983年这个非大选年，抢得捐款榜单头名的赫然就是加州出庭律师联盟，向议会70位公职人员合计捐款23.7万美元。[47]

如前文提及，加州首席大法官伯德在第二届任期的批准程序上遭遇挫折，答辩工作主要就是由加州出庭律师联盟以及一些会员以个人身份赞助的。伯德对侵权诉讼受害人近乎无原则的袒护尽人皆知，为其赢得出庭律师联盟"法庭上的朋友"(friend on the court)名号。[48] 伯德的恩惠此番终有回报，得到大笔资金以支持其"司法独立"。在选战中向政治候选人捐款，这样的活动本已很难证明为正当的道德实践，向法官捐款的正当性就更是疑云重重了。至少这些活动形象地揭示了，同时也加剧了法院角色政治化的危险。[49]

七、法庭之友意见书

为了推进在法院审判庭的事业，美国出庭律师联盟向来认为，一个主要的任务就是通过办期刊，在年度会议上或者在两个年度会议之间举办研讨会或者讲座，来提升会员的业务水平。其他资源还有前面提到的数

---

[45] Common Cause, *Report*, *San Francisco Chronicle*, 23 May 1985.

[46] 平均每位议员大概为5000美元。此外，加州出庭律师联盟针对联邦政治活动还捐款10多万美元。

[47] *The New Gold Rush: Financing California's Legislative Campaigns* (1985 Report and Recommendations of the California Commission on Campaign Financing). 建议禁止一切非大选年政治捐款，其他捐款可以自愿设立资金限额。

[48] 唯恐读者不曾留意，在"法庭之友"(friend of the court)上面的文字游戏(介词on与of)是让读者立即联想到加州出庭律师联盟的法庭之友活动(*amicus curiae* activities)。

[49] See Lowenstein, "Political Bribery and the Intermediate Theory of Politics", 32 *UCLA L. Rev.* 784 (1985).

据库,以大规模诉讼为主题的信息中心以及可用作范本的辩论意见书及相关资料。

更加值得注意的地方在于,美国出庭律师联盟及其地方分支机构以法庭之友(amicus curiae)身份参与那些于会员有重大利害关系的诉讼。为了以恰当视角考察这些活动,先要简要说明法庭之友意见书在美国诉讼中其角色的演化过程。

法庭之友的源头是那么古老,可追溯至罗马法,而其在普通法中的历史又如此悠久,很容易让人看不清楚这套机制在当今美国法中已经变化了的功能与重要意义。[50] 英国普通法并不喜欢让第三方当事人介入诉讼,将法庭之友看得名副其实,但为法院的朋友而已。《判例年鉴》(Year Books)记录了好些这样的事情,就是有旁观者使法官注意到了相关制定法或者事实,让法官避免了错误。要说法庭之友更为现代的角色,一个早期表现就是由国会议员充任之,向法院阐明国会通过某部法律的意图何在。[51] 在相当早的阶段,还可以看到这样的法庭之友,向法庭揭露某件诉讼实为串通共谋诉讼,将有害于某位无人代表其参与诉讼的当事人。这个角色标志着法庭之友的转型,从置身事外、并无利害关系的法院友人,到投身特定事业的伙伴。

在美国,最高法院在整个19世纪不断发展的一些做法及由此造成的大环境加速了这个转型过程。在美国这样的联邦宪法体制下,诉讼会超越直接当事人而产生更广泛的影响,美国最高法院的做法也是对这个局面事有必至的回应。私法当事人提交到法律层面的一些事宜,往往牵扯到州权利以及其他公共利益,可私法当事人又不能充分代表这些利益。到19世纪80年代,法院开始直接准许政府律师参与诉讼,维护州权利。与此同时,法院也扩大了一些私法诉讼当事人的参与权利,比如在下级法

---

〔50〕 See Krislov, "The *Amicus Curiae* Brief: From Friendship to Advocacy", 72 *Yale L. J.* 694 (1963). 该文(正如所有其他论文一样)关注美国最高法院的做法,see Harper and Etherington, "Lobbyists Before the Court", 101 *U. Pa. L. Rev.* 1172 (1953)("大概是这个主题下起到探路作用的文献"); O'Connor and Epstein, "*Amicus Curiae* Participation", 16 *L. & Soc. Rev.* 311 (1982).

〔51〕 *Horton v. Ruesby*, Comb. 33 (1686).

院或者其他法院有类似案件尚未审结之人，可能会受到眼下判决的直接影响[，故准其参与]。而后，这些利益逐渐地由各式组织来代表。进入20世纪，虽未明白讲，但肯定了法庭之友意见书的著作权人应为组织本身，从而维护巩固了虚构出来的法庭之友与法院之间本质上的职业关系。但模糊不了这个转型事实："法庭之友意见书这套制度，从不偏不倚转向结党立派，从友好助言转向热烈鼓吹。"[52]

法庭之友意见书的角色转变，也反映了"特殊利益集团/个人"活动模式的持续转型。逐日为甚的官僚化，使得官僚体制有了更大力量去动员各种资源，于立法、行政以及法院系统去推进"政治"事业。政府机构树立的榜样，各式私营组织学来得心应手，先是企业或者商业性质的组织，继而一些民间组织加入，代表在此前的民权运动中默默无闻的少数群体，如美国公民自由联盟（American Civil Liberties Union）、全国有色人种协进会（National Association for the Advancement of Colored People）、美国犹太人大会（American Jewish Congress）等。这在一定程度上有助于促进司法裁判程序的民主化，盖法院得接触到更为广阔的各式立场，从而缓和司法程序内在的局限性（相较更为开放的公共讨论平台以及立法机关内部的政治互动，司法程序有其固有局限）。同样地，这也有助于满足民众参与决策程序的普遍呼声，而民众参与乃是民主党政府可欲的公设。美国最高法院在界定社会议程方面的核心角色使得这些更为可欲，虽说有着千丝万缕、若即若离的民主党背景，最高法院并不愿意被世人看作隔离于多元社会的万千潮流之外。[53]

将法律理解为社会选择和政策决定的过程，这样的理解绝不局限于美国最高法院的角色，也不局限于对宪法事务的裁判中。现实主义法学派的那套理论，对于20世纪30年代的人来说，撕去了司法中立的面具[54]，而后，美国法院更为勇猛的司法能动主义更全面强化了这些主张。

---

[52] Krislov, "The *Amicus Curiae* Brief: From Friendship to Advocacy", 72 *Yale L. J.* 694, 704 (1963).

[53] Hakman, "Lobbying the Supreme Court: An Appraisal of 'Political Science Folklore'", 35 *Fordh. L. Rev.* 15 (1966).

[54] See Frank, *Law and the Modern Mind* (1930); id., *Courts on Trial* (1949).

毫无疑问，联邦法院掌握宪法事务这样的模式促进了对于法院角色看法的转变；另外的原因在于，据普遍看法，法院应发挥更大作用以实现社会变迁，盖立法机关不能独立为之。于是，私法诉讼中提交到法院的那些事务，在对社会潜在的广泛影响方面，也越来越具有争议性质和"公共性质"，整个图景也就愈发接近宪法诉讼。受到影响的利益方可能众多，受影响的强度也可能很大，这些都要求给予机会参与决策程序。而这里头顶重要的就是法庭之友意见书。[55]

法庭之友意见书亦有助于保护法院，抵挡以不那么可取的方式向法院施加的外部影响。州法院法官更容易受到这些胡搅蛮缠的影响，盖州法院法官参与州的政治生活更深（纵使现在不然，过去一直如此）。法庭之友意见书则为实现沟通的稳重、审慎渠道。[56]

美国出庭律师联盟及其地方分支机构坚持从事若干长期政策项目，以介入侵权诉讼上诉事务，从而支持自己行业的发展大计，偶尔以直接当事人身份[57]，更多以法庭之友身份。虽说并未将最高法院排除在外[58]，但主要力量必然投放于州法院，盖侵权事务主要由州法院处理。法庭之友政策项目于加州格外兴旺，与司法能动主义的强度保持着同步上升势头。在1963—1965年间，加州出庭律师联盟3次在最高法院的听审程序中提交意见书；1973—1976年间，13次在最高法院，9次在上诉法院提交意见书；1983—1985年间，分别为11次和4次。[59] 产品责任、惊吓损害、

---

[55] 在英国，也有主张通过扩张出庭陈述权（*locus standi*）来加大参与法院决策程序的力度，See Bell, *Policy Arguments in Judicial Decisions* 264 266 (1983). 英国司法实践中法庭之友意见书只是偶尔一见，See *Rondel v. Worsley* [1967] 1 QB 443, 445.

[56] See Glick, *Supreme Courts in State Politics*, ch. 6 (1971).

[57] 例如，质疑以立法形式限制律师最高收费的诉讼，*American Trial Lawyers Association v. New Jersey Supreme Court*, 66 NJ 258, 330 A. 2d 350 (1974); 409 US 467 (1973).

[58] e.g. *Norfolk & Western Ry. v. Liepelt*, 444 US 490 (1980). 向最高法院提交意见书的动议，多由美国出庭律师联盟提出，偶尔由地方分支机构提出。在下级联邦法院，多由分支机构提出，e.g. *Owen v. Diamond M. Drilling Co.*, 487 F. 2d 74 (La. TLA).

[59] 意见书系联盟会员以代理人名义提交，非以联盟自己的名义提交。有抽样调查显示，1927年之前，在最高法院的案件里提交意见书的不到10%（一般为5%）；直到20世纪70年代，都在10%到20%之间，在截止期的1978年飙升到47%。Fernandez, "Custom and The Common Law: Judicial Restraint and Lawmaking by Courts", 11 *Southw. U. L. Rev.* 1237, 1277 (1979).

比较过失，以及乘客法和医疗责任改革的合宪性，这些领域全部的里程碑式判决，都包括在内。有时法院在判决书中会直接回应法庭之友意见书提到的主张或论据，表明法院注意到了这些意见书。[60] 更为隐蔽但在重要性上并不稍显逊色的，是加州出庭律师联盟的代理人提交给最高法院的函件，请求准许上诉。加州出庭律师联盟的政策项目由一个法庭之友委员会来组织，定期登载于会刊《论坛》。意见书由联盟会员撰写，有时抽取佣金，多数时候由处理上诉事务的律师撰写。

第二节 被告方律师业

被告方律师业完全不同于原告方律师业，可谓天差地远：被告方律师代理的可不是可怜虫，其奋勇捍卫的可是企业权势集团；不像出庭律师那般盛气凌人、疾言厉色、热衷自售，被告方律师多数都会将自己塑造成端庄峻整的形象，表现出克制、冷静，维护现行社会与法律体制，反对颠覆性的立场，完全不受对头那些唯利是图、浮夸不实的作风污染。要说双方唯一的共同点，就是都笃信辩论式诉讼制度/对抗制。

原告方律师业与被告方律师业在酬金形式上的区别，解释了何以被告方律师业会对其顾客的事业保持着远远的距离。被告方律师并非"主要玩家"(principal players)。尤其引人注意的是，被告方律师的批判矛头更多指向原告律师的行为而不是原告本身的行为，而对方当事人所谴责的往往是被告方律师的顾客如保险公司、生产商等的行为，而不是律师本身的行为。当然，被告方律师会为顾客出谋划策，但不同于原告，被告是

---

[60] e.g. Barker v. Lull Engineering Co., Inc. 20 Cal. 3d 413, 427, 433; 573 P. 2d 443, 452, 456 (1978); American Bank & Trust Co. v. Community Hospital, 36 Cal. 3d 359, 382; 683, P. 2d 670, 685 (1984); Murphy v. E. R. Squibb & Sons, Inc., 40 Cal. 3d 672, 710 P. 2d 247 (1985); Vincent v. Pabst Brewing Co., 47 Wis. 2d 120, 127; 177 NW 2d 513, 515 (1970).

"熟练玩家"(repeat players)[61]*，主要是定调子。因此，与原告或者原告律师"恶意"(bad faith)交易[62]，或者新涌现出来的"恶意抗辩"(malicious defence)侵权形式[63]，这些臭名都落在被告人自己身上，而非其律师身上。

同样的原因，被告方的公关活动，用不着律师操心，主要是保险公司、制造商以及其他目标被告(target defendants)在张罗。被告方律师当然早就建立了自己的行业组织，但被告方律师开展业务活动主要关心的是磨炼自己的技艺，而不是站在法律行业特定分支的立场上，以原告方律师行业那样的什么联盟，去培植在公共舆论领域的影响力。原告方律师往往骄傲地自居为"芸芸众生"的代言人，被告方律师则为自己而发声。

一、伦理守则

虽说平素遭受伦理谴责的主要是原告方律师，可被告方律师也没法完全不受从事自私行为的诱惑。原告方律师为了胜诉酬金而工作，故其付出的努力往往达不到为了确保实现顾客利益最大化而需要的程度[64]，被告方律师却倾向于付出更多努力(超出必要)，将时间表填塞得满满当当[65]。原告方律师有好多又因为救护车追逐而受批评，保险赔偿理算师遭人诟詈的话柄则在于，往往抢在原告律师前头赶到医院，纠缠着事故受害人签署草草拟就的放弃文书(release)。虽说诸如此类的一些更为胆大包天的恶习现在不那么常见了，被告方律师业却逐渐发展出所谓"索赔控

---

[61] 区别于"只有一次机会的球员"(one-shotters)，如加兰特的提法，Galanter, "Why the Haves Come Out Ahead: Speculations on the Limits of Legal Change", 9 L. & Soc. Rev. 95 (1974).

* 侵权诉讼的受害人可能终生就这一次打官司的经验，被告多为企业，反复参加诉讼，对法律制度甚为熟稔。——译者注

[62] 参见后文，脚注[134]。

[63] 对应"恶意控告"(malicious prosecution)。See Van Patten and Willard, 35 Hast. L. J. 891 (1984).

[64] 参见本书第六章脚注[65]。

[65] See Johnson, "Lawyers' Choice: A Theoretical Appraisal of Litigation Investment Decisions", 15 L. & Soc. Rev. 567 (1981).

制"(claims control)策略,趁着事故受害人尚未与人身伤害诉讼专家缔结胜诉酬金契约,就早早接洽这些潜在原告或者其家庭律师。毫不稀奇,这样的策略往往导致事故受害人两边的律师陷入纷争,公开地甚至在律师业伦理委员会的面前,彼此指责对方招揽客户的行为有悖职业操守。[66]

二、组织

相较原告方律师,被告方律师更愿意加入大律师行。虽说人身伤害诉讼业务往往由全业律所的律师接手,尤其在小社区,但资源集中的大趋势在被告方律师行业取得更显著成果。有不少大律师行不事其他,专门代表保险公司从事辩护业务,这些保险公司反过来也就只请某一家或者某几家律师行为自己代理诉讼。一份费城的研究显示,以全部待审案件而论,其中40%的被告方业务由11家律师行掌握。[67]

相对于原告方律师行业的那些专业协会,被告方律师行业也都有平行组织,但若论公共形象的高大或者集中为单一实体的程度(设有众多地方分支机构),无与美国出庭律师联盟分庭抗礼者。有两家组织值得格外关注。第一家是民事辩护律师公会(DRI-Defence Research and Trial Lawyers Association)*,创立于1960年,号称在律师、保险灾害调查员、保险赔偿理算师、保险公司以及民事诉讼目标被告(如医生、药剂师、工程技术人员、制造商等职业)中拥有1.3万会员。公会的主要政策项目在教育,致力于"增益辩护律师的知识储备,提升辩护律师的技能,改善辩论式诉讼制度"。[68] 公会积极召开研讨会,资助多家研究机构,制作了庞大的辩论意见书卷宗以及一份专家证人目录。除了专题研究及偶尔的立场文件,例如《负责任的改革》(Responsible Reform)[69],公会还办有月刊《辩

---

[66] See Tarr, "Lawyers Collide Over Post-Air-Crash Conduct", Nat. L. J., 4 Nov. 1985.

[67] Mayer, The Lawyer 258 (1966).

* DRI 当为 Defence Research Institute,疑原文遗漏 Institute。——译者注

[68] Encyclopedia of Associations 438 (20th edn. 1986).

[69] DRI, Responsible Reform: A Program to Improve the Liability Reparations System (1969); Responsible Reform: An Update (1972).

护》(For the Defense)。

第二家是国际保险律师协会(International Association of Insurance Counsel),会员 2200 人,都是代表保险公司从事诉讼业务的律师。这家协会赞助若干研究项目,如年度性的为期一周针对年轻出庭律师的培训班,以及法律写作竞赛。最重要的出版物是创办于 1934 年的季刊《保险律师杂志》(Insurance Counsel Journal),主要内容是由专职律师(而非学者)撰写的实务论文,另外还有各业务领域的报告。

三、政治活动

被告方律师业利益集团在立法机关有其强大利益代表,其对议会的影响毫不逊色于对法院的影响。原告方律师行业本身就有很多会员在各级议会担任议员,被告方律师行业则不然,更多地是通过院外游说者将其关切传递给那些同情保守主义事业的议员。被告方律师行业的角色,只要法院本身是保守主义的,主要是抵制旨在扩张责任的自由派改革,例如自由派提出议案主张修改与有过失抗辩、废除主权豁免抗辩等。站在特定利益集团的立场上,被告方律师行业偶尔还会倡议制定保护性立法,例如,代表报刊行业的《公开道歉法》(retraction statutes,诽谤诉讼)[70]*,代表医疗行业的《好撒马利亚人法》[71],代表保险行业的《乘客法》[72]。但近些年,随着自由派法官持续推进落实原告方律师行业的政策项目,双方的战术平衡显著改变。被告方利益集团遂转向立法机关,希望在那里得到更多理解。被告方律师行业在立法领域的姿态随之从防御转为进

---

[70] See Prosser and Keeton, The Law of Torts 845 (5th edn. 1984).

* 依《公开道歉法》,被告人收回诽谤言论、公开认错,得免于或减轻一般损害赔偿。——译者注

[71] 20 世纪 50 年代末到 60 年代初,应美国医学会之请,不少州通过了《好撒马利亚人法》,降低了紧急治疗情形的责任标准。See Mapel and Weigel, "Good Samaritan Laws: Who Needs Them?", 21 S. Tex. L. J. 327 (1981). 美国医学会的另一重大胜利是共同倡议通过《医疗损害赔偿改革法》(MICRA),以应对医疗保险"危机"。参见前文,脚注[40](应为脚注[38]—[39]所在段落相关正文)。

[72] 参见本书第三章脚注[12]。

攻：推翻法院判决或者以其他方法推动制定降低责任风险的立法。前面已提及，控扼惩罚性赔偿金，给非财产损害赔偿金"设限额"，即为这方面的努力。

被告方律师业利益集团本来就是高度异质性的，故视具体事务而定，在政治上代表其利益的盟友也会变化。要说敌视索赔人，只有保险公司在这方面有着持久、稳定的利害关系。但令保险公司懊恼的是，社会公众对保险业并没有很多的信赖、很大的支持，普遍的看法是，若论自私自利，保险业并不在其敌手也就是原告方律师行业之下。保险业在最大化利润上面的利益，一般都认为是牺牲了消费者的利益。是以，在保险业旗号下倡导的改革，不论多么值得称道，都难以摆脱质疑，也就被剥夺了得到公正评判的机会。为了经营公共关系，保险业及其盟友更愿意躲在一些令人有好感的面具背后推进其事业，例如"加州公民侵权法改革委员会"（California Citizens' Committee on Tort Reform）[73]，或者全国性的"美国侵权法改革协会"（American Tort Reform Association）[74]。

被告方律师与其顾客在利害关系上有重叠，但并不总是同生共死。律师业与保险业的重要势力即在某件事务上发生重大分裂，也就是机动车无过错保险制度。

四、机动车无过错保险

如前文提到的，20世纪60年代的侵权法改革运动不会忽视也并未忽视交通事故难题。不论在美国还是在任何其他地方，交通事故都是造成人身伤亡最大的事故类型[75]，全部侵权诉讼中超过半数因此而

---

[73] 1977年提出议程表，名为《维持责任平衡》（Righting the Liability Balance）。
[74] Nat. L. J., 3 Feb. 1986.
[75] 1985年，170万人因机动车事故而残疾，4.5万人死亡。据国家安全委员会的报告估计（Accident Facts, 1985），机动车事故总成本为486亿美元，约为全部事故总成本的半数。因事故而死亡的总数为92488人，44452人都与机动车相关。

起[76]。虽说多数改革建议都提交给了自由派法院，很多也得到了贯彻，但即便是最为激进的改革家也不会愿意从根本上重构机动车事故的基本规则[77]，从而与同时期的司法创新，也就是严格产品责任和比较过失（按比例分担）形成鲜明对照。在此情况下，舞台遂由法院转向立法机关，并伴随着惯常角色的戏剧性反转：支持者这回是保险业的重要势力，原告方律师行业倒成了反对方。更为不寻常的是，只有这一次，被告方律师业竟与原告方律师业为了共同事业而携起手来，一起捍卫普通法的辩论式诉讼制度，反对传统老顾客也就是保险业。[78]

针对交通事故在美国引入无过错责任体制，这个倡议可以追溯到20世纪初叶[79]，主要是受工伤赔偿模式以及欧洲早期立法的影响[80]。虽说这些激进方案并未带来任何结果，但若干重大变化正逐渐修正着美国传统的过错体制，趋向于使更大范围的受害人得到更为有效的赔偿。各式责任豁免规则，尤其是婚姻内和家庭内责任的豁免规则在法律上被废除，继而各州乘客法也纷纷被废止（使得乘客有了索赔的资格[81]），这些都拓宽了受害人的权利。在这些改革之外，又以比较过失抗辩（按比例分担）取

---

[76] 在加州，1983—1984年，总共97000件侵权诉讼中，55474件涉及机动车事故（Judicial Council of California, *1985 Annual Report* 106），但"争议裁决"（contested dispositions）数量显著下降，1974—1975年为1500件，1982—1983年为909件，1983年为728件。兰德公司的陪审团研究也证实了这个下降趋势，据其数据，20世纪60—80年代，机动车事故案在全部审判中平均占比为48%，但整个趋势是稳步下降的，在70年代末仅为38%。See Shanley & Peterson, *Comparative Justice, Civil Jury Verdicts in San Francisco and Cook Counties, 1959—1980*, 66-69 (1983). 在芝加哥，全部陪审团审判中机动车案件占了66%，在同一时段也呈并不显著的下降趋势。See Peterson and Priest, *The Civil Jury: Trends in Trials and Verdicts, Cook County, Illinois, 1960—1979*, 7(1982).

[77] 参见本书第二章脚注[96]。

[78] 民事辩护律师公会1969年反对引入无过错体制（*Responsible Reform* 32）。1972年，建议减少一般损害赔偿金（general damages），在数额上与必要医疗费用成比例（死亡、截肢、永久残疾、毁容、丧失功能等情形除外）。这个例外清单正对应无过错体制下的门槛。

[79] 最系统性的是所谓1932年哥伦比亚方案，由一个从事机动车事故赔偿研究的委员会提交给哥伦比亚大学研究会（Columbia University Council for Research）。

[80] 德国在1909年引入一套严格责任体制。排除了非财产损害赔偿，并给赔偿金额设置了50万德国马克上限（当时约为25万美元）。See Tunc, *Intern. Encycl. Comp. L.*, vol. xi. ch. 14（交通事故赔偿：法律及建议）。

[81] 参见本书第三章脚注[12]。

代了与有过失抗辩,使得有过失的原告亦得请求一定(减少的)赔偿。[82]

改善了原告命运的不仅有责任法,还有保险法及其实践。有些州制定了强制保险法,不过数量太少,保额亦低,甚至抵御不了通货膨胀的侵蚀,故终不成气候。[83] 其他州则制定了"财务责任法",那些应受惩处的驾驶人,既未投保又不能提供担保的,即吊销其驾驶执照——模板是恶犬伤人的责任规则,法律给了"免费一口"(one free bite)的优待。* 驾驶人没有投保或者驾驶人不明的,并没有官方基金来救济受害人,保险公司遂出面为这些未投保的驾驶人提供保险待遇(offer coverage)[84],允许投保的受害人在应受惩处的加害人并未投保的情形直接向受害人自己的保险公司请求赔付——这是有趣的自由市场解决方案,以应对相当多驾驶人未投保的局面(高过 10%),这些驾驶人相当大比例属于强烈风险偏好类型,由于骇人的事故记录,支付不起昂贵的保险费用。[85]最后,从原则上讲,再也不能因为保单瑕疵(policy infirmities,例如虚假陈述)或者受保人嗣后破产而拒绝给予受害人保险赔付。[86]

因此,不论是法律还是保险业实务,都为改善受害人救济水平做了大量工作,尤其是刚过去的这段时间。相较医疗过失诉讼或者产品责任领域飙升的赔偿金额,机动车事故诉讼中判给的赔偿金额还算是比较温和的,八成是陪审团充分认识到,膨胀的赔偿裁决会带来长期的消极影响,

---

[82] 参见本书第三章脚注[56]。仍有 6 个州保留了传统普通法抗辩(阿拉斯加州、密西西比州、田纳西州、亚利桑那州、印第安纳州、纽约州);这 6 个州都未引入无过错体制,头 3 个州甚至没有引入强制责任保险。

[83] 在无过错立法的浪潮来临前,只有纽约州与北卡罗来纳州规定了强制性第三方保险。伴随无过错计划,有 11 个州推行第三方强制险,中间有几个持传统立场的州如加州。法律要求的保险范围从 1 万美元到 2.5 万美元不等。See US Department of Transportation, *Compensating Auto Accident Victims*, 77 (1985).

* 关于"财务责任法"的相关论述,参见边码第 86 页。狗第一次伤人,原则上狗的主人不必承担责任,盖其并不知晓狗的危险性,是为"一口规则"(one bite rule)。

[84] 共计 49 个州要求提供(此保险待遇),19 个州要求驾驶人购买(此保险),See Rolph, et al., *Automobile Accident Compensation*, vol. iv: *State Rules* 16 (1985). 有些州如加州,现在对保险额不足的驾驶人亦有此要求。纽约州则建立了一笔中央基金,称机动车辆事故补偿公司(Motor Vehicle Accident Indemnity Corp)。

[85] 这个比例从接近零到 30%,加州为 17%,See Rolph, et al., *Automobile Accident Compensation*, vol. iv: *State Rules* 18-19 (1985).

[86] 制定立法,再加上改变保单(Bureau policies)的条款文字,这一点已成功实现。

自己负担的保险费水平也会不断攀高。[87] 不过,相当大比例的索赔人都是可以得到一定赔偿的,可随着伤害程度的加重,赔偿金占全部经济损失的比例却急剧下滑。结果,对微小伤害的赔偿水平往往超过索赔人的经济损失,对灾难性伤害的赔偿却严重不足。[88]

美国的机动车无过错方案,是由(第一方及第三方)事故保险从单纯服务于私人的功能向着发挥公共功能的方向渐进演化过程中有机地发展而成。其模板并非欧洲式的背倚强制保险的严格责任,而是机动车所有权人为防备自身及乘客遭受伤害而购买的第一方保险。[89]* 但不再保持自愿性质,而为强制性质。这个简单的构造有诸多优势。首先,其保险范围既覆盖了第三方当事人,又包括驾驶人—所有权人,而法国近期改革引入的责任模式需要运用的法律工具就过于笨重。[90] 其次,并不需要设立新的官僚机构去管理一个中央基金,而得利用私营保险继续运行。这个特征对于保险市场各部分(segments)来说都很有吸引力,故在政治上甚为可行。最后,第一方模式不论是在象征的层面还是在实质意义上,都切断了与侵权责任的一切联系。这就消灭了(或者至少减轻了)索赔人与保

---

〔87〕 对芝加哥的研究资料显示,在 1975—1979 年间,38%的原告的赔偿金额低于 3000 美元,在 1960—1964 年间为 22%。中位数也稳步下跌,半数不到 5000 美元。原因可能有二:陪审员不那么慷慨了,或者案件类型不同。See Peterson and Priest, *The Civil Jury: Trends in Trials and Verdicts, Cook County, Illinois, 1960—1979*, 54-57 (1982). 旧金山的情况相似,Shanley &. Peterson, *Comparative Justice, Civil Jury Verdicts in San Francisco and Cook Counties, 1959—1980*, 14-16 (1983). 伊利诺斯伊州和加州都是传统侵权法体制,未引入无过错体制。

〔88〕 据美国交通部 1970 年的估计,对于受害人死亡或者严重伤害的情形,47.7%的受害人至少得到部分赔偿,*Economic Consequences of Automobile Accident Injuries* 47 (1970);1977 年一份基于持有机动车保险人口的研究显示,数据为 64%。轻微伤害得到过多赔偿的研究,see Conard et al., *Automobile Accident Costs and Payments*, ch. 5 (1964). 关于保险公司赔偿汽车受害人的金额,1985 年为 244 亿美元,平均每位受害人为 6166 美元, See Kakalik and Pace, *Costs and Compensation Paid in Tort Litigation*, App. D 137-140 (1986).

英国的记录更为糟糕,为 29%。Harris et al., *Compensation and Support for Illness and Injury* 51 (1984); Pearson Report, vol. ii, para. 201 (25%).

〔89〕 多少有些矛盾的地方在于,第二次世界大战后,欧洲(包括英国)在工伤领域以社会保险取代了第三方侵权模式,但就机动车事故保留了侵权体制,美国的经历却正好相反,在工伤领域保留了最早的英国工人赔偿模式,但就机动车事故引入了第一方保险体制。

* 在保险领域,受保人(insured)为第一方当事人,保险公司(insurer)为第二方当事人。受保人遭受伤害而得请求保险公司赔付的,是第一方保险;受保人给他人(第三方)造成损害,由保险公司赔付的,为第三方保险。——译者注

〔90〕 Law of 5 July 1985. see Brousseau, *La Loi Badinter* (1985).

险公司之间的对抗因素。普通责任保险的保险费是基于对他人的潜在风险而设定，第一方保险则基于自身受伤害风险来确定保险费，由这个事实又引出其他可能性。第一方保险更合乎成本效益原则，盖受益人有一定空间选择需要多大的保险范围。比方说，倘受益人已为自己及家人购买了医疗保险或者防范伤残的其他保护措施，即得选择适当免赔额，从而减少保险费用。换言之，得根据［投保人］个体可预见的需求而适当裁剪，［第三方］责任保险则不同，必须覆盖伤害风险而不考虑受害人挣钱多少，自然不利于保险付费人中经济上更困难的群体。但在另外一面，［美国模式］又不得不解决大卡车与小轿车相撞的难题。小轿车更为脆弱，也就不得不承受更大的碰撞成本（保险费），自然有失公平，但已有相应机制来抵消这个不利后果，允许针对大卡车代位主张权利，或者令大卡车承担额外费用（surcharge）。[91]

171　　基顿（Keeton）和奥康奈尔（O'Connell）于1965年出版《为交通事故受害人提供基本保护：机动车保险改革大纲》（*Basic Protection for the Traffic Victim: A Blue Print for Reforming Automobile Insurance*），该书极具启发意义并提供了无过错保险立法模板，随后几年里，美国差不多半数州制定了相关立法。虽说各州立法彼此差异甚大，但得依据特定主要特征将其分类。最重要的区分即在于，有些压制侵权损害赔偿请求，有些不压制。16个州属于第一类，即"排除侵权损害赔偿请求"（no-tort），8个州属于第二类，即"附加［于侵权损害赔偿请求］"（add-on）＊，还有28个州保留了传统侵权责任体制并辅以第三方保险。并没有哪个州像加拿大魁北克省[92]、以色列那样[93]完全废除侵权责任，故责任保险仍然在各地发挥作用。

各式无过错方案的成效如何，是否成功，取决于两个变量的相互作

---

[91] 有7个州创立了基于过错的代位权（subrogation），还有5个州不考虑过错。See US Department of Transportation, *Compensating Auto Accident Victims*, 118-119 (1985).

＊ no-tort 意指保单持有人（及其乘客）只能从其自己的保险人那里得到赔付，依侵权法向加害人请求赔偿的权利受到限制；add-on 意指受保人侵权法上的损害赔偿请求权不受限制。——译者注

[92] See Baudouin, 31 *Rév. Intern. Dr. Comp.* 381 (1979).

[93] See Yadin, 28 *Rév. Intern. Dr. Comp.* 475 (1976).

用:无过错方案的救济水平(level of benefits),受害人在侵权法上请求赔偿必须达到的"门槛"。[94]

第一,无过错方案的救济水平变动很大,比较低的如南卡罗来纳州的 1000 美元、马萨诸塞州和犹他州的 2000 美元,比较高的如密歇根州和新泽西州对医疗费用完全不限制,或者如哥伦比亚特区的 10 万美元、纽约州的 5 万美元。

第二,各州以不同方式采用了三类基本门槛类型。第一类门槛,在排除侵权损害赔偿请求类型的 16 个州,除 3 个州外,都利用了表现在医疗费用上的金钱门槛,少则 500 美元,多则 5000 美元[低于这个门槛的,只得乞援于新体制]。第二类门槛,与伤残天数挂钩。[第三类门槛,]最成功的向来都是"文字"门槛*,例如"永久"或者"严重"残疾、骨折、毁容或者死亡。除 1 个州外,其他州都包含了文字门槛,其中有 3 个州只设了文字门槛。经验研究表明下面两者之间有着明确联系,被门槛阻隔于侵权法体制之外的案件所占的比例,以及赔付给全部受害人(包括侵权损害赔偿请求人)的总体金额(同时,根据通货膨胀调整后,保险费用不增长)。[95]在只设文字门槛的 3 个州,数据显示保险成本较低,若是未引入无过错体制,保险成本当会较高。相反地,若是无过错体制救济水平很高,同时给侵权赔偿请求设的限制不算高,保险费用则大幅上升,逼迫得宾夕法尼亚州于 1984 年彻底废止无过错方案。与之形成鲜明对照,高救济搭配高门槛[96],或者低救济搭配低门槛[97],结果就很"平衡"。

文字门槛带来更为有效的财政约束,纽约州和佛罗里达州的经验证明了此点,这两个州在 20 世纪 70 年代末取消金钱门槛后实现了平衡,引

---

[94] 以下论述主要依据 US Department of Transportation, *Compensating Auto Accident Victims* (1985); Rolph, et al., *Automobile Accident Compensation*, vols. ⅰ-ⅳ (1985).

* "文字"(verbal)门槛这个提法,应是相对于第一类的"数字(金钱)"门槛而言。——译者注

[95] US Department of Transportation, *Compensating Auto Accident Victims* 95-107 (1985). 根据兰德公司的研究,200 美元医疗费的门槛将会排除 48% 的侵权赔偿请求(除去医院费用,新泽西州),500 美元为 60%(包括医院费用,马萨诸塞州),750 美元为 75%(宾夕法尼亚州),密歇根州的纯粹文字门槛为 89%,see Rolph, et al., *Automobile Accident Compensation*, vol. ⅰ, 19 (1985).

[96] 例如纽约州(5 万美元)、明尼苏达州(3 万美元)。

[97] 例如马萨诸塞州(2000 美元)。

人注目。金钱限制的弱点在于,易受通货膨胀侵蚀并诱致虚报医疗费用。很少的州会设置很高的金钱门槛,故无法就下面这个问题得出有把握的结论,即金钱数额是否得为纯粹/排他文字门槛的有效替代。[98] 基于密歇根州、新泽西州这些高救济水平州的数据,可证实下面这个判断,即完全取消侵权损害赔偿请求一定会节省下巨额资金,反过来亦有助于保险费"维持稳定甚至有所降低,哪怕将救济提升到比较高的水平,哪怕在无过错休制下亦给予身心创痛(pain and suffering,身体痛苦与精神创伤)以补偿[,都无碍此判断]"。[99]

在医疗康复费用的救济方面,相较传统侵权法,无过错方案到底效果如何?是不是有更多索赔人得到了一定救济,那些遭受灾难性伤害的人又处境如何?有两份研究关注了头一个问题。[100] 一份研究考察的是针对无过错体制的索赔频次,时间为 1983 年,以每百辆已投保汽车为基准,在排除侵权损害赔偿请求的各州次数为 1.84,在附加于侵权损害赔偿请求的各州为 1.37,而传统各州的数据为 0.92。也就是说,无过错体制下得到一定救济的受害人,大概为侵权法体制下的 2 倍。另外一份 1977 年的研究显示,若引入无过错体制,65% 的机动车受害人会得到一定救济,而据官方 1970 年的数据,过错体制下只有 47.7% 的受害人得到赔偿。

根据 1982 年的估测,就灾难性伤害(花费 10 万美元以上),平均医疗费用为 40.87 万美元。只有密歇根州、新泽西州和宾夕法尼亚州,[新体制]未给医疗费救济设限,故充足够用;其他州,缺口至少在 35 万美元以上。但即便是传统州也会出现这样的短缺,考虑到强制性第三方责任保险的最低限额(minimal limits)即可知晓,这个限额在哪里都不会超过 2.5 万美元,多数 1 万到 1.5 万美元之间。在个别情形,缺口可能不大,盖机动车驾驶人可能自己购买了大额保险或者有其他资产。但过错责任体制的总体表现更为糟糕,盖相当大比例的金钱都用于赔偿非财产损害,从而进一步减少了医疗康复费用。

---

[98] 明尼苏达州的经验是混合的(自 1978 年以来为 4000 美元),但哥伦比亚特区的早期数据是支持这个结论的(1983 年引入 5000 美元界限)。

[99] US Department of Transportation, *Compensating Auto Accident Victims* 105 (1985).

[100] Ibid., 73-78.

正如本小节开头部分提及的，无过错立法提供了难逢的契机，让服务于原被告双方的律师行业得以达成罕见共识，捍卫辩论式诉讼制度那无比宝贵的遗产。虽说被告方律师业总体上乐于见得原告方律师业高举着火把顶在前头对抗那些改革议案，但在维系传统侵权法体制这个事情上，双方着实有着同样重大的经济利害关系。原告方律师业并不那么强烈反对附加性质的立法(add-on statutes)，此类立法将那些低额赔偿请求清理出去，但对受到严重伤害的原告，仍愿帮助其在侵权法上得到赔偿。[101]随着[新体制]救济水平的不断提高而[侵权法体制]门槛愈加苛刻，换言之，随着[新]救济体制更有余裕满足受害人的赔偿需求，原告方律师业的敌意随之增加。有过半数的州从未通过无过错法案(自20世纪70年代中期以来就再没有过)，而在那些通过了此类法案的州，多数州的救济水平和门槛都很低，这个事实反映了原告方律师行业对诸多州的立法机关有着强大影响力。其宣传资料、重心都在提高保险费用，并未考虑通货膨胀，亦未言及无过错方案在谋取"平衡"方面的成功。

虽说被告方律师业仍为过错责任体制的坚定捍卫者[102]，可其老顾客也就是保险业，却为无过错法案供给了主要推动力量。通货膨胀是保险业的主要盟友，在1965—1975年间，医疗费用与汽车修理费用的增长速度远逾平均生活费，使得保险业面临价格过高以致无人问津以及利润减少的险境。一些保险公司仍然坚守信念，认同辩论式诉讼制度的优势，另外一些(尤其是最有势力的)则弃之而去，分别反映了在风险选择(risk selection)问题上的个人主义与集体主义进路。[103] 美国运输部(Department of Transportation)的立场向来是支持引入无过错体制的努力。[104]

---

[101] 根据一份最近的研究，无过错体制下只有10％的索赔人聘请律师申请无过错救济，而侵权诉讼的原告有半数聘请律师，see Rolph, et al., *Automobile Accident Compensation*, vol. i , 24 (1985).

[102] 参见前文，脚注〔78〕。

[103] 最早的改革倡议见美国保险协会《全面人身保护计划》(American Insurance Association, *Complete Personal Protection Plan*, 1968)。美国保险协会是商业集团，包括众多声誉卓著的股份公司，see Ross, *Settled Out of Court*, 274-277 (1970).

[104] 美国运输部应国会之请，就机动车事故难题发表了众多研究成果，并提交了引入无过错方案的大纲，see *Motor Vehicle Crash Losses and Their Compensation in the U. S.* (1971). 最近的后续研究即为 US Department of Transportation, *Compensating Auto Accident Victims* (1985).

第三节　保险赔偿理算师

除了不到5%的微小部分，成功的侵权损害赔偿请求皆是以协商和解告终，而非以司法裁判结案。[105]

公共政策坚定支持和解，盖有利于清理积案，尤其是诸如大多数侵权损害赔偿这样的常规案件。具有讽刺意味的地方在于，是美国司法程序几个极为负面的特征促成了这个可欲的目标。这些负面特征主要有：待审期间拖沓冗长到令人发指，当事人面临的程序复杂而法律陷阱又难以提防，以及法律结果不确定这个陪审团体制的固有特征。英国法院，如前文提到的，坚决反对陪审团参与损害赔偿案件，盖相信司法价目表有利于达成和解。[106]*　其他人则认为，"一般损害赔偿金"（general damages）不确定的金钱价值反有利于促成和解，盖原告都是厌恶/规避风险的。[107]*　这些激励[和解的]因素，是裁判体制的有欠完美无意中造就的，除此之外，审前证据开示和审前会议却是有意地促成当事人和解：证据开示消灭了意外，而法官喜欢利用审前会议哄骗当事人握手言

---

[105] 罗斯发现，某经营人身伤害险的大型保险公司，其"结案"卷宗里的2216件赔偿申请，除了93件，皆未经审判而和解。See Ross, *Settled Out of Court*, 179 (1970). 文献一般都假定，至多5%进入审判程序。据加州司法委员会《1985年年报》数据（*1985 Annual Report*, 118），高级法院在1983—1984年处理的案件，95%在审判前程序结案，3%经过无争议审判（uncontested trial），只有2%经过真正审判。相较1974—1975年的数据，处理的机动车事故案件增长17%，所有人身伤害案件增长28%（ibid., at 116）。

[106] 参见本书第四章脚注[100]。

* 司法价目表（judicial tariffs），是指专业法官审判的好处在于，对什么样的伤害可以得到多少赔偿，法官的立场稳定、连贯。——译者注

[107] 罗斯则将之看作不能达成和解的主要原因，See Ross, *Settled Out of Court*, 163 (1970). 特殊损害赔偿金与一般损害赔偿金的比例，变化很大，see Rolph, et al., *Automobile Accident Compensation*, vols. ⅰ-ⅳ, 20-22 (1985). 虽说普遍认为保险赔偿理算师利用拇指规则/经验规则（rules of thumb），系统研究并未证实任何规律性。

* 此句意思是：若由陪审团来决定判给多少一般损害赔偿金，则很大程度上受陪审团人员构成的影响，立场不稳定、不连贯。——译者注

和。[108] 不论什么样的激励机制,都容易被滥用,当事人接受审判的权利/机会遂受重大阻滞。于是也就豁然开朗,难怪过去数年间,法院文档虽然天翻地覆般巨量增加,结案的(甚至启动的)审判数量却几乎纹丝不动。[109] 我们这个年代的侵权爆炸(倘确有其事),当是侵权损害赔偿请求的爆炸,而不是法院审判的(侵权案件的数量)的爆炸。和解程序与审判程序处于如此势态,是否合乎公众利益(尤其是如下文会阐明的,这很容易扭曲和解程序),值得放开来讨论。[110]

在协商和解过程中,站在被告方这边的主要代理人是保险赔偿理算师。直到保险公司工作人员终于未能独自促成和解,被告方律师才会参与进来。因此,分别代表双方当事人的律师在参与纠纷解决方面有重大差异。成功的索赔人,很大比例都在相当早的阶段就聘请了律师;实在讲,若不聘请律师,很多受害人坚持不下来,或迟或早缴械投降。[111] 此外,还有证据显示,至少在重大伤害情形,法律代理显著提高了受害人得到的赔偿金额,尤其是非财产损害赔偿。[112] 因此,虽说原告方律师夸耀

---

[108] 也有这样的建议(如同英国):倘当事人拒绝和解提议,但后来判决结果尚不如和解提议,该当事人即应负担对方当事人的律师费用[98 FRD 339,361-363(1983)]。美国《联邦民事程序规则》第 68 条只是惩罚性地令这样的当事人负担额外费用,但不会令其负担对方的律师费用。

[109] 从 20 世纪 60 年代早期到 70 年代中期,旧金山平均每年陪审团审判案件有 209 件,此后即一路走低:1978 年为 158 件,1979 年稍高,为 210 件。同期,芝加哥的数据倒是轻微上涨,see Shanley & Peterson, *Comparative Justice, Civil Jury Verdicts in San Francisco and Cook Counties, 1959—1980*, 19-20 (1983)。

[110] See Alschuler, "Mediation With a Mugger: The Shortage of Adjudicative Services and the Need for a Two-Tier Trial System in Civil Cases", 99 *Harv. L. Rev.* 1808 (1986). See also Fiss, "Against Settlement" 93 *Yale L. J.* 1093 (1984). 该文将民事诉讼中的和解等同于刑事诉讼中的控辩交易,并认为在效果上对于弱势当事人具有很大的压迫性。另外,不确定性对于律师—顾客关系的压力,see Rosenthal, *Lawyer and Client: Who's in Charge?* ch. 3 (1974, 1977)。

[111] 例如,对纽约的研究发现,若有代理人,得到保险理赔的比例为 90%,否则仅为 65%。See Franklin, Chanin & Mark, "Accidents, Money, and the Law: A Study of the Economics of Personal Injury Litigation", 61 *Colum. L. Rev.* 1, 13, 42 (1961)。

[112] 据罗斯的样本调查,1601 位索赔人没有律师代理(参见脚注[105],共计 2216 件——译者注)。律师代理显著影响得到的救济金额,会高出 5 倍到 20 倍。See Ross, *Settled Out of Court*, 193 (1970)。这个调查结果毫无疑问反映了律师挑选顾客的现实,律师挑选顾客起到了守门人的作用。故可知道,律师代理更可能出现在至少是中度伤害的案件中(ibid., 193-198。另见本书第六章脚注[166])。即便考虑到律师费用,一般而言,顾客聘请律师也是值得的。Ibid.; Rolph, et al., *Automobile Accident Compensation*, vol. I, 24-26 (1985)。

自己为"出庭律师",实则多数功夫都花在了和解协商而不是法院审判厅上。而对手主要是保险赔偿理算师,并不属于被告方律师行业。

协商程序的格式塔(Gestalt)迥异于裁判。协商程序的目标是要与对手达成协议,故大肆宣讲自己的诉讼理由可要注意,必须伴以妥协的愿望。虽说是"在法律的影子下"谈判协商[113],但结果也不可避免会受到其他力量的影响,例如谈判力量的相对平衡、对待风险的不同态度,以及不确定性和实际审判的成本。劳伦斯·罗斯(Laurence Ross)于其一流研究著作《庭外和解》(Settled Out of Court)中细致描述、分析了整个程序及各个玩家。[114] 有几个显著特征,对于本书的重要主题有着直接影响,应予格外重视。

应该说,保险赔偿理算师基本上属于保守派,多数保险理算师都更喜欢辩护方角色而不是原告律师身份,处理每一桩索赔请求时都怀抱着挫败这请求或者能少给就少给的念头。倘若遇上尚未聘请律师的索赔人,保险理算师的目标便是劝阻其聘请律师,但一般会提议赔付索赔人的实际支出(out-of-pocket expenses)。[115] 倘若有律师出面代表索赔人,双方的赌注顿时大变,游戏规则亦随之而变。[116]

索赔人是否有律师代理并不是唯一的影响因素。首先是来自组织的压力,这压力源于保险理算师的监督管理层级体制,督促着尽快结案。磋商谈判要耗费成本,若是损害赔偿请求额度本来较小,花费太多时间磋商也只能节省下金钱寥寥,很不划算,故以迅速给付为上;受害人的索赔请

---

[113] "在法律的影子下",这个短语纵使不是姆努金、科恩豪泽发明的,也是这两人的著作使之流行开来的:Mnookin and Kornhauser, "Bargaining in the Shadow of the Law: The Case of Divorce", 88 *Yale L. J.* 950 (1979)。裁判程序以法律规范为基础,协商程序并不那么依赖法律规范,但协商程序也并不就是纯粹的讨价还价而完全不受法律规范影响。第三个替代方案是只有胜诉原告可以请求赔偿律师费用,详细讨论可参见 Leubsdorf, "Recovering Attorney Fees as Damages", 38 *Rutgers L. Rev.* 439 (1986)。

[114] 参见前文,脚注[103]。相关的经济分析,see Alan E. Friedman, Note, "An Analysis of Settlement", 22 *Stan. L. Rev.* 67 (1969)。相当的英国文献,see Phillips and Hawkins, "Some Economic Aspects of the Settlement Process: A Study of Personal Injury Claims", 39 *Mod. L. Rev.* 497 (1976)。

[115] See Alan E. Friedman, Note, "An Analysis of Settlement", 22 *Stan. L. Rev.* 166-172 (1969)。

[116] Ibid., 133.

求遂多得以满足,不必将是非曲直调查到毫发毕现的程度。保险理算师的成功率是依据结案数量来评判的。

其次是"危险"(danger)因素与"扰乱"(nuisance)因素。责任事宜或许远未厘清,可损害程度已经在催促当事人妥协、和解。倘所受损害很严重,如前提及,陪审团也会相应地对受害人抱有更大同情。[117] 这反过来增加了损害赔偿请求的"危险价值"(danger value)。[118] 另外,普通的损害赔偿请求还有"扰乱价值"(nuisance value),大概比较少的保险理算师愿意公开承认,也就是前面提到的迅速结案的压力。最为突出的就是在[汽车]碰撞以及其他财产损害案件的索赔金额理算过程中,尤其在损害赔偿请求很小的情形,往往并未核实损害即付讫结案。[119]

但在另外一面,协商动态过程也包含着对索赔人不利的影响因素。索赔人自己也并不确定,走审判程序能否胜诉(又能判给多少赔偿),从而给和解协议打了折扣。是以,除事实极为明晰的少数案件外,总体而言,索赔人得到的和解赔偿会低于、往往还是显著低于有利的陪审团裁断可能给予的金额(当然,是在不可预知的将来)。前文曾提及,小额案件得到的赔偿往往还会高过实际经济损失,而请求赔偿的金额越高,缺口也就越大。[120] 前种情形的原因在于,在较低的赔偿水平上,平行利益以及非财产损害赔偿金的效果相应地会更大一些。后种情形的原因倒并不是出在协商程序上,而是被告人机动车一方购买的保险,普遍都设置了较低的赔付额度(low limits)。出于后文将会细加阐述的理由,保险赔偿理算师背负沉重压力,在保险额度内接受和解提议;超过这个保险额度,索赔人一般一无所获,除非割开其他更深的口袋。

其他令索赔人折损的因素有,等待审判的时间相当漫长以及普通的索赔人多为厌恶/规避风险类型。司法处置民事赔偿诉求的程序延宕,是

---

[117] 参见本书第四章脚注[41]。
[118] See Ross, *Settled Out of Court*, 199-204 (1970).
[119] Ibid., 204-211 (1970).
[120] 参见前文,脚注[88]。

美国司法体制众所周知的顽疾。[121] 以洛杉矶为例,从递交民事诉状到开庭审判的中位时长,1942 年还不过四个半月,1982 年已延伸到 41 个半月。[122] 即便在小城镇,30 个月的等待时间已是家常便饭。这样的程序延宕几乎总是有利于被告方。此外,民事程序的延宕会逼迫受害人以低于诉讼请求的金额尽早和解,而损害赔偿请求的数额越高,延宕的这个逼迫效应就越大,对那些受到最严重伤害的索赔人极为不利。这也就帮助解释了,何以大额损失相对来说得不到充分赔偿。再有,数据表明,延宕与判给的金额(应当还有主张的金额),两者之间强烈负相关。[123] * 世人一向谴责保险公司,以人为延宕这样的制度性手段来充分利用受到严重伤害的索赔人那脆弱的处境,保险公司由此得到额外好处:在此期间得从投资的资金中得到收益,还可以看着索赔人随着时间流逝力不能支,难以坚持到赢得民事审判。有个局部的纠正措施,也就是废除普通法上的一条旧规则,这条规则反对就未确定数额的损害赔偿金判给迟延利息。英国和若干英联邦法域已引入这样的改革[124],美国各州似动作不大[125]。显然,漫长的等候队列造成了法院裁判服务的定量配给(rationing),表达着

---

[121] See Rosenberg and Sovern, "Delay and Dynamics of Injury Litigation", 59 *Colum. L. Rev.* 1115 (1959); Zeisel, Kalven, and Buchholz, *Delay in Court* (1959).

[122] Selvin and Ebener, *Managing the Unmanageable: A History of Civil Delay in the Los Angeles Superior Court* 17 (1984).

[123] See Ross, *Settled Out of Court*, 64-66 (1970). 赔偿金额在 1000 美元及以下的,68%在 1 年内结案,85%在 2 年内结案。但赔偿金额在 3000 美元以上的,1 年内结案的只占 20%,2 年内结案的占 40%。有律师代理的,显著延长了平均等待时间,部分原因在于有代理的案件更为复杂。Rolph, et al., *Automobile Accident Compensation*, vol. i, 24-26 (1985)。

* 这一句表达得似乎不够准确,应该说,延宕越久,折损越大。——译者注

[124] *McGregor on Damages*, ch. 14 (14th edn. 1980); Luntz, *Assessment of Damages*, §11.02 (2nd edn. 1983).

迟延利息或损害利息(prejudgment interest),是指以损害赔偿金的方式判决支付的迟延利息,例如因迟延支付在违约或侵权之诉中已判决应向原告支付的金钱而产生的利息赔偿。薛波主编:《元照英美法词典》,法律出版社 2003 年版,第 1079 页。

未确定数额损害赔偿金(unliquidated damages),是指损害赔偿已经裁定或判决而成立,但其数额未能以某一固定公式加以确定,须由法官或陪审团根据案件的全部情况、当事人的行为,甚或其主观意见或估计而予自由酌定。亦指非由当事人先约定数额之损害赔偿金,尤指违约损害赔偿金。薛波主编:《元照英美法词典》,法律出版社 2003 年版,第 1385 页。——译者注

[125] See Fleming, "Tort Damages for Loss of Future Earnings", 34 *Am. J. Comp. L.* (Suppl.) 141, 155 (1986).

对原告明目张胆的偏见。

最后但也不能低估的是索赔人和保险公司对待风险的不同态度。受害人一般都是风险规避型的,保险公司则是风险中立型的。和解是以确知的一笔金额来代替不确知的胜诉可能性。诉讼除了意味着好些额外成本,还意味着赌博,可能全盘输掉。[126] 因此对原告来说,一切皆在未知状态,就看那骰子的一掷。此外,诉讼同样会深刻影响原告的律师,从而加倍放大了诉讼给原告方带来的压力;原告律师乃是最为厌恶诉讼之人,盖原告律师不但要承担审判成本(不论审判结果如何),酬金也取决于拿到多少赔偿。[127] 与之相较,保险公司可以心平气和地在确定性与赌博之间权衡取舍。每件个案都不过是众多之一,成本分摊到所有案件中。此外,保险理算师于结果并无个人利害关系;当然,有不少保险理算师似乎更偏向司法裁判,而不愿意因为同意了要支付大笔金钱的和解协议而在行业圈子里背负污名。[128]

可虽说考虑到这些负面压力,格外引人注目的事实却是,大多数索赔请求都得到了一定保险赔付。针对纽约汽车事故的一份调查显示,1957年,向保险公司请求赔偿的全部受害人中84%得到了一定给付[129];根据另外一份研究,针对某大型保险公司的全部第三方责任请求,索赔人方面成功率为66%[130]。显然,即便是那些并不掌握坚实证据的索赔人,若是上了法庭本来十有八九会输掉官司的,却也受益于侵权法良多。这就解释了何以在还没有引入比较过失的时候,也仍有相当大比例的机动车事

---

[126] See Ross, *Settled Out of Court*, 214 (1970).
[127] 参见本书第六章脚注〔66〕。
[128] See Ross, *Settled Out of Court*, 221 (1970).
[129] Franklin, Chanin & Mark, "Accidents, Money, and the Law: A Study of the Economics of Personal Injury Litigation", 61 *Colum. L. Rev.* 1, 13 (1961). 但保险公司是否愿意和解,差异很大。罗森塔尔认为,22.9%的保险公司往往达成和解"比较快"(reasonably early),42.9%"比较迟"(reasonably late),12%"总是不讲道理"(never reasonable), see Rosenthal, *Lawyer and Client: Who's in Charge?* ch. 3 (1974, 1977).
[130] See Ross, *Settled Out of Court*, 182 (1970). 罗斯的统计数据揭示了这个事实,责任规则自然强烈影响处理结果,但远远不具有决定意义:386 件据判断应承担责任的索赔请求,91%实际得到赔付;232 件据判断不应承担责任的索赔请求,34%得到赔付,但数额较少;168 件判断起来比较模糊的索赔请求,80%得到赔付,赔付数额大致相当于第一类案件(ibid., at 183-184)。

故受害人成功得到了一定救济,这主要托了和解的福,而不是陪审团裁断的功劳。不过,两者发挥着同样的功能,也就是区分实际运行的法与书本上的法。在交通事故造成严重伤害的情形,95%甚至以上的索赔案件中,实际运行中的法律都表现出了支持赔付的强烈偏好,这个事实可以驱散两点普遍的误解:一是关于侵权损害赔偿请求的成功率,二是保险公司在赔付受害人方面的实际表现。很多自由派法官都坚信,保险公司千方百计地不肯履行赔付义务,可以看到这样的大系统是如何冷酷无情、花样百出,可这虚浮的印象很大程度上都是由于不了解市场力量的强大,正是这股力量控制着纠纷解决的协商程序。下面将会描述保险公司改善保险实践的政策项目,而这些工作应以适才认定的事实为依据来评判。

一、诚信和解之一

对保险公司口诛笔伐的那些活动,主要指向两个目标。[其一,]立法机关费心尽力,要将原告方律师行业组织在自由派法院那里收获的成果击退回去,原告方律师行业组织为了报复立法机关的努力,遂试图引入更为有效的措施来控制保险行业,也就是要求保险公司公布其财务状况,以及由州的保险专员来管控保险费用事宜。[13] 依这些组织的立场,所谓保险危机,要说罪魁祸首,与其说是侵权法的过度膨胀,还不如说是事故伤害保险行业的贪婪及管理不善。[其二,]更有杀伤力的是司法机关对保险实务的打击,意图在于培育对待索赔人更为顺从的态度。关键手段在保险公司的诚信条款(covenant of good faith)。

前文提及,在美国,第三方机动车责任险的强制保险范围都设有限

---

[13] 西弗吉尼亚州早在1986年就要求责任险的承保人"恰当考虑"(due consideration)每个投保人过去的损失记录,公开账簿,解释保险费是如何确定的。据报道,5家全国性保险公司立即通知客户解除合同。*Wall St. J.*, 15 Apr. 1986, p. 6.

就保险费规制,并无统一规则。好多州甚至都不要求将保险费提交给州保险专员备案。一般而言,保险费的规制,过去更重视充足(rate adequacy),而不是公平(rate equity),但现在有些州力图压低费率, see Rolph, et al., *Automobile Accident Compensation*, vol. i , 20-23 (1985).

额,这个限额一般都设得很低,如 1.5 万/3 万美元。[132] 不管通货膨胀多么厉害,这个限额都没有更新过,而且也不会考虑当下因实质性伤害而发生的医疗费用以及丧失的工资收入,限额并未与此挂钩。更有甚者,太多的机动车所有权人虽然面临着高达 6 位数或 7 位数的责任风险,也不肯花钱拓宽其保险范围。[现在要讨论的是,]倘若索赔人在保险限额内提出了和解建议,保险公司拒绝了该提议,而保险公司的顾客也就是受保人在稍后的民事诉讼中被判处承担侵权责任,赔偿金额竟高于保险限额,那么保险公司应受何等惩罚?只要可能得到的赔偿金额及诉讼成本高过保险范围,保险公司自然受到强大的激励去争取和解,保险公司滥权行为/不诚信行为(abuse)的可能性首先也就因此而受到控制。除此之外,依很多州仍然遵循的传统思路[133],只有证明保险公司恶意拒绝和解(malicious refusal),从而违反了默示诚信条款,保险公司方就超出部分承担损害赔偿责任。

加州最高法院在改革保险实践的运动中发起第一轮攻击,[在一件指导性判例中]判决,诚信条款要求[保险公司]为了顾客利益尽到合理注意,故以过失取代恶意,充任恰当标准。[134] 诚然,往前迈进一步,令保险公司为其做出的是否接受和解提议的决定承担绝对风险,从而解决保险公司不可避免的利益冲突问题,看起来甚为合理。[135] 但真正给了这件判决杀伤力的,实则在于损害赔偿金的评判标准。

第一,原告的补偿性损害赔偿金,评判标准是[陪审团]裁断的金额,而不是原告(可能较少的)真实损失,考虑到该案原告给侵权诉讼的胜诉方拿去强制执行的财产价值是那么微薄。在这件指导性判例中,原告[克里希]也就是一套公寓楼的所有权人被一位房客[迪梅尔]告上法庭,这位

---

[132] 这是指每位索赔人的保险额度为 1.5 万,每起事故的保险额度为 3 万。口语往往称"15 和 30"。加州是在 1967 年设定这个保险额度,每天的住院费用为 65 美元,今天为 1000 美元以上。

[133] See Keeton, *Manual of Insurance Law* 510-11 (1971); also annot. 40 ALR 2d 168 (1955).

[134] *Crisci v. Security Insurance Co.*, 66 Cal. 2d 425, 426 P. 2d 173 (1967).

[135] Ibid., at 431, 426 P. 2d at 173 (Peters J.). 若是拒绝保险赔付(denial of coverage),而不是拒绝和解提议,那责任性质就是严格责任,保险公司要看其利益所在。

房客[迪梅尔]在室外楼梯受伤,就其身体及精神伤害请求 40 万美元赔偿。原告[克里希]持有被告保险公司签发的 1 万美元一般责任险保险单,尽管因果链条两端的医学证据都很充足,保险公司仍拒绝赔付精神损害赔偿请求。房客[迪梅尔]先是要求赔付 1 万美元,又降到 9000 美元,皆为保险公司拒绝;当然,受保人也就是公寓楼所有权人[克里希]只愿意赔付 2500 美元[,但保险公司的立场非由其决定]。[在随后的侵权诉讼中,]陪审团裁断赔偿 10 万美元,保险公司支付了 1 万美元,公寓楼最终被拿去强制执行,以履行该案判决。公寓楼所有权人[克里希]转而起诉保险公司并胜诉,但得到的赔偿并不是被执行财产的价值,而是判给房客[迪梅尔]的赔偿金减去 1 万美元。虽说这个评判标准在逻辑上可能并不那么牢靠[136],但法院如此操作显然意在惠及侵权诉讼的原告[迪梅尔],当然,其并非契约当事人。从此以后,受保人将其针对保险公司的请求权转让给侵权诉讼的原告遂为惯常运作,一般来说,都回报以允诺在将来的责任诉讼中与后者[受让人也就是侵权诉讼的原告]合作。[137] 虽说这样的安排显然容易诱致串通行为而牺牲保险公司利益,法院也并未追究盘问。[138] *

第二,法院还增加了另外的激励机制,也就是准许赔偿精神上的极度

---

[136] See Keeton, *Manual of Insurance Law* 514-520 (1971). 有学者支持判决采纳的赔偿评判标准,理由是,倘以可扣押财产的价值(leviable assets)来确定责任大小,可能激励保险公司更体贴富裕的投保人而冷落贫穷的投保人。See Diana C. White, "Liability Insurers and Third-Party Claimants: The Limits of Duty", 48 *U. Chi. L. Rev.* 125, 130-131 (1981).

[137] 对"过度责任"(excess liability,对超过保单金额赔偿款的责任)的赔偿请求,性质为契约法上的请求,故可让与(加州法律不允许人身损害赔偿请求权的让与)。对精神伤害的赔偿请求权不得让与。See annot. 12 ALR 3d 1158.

[138] 恶例(*pessimum exemplum*)如 Samson v. Transamerica Insurance Co., 30 Cal. 3d 220, 636 P. 2d 32, 178 Cal. Rptr. 343 (1981). 所谓的玛丽·卡特协议(Mary Carter agreement)更进一步,约定从他人那里得到给付的,和解侵权人的责任按比例减少(参见后文,脚注〔142〕)。

* 玛丽·卡特协议源于 1967 年的布斯诉玛丽·卡特油漆公司案(Booth v. Mary Carter Paint Co.),适用于原告和部分被告(不是所有被告)间达成的任何协议。据此协议可减轻达成协议的被告的经济责任,其减轻的数额是可变的,往往同原告从没有达成协议的被告处获得的赔偿额成反比。在美国某些州,此类协议违反公共政策而无效,但在另一些州,只要已向陪审团披露即被允许。参见薛波主编:《元照英美法词典》,法律出版社 2003 年版,第 898 页。——译者注

痛苦(emotional distress)。法院以反向逻辑(从结论到前提)论证说，"恶意"违反契约构成侵权，而无论如何，契约的目的都在于保护受允诺人(promisee)不使其担心挂怀，此类赔偿[指精神损害赔偿]对于违反契约[的责任]在例外情形也是合适的。此后，这个结论又得到强化：只要证明有意识地忽视(conscious disregard)顾客利益，即得判给额外的惩罚赔偿金。[139] 由于这个大富矿的收益很大程度上是与最初的侵权行为受害人共享的，故让人好奇的是，这位受害人的律师该不会宁愿保险公司拒绝受害人方面的和解提议并期盼着陪审团实质裁断，而不是在较低的保险额度内接受和解提议吧。[140]

第三，加州最高法院将直接侵权损害赔偿请求权一并赋予受保人以及受害人(也就是侵权诉讼的原告)，前述拜占庭式的复杂司法操作才终告结束。推动者是美国保险专员协会(National Association of Insurance Commissioners)，依据则为《保险法典》中禁止各种不公平索赔操作的概括规定，包括"在责任已经相当清晰的情形，未能秉持诚信原则，推动就索赔请求快速达成公平、公正的和解方案"[141]。不论是反对在禁止令(cease and desist orders)明确规定的情形之外针对损害赔偿事宜认可第三方当事人诉因(third-party cause of action)，还是反对仅仅依据违反义务(violation)即得请求损害赔偿，法院皆予拒斥。法院唯一的让步在于，受害人必须首先尝试专门针对受保人请求损害赔偿，而后方会处理这样的直接请求。

---

[139] e.g. *Neal v. Farmers Insurance Exchange*, 21 Cal. 3d 910, 582 P. 2d. 980 (1978) (150万美元，减半；尽管原告律师行为严重不端，仍得到支持)。有好几个州跟上，see 85 ALR 3d 1211 (1978)。恶意规则(bad faith formula)已成为"特洛伊木马"，即便没有不讲诚信的行为(abusive behaviour)，也引入惩罚性赔偿金。期待陪审团将两者区分清楚，实在是苛求。但加州最高法院在其激进年代，留下了不纠正原告方有利的陪审团裁断(plaintiffs' verdicts)的记录。

[140] 原告律师寄交"恶意"(bad faith)函件，附上在保险限额内的和解提议，已为常规操作。

[141] *Royal Globe Ins. Co. v. Superior Court*, 23 Cal. 3d 880, 592 P. 2d 329 (1979); *Pray v. Foremost Ins.*, 767 F. 2d 1329 (9th Cir. 1985) (虽说陪审裁断远低于被拒绝了的和解提议，法院仍令负责任)；但参见 *Sych v. Ins. Co. of N. America*, 173 Cal. App 3d 321, 220 Cal. Rptr. 692 (倘原告对侵权人的主张不成功，不负责任)。西弗吉尼亚州和蒙大拿州从之；佛罗里达州法律肯定了一个具体的诉讼原因。就制定法上惩罚措施的概况，see 33 ALR 4th 579 (1984)。

少有其他州到现在还受着蒙蔽,采纳针对保险公司的极具强制性的措施,从而付出模糊契约与侵权传统界限的代价。[142][前面所述的]这些发展可能被宣传拔得很高,说是对推动和解实务产生深刻且有益的影响,但反过来,对于伴随着所谓保险危机而来的保费的节节攀升,同样出了一份力。纵得到更多救济(benefits),其成本最终还是不得不由付出的(benefiting)公众来承担。不那么激烈的替代方案也是有的。最有希望的(下文将讨论),大概就是替换掉惩罚性赔偿金,令强项不屈的保险公司承担合理的[原告]律师费用。[143]

二、诚信和解之二

但在另外一个对和解有"诚信"要求的场合,原告及其律师的热情就小多了。法律对诚信的要求会将大量的行业策略、伦理规范等事宜公之于众,值得放在最后讨论。

这里涉及的是,在侵权人为数人的场合,与其中一人达成和解且和解金额低于责任份额(undervalue settlement),这样的和解法律效果如何。很多州遵循1956年《统一侵权人责任分摊法》(Uniform Contribution Among Tortfeasors Act)的立场,只要和解本身合乎诚信要求,达成和解的责任人即彻底摆脱出来,再不受将来责任事宜的纠缠,包括其他责任人不得再要求其分担。此外,其他责任人免受原告追究的,仅限于原告通过和解拿到的赔偿额,而不是分配到该和解责任人头上的过错份额。是以,像这样和解金额低于责任份额的和解,风险并不在原告这边,而全在未参与和解的其他责任人那边。

这个方案的各个侧面也就是和解责任人不必再卷入责任分担而其他

---

[142] e.g. A & E Supply Co. v. Nationwide Mutual Fire Ins. Co., 798 F. 2d 669 (4th Cir. 1986),该案不仅拒绝示范保险法典的第三方赔偿请求权,也不赞成惩罚赔偿金情形主张对方恶意行为的赔偿请求权(bad-faith claim)。对第三方赔偿请求权的详细批评,see Diana C. White, "Liability Insurers and Third-Party Claimants: The Limits of Duty", 48 U. Chi. L. Rev. 125, 134-156 (1981).

[143] See Curtis, "Damages Measurements for Bad Faith Breach of Contract: An Economic Analysis", 39 Stan. L. Rev. 161 (1986).

责任人仅仅是就和解金额免去责任负担,都甚有道理,盖促进和解合乎更大的社会利益。可这样的和解方案并未将全部责任人纳入,又将和解责任人从将来的诉讼中彻底解脱出来,亦难免遭受质疑。从公平角度看,要么令和解责任人承担风险(就像英国法那样,就其全部责任份额仍要负分担责任[144]),要么令原告承担风险(可以自由决定是接受还是拒绝和解提议),难道不是更为公道吗? 在这个场合,原告方律师行业坚决维持现状,推动原告与那些并不财大气粗的责任人快速达成和解,通常是以最低额度保单的价值为和解金额。对和解可以提出的最低要求是,和解协议应以"诚信"态度对待其他责任人,也就是说,应该反映和解人的责任及资产的假定份额(presumptive share),如此,这个和解协议方在诸多共同侵权人之间有其效力。但即便这一点也长期未获承认,遂使"诚信"要求沦为具文,直到最近,才有判决捍卫了这个最低保护措施,令原告方面大为惊慌。[145]

现行规则对于原告方面是颇为有利的,不仅仅在于给原告方面配备了武器,使其得以坚持对其他责任人的漫长诉讼,更重要的在于,这个已达成的和解在旁威胁,遂成为强有力的诱引机制,催促着那些深口袋被告人也赶紧和解。和解发挥的这个作用,虽往往被批评为温和的勒索(mild blackmail),但本身仍当值得肯定。吸引力稍低但却普遍的做法是,和解责任人必须允诺配合原告,帮助原告向其他共同侵权人主张权利,如此方能得到豁免待遇。最不道德的形式就是所谓"玛丽·卡特协议"[146],依此等协议,倘若原告人在针对其他责任人的诉讼中最终得到的判决金额超过特定门槛,那么依和解协议应予给付的金额将相应浮动减少。有权机关并未以违反公共政策为由而断然宣布此类协议不法,淋漓尽致地表明了原告方律师行业在立法机关、法院以及律师行业组织内部的强大影响力。为了最大限度克制此类滥权行为/不诚信行为(abuse),在有些州,最常用的办法是要求将此类协议披露给陪审团,认为这样得使陪审团防备伪证。[147]

---

[144] *Harper v. Gray* [1985] 1 WLR 1196.

[145] *Tech-Bill v. Woodward Clyde*, 38 Cal. 3d 488, 698 P. 2d 159 (1985).

[146] See Comment, "Mary Carter Agreements: Unfair and Unnecessary", 32 *Sw. L. J.* 779 (1978).

[147] e.g. Cal. Code Civ. Proc. § 877.5.

考虑到这些弊病，统一州法委员会放弃了旧模式，支持新规则，即和解人的全部假定份额，都要从其他责任人应给付的赔偿金中扣减。[148] *这是重要的又一步，也就更靠近将每个当事人的责任都限定于其过错份额的理想目标。但不同于对"连带责任"规则的修订，在传统的组织化团体那里（包括保险公司），[新规则]并没有什么天然的院外活动集团。在这里，为了克服原告方律师行业树大根深的利益，必须依靠被告方律师行业以及致力于法律改革的民间团体。

---

[148] Uniform Comparative Fault Act § 6.

* 统一州法律委员全国会议（National Conference of Commissioners on Uniform State Laws），旨在促进各州法律统一的组织，起草各种法律供各州采纳。该组织成立于1892年，由来自50个州的代表组成。目前已起草了200多件统一性法律，包括《统一商法典》在内。参见薛波主编：《元照英美法词典》，法律出版社2003年版，第945页。——译者注

第六章
法律成本

□ 第一节 费用转移规则

美国之外的多数国家都通行这样的基本规则,也就是败诉方当事人不仅必须支付自己的法律成本,还要负担胜诉方当事人的法律成本,这个成本除了法庭费用(court fees),还包括律师费用。[1] 在欧洲,这样的规则得追溯至帝国晚期的罗马法[2],英国法同样遵循此规则,只是源头甚为模糊[3]。但就细节而论,各国差异甚大,诸如下列事宜:裁量权的授予,基于欺诈、无理缠讼、[恶意]迟延或者其他不当行为,或者基于贫穷[等事由]而设置的例外。有些国家由官方管制法律费用事宜;有些国家如英国,费用由律师与顾客自由商定,不过,胜诉方向败诉方当事人追索律师费的,应经法院官员审定。[4]

---

[1] See Pfennigstorf, "The European Experience with Attorney Fee Shifting", 47 *Law & Contemp. Prob.* 37 (1984)(对12个国家的介绍和分析)。

[2] 最常引用的格言"败诉方承担胜诉方的费用"(*victum victori esse condemnandum*),出自《优士丁尼法典》(Justinian's Codex 3.1.13.6)。

[3] See Goodhart, "Costs", 38 *Yale L. J.* 849 (1929), reprinted in *Essays in Jurisprudence and Common Law*, ch. 10 (1930). 很早就见于《格罗塞斯特法》(Statute of Gloucester, 1275)。

[4] 依美国《最高法院规则》[RSC Ord. 62, Rule 28(2)],自1986年以来,只要是"合理承担"(reasonably incurred)的费用(以前的表述是"必要或合适的费用"),全部都可以追偿。尽管如此,"对造法律费用"(party and party cost)往往达不到"律师及当事人的讼费"(solicitor and own client cost)。就此而言,胜诉方当事人仍要自行负担部分律师费,如同美国立场。See Jackson, *The Machinery of Justice in England* (6th edn., 1972) 419-421. 所以,胜诉原告仍有可能[自担费用],如果被告没有财产,哪怕后者得到法律援助。See *Royal Commission on Legal Services* §13.60 and .61 (1979, Cmnd. 7648).

虽说(或者应该说是正因为)费用转移规则的基本模式已是如此年深日久、根深蒂固,[故]极少遭受质疑。学说上提出来的各式正当化理由[却]并不完全一致,而当今时代可以观察到的一股趋势,也就是更多考虑一些个别化因素,包括出于社会政策而鼓励某些类型的诉讼同时阻遏另外一些类型的诉讼,令这个问题更为复杂。[为何法律允许]将损失转移给败诉方当事人,最为普通的理论解说是,如此方得使胜诉方当事人"完好无损"(whole),而力度稍逊几分的说法是,这是为了惩罚不法行为人。第一条解释路径表达的理念是,不论以原告还是被告身份,倘不得不乞援于诉讼以主张自己的法律权利,都应使其得到完全赔偿,而不该令其赔钱。第二条解释路径认为,当事人将站不住脚的案件提交给法院,自然应受谴责,倘若出于不良动机而滥用司法体制,就更不可原宥。值得注意的是,一般都以为费用转移规则理当发挥威慑效果,遏止诉讼膨胀,这个思路向来未起主要作用。可以从两个事实来解释此点:一是马上要考察的美国模式,从来都未曾被当作严肃的替代思路;二是阻遏不必要的诉讼也算不得是对欧洲规则的重要支持。另外,呼应当代的平等观念,倘若[保障人民]得到司法救济的权利(access to justice)[这个理念]应得到更大支持,法律援助或者法律费用保险则更有利于实现目标。〔5〕*

---

〔5〕关于法律援助,see Cappelletti and Garth, eds., *Access to Justice* (1978);Jackson, *Machinery of Justice in England* (7th edn., 1977) 439-450;关于法律费用保险(legal expense insurance),see Pfennigstorf, *Legal Expense Insurance: The European Experience in Financing Legal Services* (1975)。

* 法律费用保险,又称法律保护保险(legal protection insurance),或简称法律保险(legal insurance),这种保险为当事人提供法律咨询服务,承保解决纠纷的法律成本,不管是投保人提起诉讼还是被诉,以此帮助当事人寻求司法救济。依有些国家的规则,保险公司可以代表投保人参与诉讼外甚至诉讼中的活动。维基百科:https://en.wikipedia.org/wiki/Legal_expenses_insurance,2020年4月4日访问。——译者注

□ 第二节　美国规则

依"美国规则"[6]，任何一方当事人都要承担自己的律师费用，不能向败诉方当事人追偿。美国规则是在19世纪上半叶以多少有些模棱两可的方式出现的。[7] 在殖民时代，事实上在此后相当长的时间里，律师费用事宜都是由制定法规制。这些制定法既规定律师可以向顾客收取多少费用，也规定[胜诉方当事人]可以向败诉方当事人追索哪些费用。这些做法与英国颇为类似，只不过英国的费用标准非由法定，而依交易习惯。随着时间的推移，美国律师开始在法定标准之上收取费用，最初尚伪饰为礼物，逐渐演化为公开做法。官方收费表不能与时俱行，而将法律费用当作损害赔偿金来赔偿的做法又如昙花一现，很快即为法律禁止，于是，向顾客收取的费用与可以从对手那里追索的费用之间拉开了差距。如某位历史学家所说，美国规则"遂从双方达成的大致妥协中孕育而生。律师得到了向其顾客收取高额费用的权利，但不得向对方当事人追索成本的限制仍保留下来，以这痕迹象征着旧规制路径的存在"[8]。1848年纽约州的《菲尔德民事诉讼法》[9]*，1853年颁布的旨在于全部联邦法院

---

[6] "美国规则"(American Rule)这个说法出自：Goodhart，"Costs" 38 *Yale L. J.* 849 (1929)，后为美国最高法院判决书援引，See *Alyeska Pipeline Co. v. Wilderness Society*，421 US 240，270 (1975)。在美国，只有阿拉斯加州采纳了欧洲偏袒胜诉方的费用转移规则(但阿拉斯加州认可胜诉酬金安排)，see Note，"Award of Attorney's Fees in Alaska"，4 *UCLA-Alaska Law Rev.* 129 (1974)。而在世界范围内，遵循美国规则的大国只有日本，但日本又设有重大例外，即侵权诉讼适用费用转移规则。See Kojima and Taniguchi，"Access to Justice in Japan"，in Cappelletti and Garth, eds.，*Access to Justice*，vol. I, at 704-705 (1978)。

[7] See Leubsdorf，"Toward a History of the American Rule on Attorney Fee Recovery"，47 *Law & Contemp. Prob.* 9 (1984)。

[8] Ibid., at 16.

[9] 1848 *NY Laws* 258.

* 《菲尔德法典》(也即《菲尔德民事诉讼法》——译者注)在1848年由达维德·达德利·菲尔德(David Dudley Field)起草，为最早的纽约法典，旨在简化民事诉讼程序。后该法典成为其他各州民事诉讼法典和规则的典范。参见薛波主编：《元照英美法词典》，法律出版社2003年版，第550页。——译者注

推行统一规则的联邦制定法[10],都肯定了这个理解。

或许正是由于其模棱两可的性质与源起,甚至都未曾需要费力解释,美国规则自然而然地就被接受了。在占据主导地位的"形式主义"(formalistic)法律文化背景下[11],这条规则既然代表着立法政策,那就足够了。最近更有新的声音捍卫这条规则立场,这声音来自企业利益集团;发现自己正越来越频繁地成为民事诉讼的标靶,企业界遂成功地将费用转移规则污蔑为"充公/没收敌方财产"(confiscatory)。19世纪后半叶成为美国规则的全盛时期。可到了世纪尾声,虽说法院还在支持这条规则,立法机关却突然对之发起攻击。

立法机关介入此领域的举动颇富有革新精神,背后的主导目的在于,以[得追索]律师费为奖赏,鼓励私法的落实(enforcement),从而推进一些经过拣选的社会政策。1870年的投票权立法,1887年的州际商业法,1890年的谢尔曼反托拉斯法,皆为适例。最近几十年,不论在联邦还是州的层面,这个趋势都在急剧加速,已经发展到了今日例外近乎全面压倒原则的地步。[12] 尤为醒目的,还要数这股趋势在公共利益诉讼领域的频繁体现。[13] 例如,追索律师费的权利已经延伸及于全部民权

---

[10] Now 28 USC §§ 1920-4.

[11] See White, *Tort Law in America*, 31-56 (1980); Horwitz, *The Transformation of American Law*, 1780 to 1860, 253-266 (1977).

[12] 联邦的制定法清单,可见于布伦南法官异议判决的附件:*Marek v. Chesny*, 105 S. Ct. 3012, 3036-39 (1985). Note, "State Attorney Fee Shifting Statutes: Are We Quietly Repealing the American Rule?", 47 *Law & Contemp. Prob.* 321 (1984) (搜集各州立法信息并加分析,总计不少于1974件,多者如加州146件,少者如北卡罗来纳州2件,自20世纪60年代以来总体呈飞速攀升态势)。固定收费标准的讨论,see Berger, "Compensation Formulas for Court Awarded Attorney Fees", 47 *Law & Contemp. Prob.* 249 (1984); id., "Court Awarded Attorneys' Fees: What is 'Reasonable'?", 126 *U. Pa. L. Rev.* 281 (1977).

[13] See Percival and Miller, "The Role of Attorney Fee Shifting in Public Interest Litigation", 47 *Law & Contemp. Prob.* 233 (1984).

诉讼。[14] 就行政政策（administrative policy）的落实事宜，私人个体或者团体对政府机构提起诉讼的（公民诉讼，起诉人本身不必遭受人身伤害），依据无数的其他制定法，政府竟然要为这些矛头指向自己的诉讼提供"补贴"（subsidizes）。[15]* 在加州，极端激进的最高法院扮演了传统的立法机关角色，[于塞拉诺第三案]凭空创造出"私家检察长"（private attorney-general）规则，以支持在公共利益诉讼中判给法律费用，当事人提起此类诉讼，纯粹是为了维护那些"坚固的或者有重大社会意义的公共政策"。[16] 就在此前的[塞拉诺第二案]诉讼中，原告得到了法院的有利裁决，认定加州公立学校财政体系违反了州宪法的平等权利条款。[17]* 此后，一件制定法将私家检察长规则成文化，同时扩张其适用范围，不限于

---

[14] Civil Rights Attorney's Fees Awards Act of 1976，42 USC §1988. See Note, "Promoting the Vindication of Civil Rights Through the Attorney's Fees Awards Act"，80 Colum. L. Rev. 346（1980）. 费用不必如胜诉酬金安排那般与损害赔偿金的多寡成比例，盖这部法律的颁布（民权律师费用补偿法），仅仅是因为私人市场不足：City of Riverside v. Rivera, 106 S. Ct. 2686（1986）. 这部法律并不排斥胜诉酬金契约，但在确定此类服务的市场价时，就其重要性却并无一致意见，see Hamner v. Rios（9th Cir. 1985）769 F. 2d 1404；Kirchoff v. Flynn（7th Cir. 1986）786 F. 2d 320；76 ALR Fed. 347（1986）（搜集众多案例）. See Breger, "Compensation Formulas for Court Awarded Attorney Fee"，47 Law & Contemp. Prob. 249（1984）.

[15] See Fein, "Citizen Suit Attorney Fee Shifting Awards: A Critical Examination of Government-'Subsidized' Litigation"，47 Law & Contemp. Prob. 211（1984）. 依《司法平等法》（Equal Access to Justice Act），在涉及个人或者小企业的诉讼或者行政程序中，只要政府的立场并不"实质正当（substantially justified）"，即应承担对方当事人的律师费用。这些制定法否定了美国最高法院判例的立场，See Alyeska Pipeline Co. v. Wilderness Society［421 US 240，270（1975）］. 只要原告没有在**全部**事项上败诉，即得判给律师费用，See Ruckelshaus v. Sierra Club, 463 US 680, 684（1983）.

* 实质上是正当的（substantially justified），是指在《司法平等法》的意义上，如果政府主张自己的诉讼立场实质上正当，则必须证明其立场具有合理事实和法律上根据。依该法及其1985年修正案，如果政府能证明其立场在实质上正当，则可免于承担胜诉的对方当事人的律师费，为此，必须证明其立场不仅仅勉强合理，而是明显合理，具有良好的事实和法律根据，该根据即使不是必定正确的，但也是可靠的。参见薛波主编：《元照英美法词典》，法律出版社2003年版，第1304页。——译者注

[16] Serrano v. Priest（Serrano III），20 Cal. 3d 25, 569 P. 2d 1303（1977）. 美国最高法院明确否定这条规则，斥为"全无依据"（erroneous），盖无制定法授权。Alyeska Pipeline Co. v. Wilderness Society, 421 US 390, 270, n. 46（1975）.

[17] Serrano v. Priest（Serrano II），18 Cal. 3d 728, 557 P. 2d 929（1976）.

* 具体案情是原告塞拉诺的孩子在加州公立学校读书，被告普里斯特时任加州财长，经过三次诉讼，以罗马数字排序。——译者注

宪法权利,亦及于捍卫成文法所赋予之权利的诉讼。[18]

[除了立法创设的例外,]本着公共利益,司法机关也在两个场合认可了费用转移规则,即"执拗"例外与"共同基金"(common fund)例外。第一,败诉方当事人在审判之前或者整个审判过程中,出于过错执拗而为(guilty of obdurate conduct),为司法效率计,胜诉方当事人得向其追索律师费。[19] 第二,若是律师为了一群受益人,就某笔基金的创立与维持立下汗马功劳,即有权利为其付出的劳务自该笔基金得到回报。这套理论早在19世纪80年代即得到认可[20],其对美国规则**自由放任**(*laissez-faire*)基石的冒犯,并不会多过无所不在的契约费用条款。* 这套理论主要在两个领域发挥重大作用:一个是少数派股东针对公司管理层提起的派生诉讼[21];另外一个是集体诉讼,在以大规模诉讼落实法律的场合,律师费用规则一般起到辅弼作用(adjunct)。[22]

值得注意的是,在以上全部情形(主要是立法规定的例外),费用转移规则都是单方面的,只允许原告向被告追索律师费,反之就不行。而更为常用的还是法院创造的一些例外,例如无理缠讼(vexatious litigation)、恶意拖延(abusive delay)等,旨在促进司法系统的健康运转,此际追索则

---

[18] Cal. Code Civ. Proc. §1021.5. see *Woodland Hills Residents Assn. v. Los Angeles*, 23 Cal. 3d 917, 593 P. 2d 200 (1979)(使制定法的立场与塞拉诺第三案保持一致)。

[19] See annot. 49 ALR 4th 825 (1986).

[20] *Trustees v. Greenough*, 105 US 527 (1881). See Dawson, "Lawyers and Involuntary Clients: Attorney Fees from Funds", 87 *Harv. L. Rev.* 1597 (1974); ibid., "Lawyers and Involuntary Clients in Public Interest Litigation", 88 *Harv. L. Rev.* 849 (1975).

* 依美国规则,打官司的成本由当事人自己负担,是否卷入诉讼,当事人要自己考虑成本收益,故作者称,"自由放任(放任主义、不干涉主义)"是美国规则的基础。虽有些例外,但不会动摇根本。——译者注

[21] See Hornstein, "The Counsel Fee in Stockholder's Derivative Suits", 39 *Colum. L. Rev.* 784 (1939).

[22] See Kalven and Rosenfield, "The Contemporary Function of the Class Suit", 8 *U. Chi. L. Rev.* 684, 715-16 (1941). ("费用对集体诉讼的影响极为重大。律师应群体中部分人之请而提供服务的,倘胜诉,即有权利以整个群体的全部赔偿请求为基础来请求费用。引人注意的事情在于,虽然费用可能金额巨大、令人侧目,也只是正当的劳务报酬。将一起小案子演变为一件大案子自然格外合乎律师的立场,但得到大笔酬劳依据的原则却是清楚明白的。一旦确定集体诉讼成立且所有人都能得到救济,就必然得出结论,这位胜诉律师提供的服务对集体所有人都具有同等价值。律师得到大笔费用是因为提供了巨大服务,倘若只是依据最初的律师—顾客协议来确定其酬劳,集体的其他人势必会不当得利。")

为双向,一般是为了沮抑诉讼。与此形成鲜明对照,现代立法对费用转移规则的创造性使用,多数目的[23]却在于,为捍卫公共权利或者公共利益提供激励机制,以推动更多地提起此类诉讼。[24]而那些从事传统侵权诉讼或者违约诉讼业务的律师,就并不需要这些新颖的援助,盖其支应的顾客,大体上付得起越来越昂贵的法律服务。也正是在这些传统领域,美国规则甚少遭受质疑。

对美国规则的评价

很长时间以来,美国规则似乎被看作理所当然之事,为其寻找正当理由几乎是多此一举。偶尔有些意见表达出来,也往往彼此抵牾,而且总是印象主义的想当然。"最初的评论家都倾向于将诉讼看作恶事(evil),但要说美国规则是鼓励了还是沮抑了这恶事,却众说纷纭。后来的作家强调鼓励那些值得尊敬的当事人,但要说美国规则是推动了还是妨碍了这个目标实现,同样意见不一。"[25]

目前流行的各种评价皆是出于直觉,相当典型的就是美国最高法院的下述议论:

> 说到对美国规则的支持,向来的主张是,诉讼就其本质而言包含着不确定,故不能因为某人启动了诉讼或者起而辩护即令之遭受惩罚,而且,若是对败诉当事人的惩罚包括令其承担对方当事人的律师费用,穷人很可能为之气沮,不敢奔赴法院捍卫自己的权利,何其不公也哉……再者说,到底何者构成合理律师费用,要将这个问题争辩清楚也需要花费大量时间、金钱,还要克服内在的证明困难,所有

---

[23] 比较少见的是,有些制定法中的费用转移规则是为了支持胜诉方当事人,而不论其为原告还是被告,如版权法与专利权法。对这个方法的例外使用可见于1977年《佛罗里达州医疗过失责任法》,目的是抑制不合理诉讼,以应对医疗保险危机,但后来被取代,代之以更为常用的给胜诉酬金设限额的方法。参见本书第三章脚注[36]。

[24] See Zemans, "Fee Shifting and the Implementation of Public Policy", 47 *Law & Contemp. Prob.* 187 (1984).

[25] Leubsdorf, "Toward a History of the American Rule on Attorney Fee Recovery", 47 *Law & Contemp. Prob.* 28 (1984).

这些都会令司法行政承受巨大负担。[26]

近来的研究有些以经济分析为支撑,一直在考察替代费用规则对诉讼行为的影响,理论上更具分量。[27] 这些研究表明,图景远远比印象主义评价所揭示的更为复杂;诚然,太多的偶然性在这里纠缠,事实上使得任何言之凿凿的预测都显得苍白乏力。[28]

下面讨论替代费用规则对于当事人[是否]决定提起诉讼的影响。依美国人的普遍看法,正如前引美国最高法院的议论所证实的,英国规则让穷人气沮,不敢去主张权利,甚为不公,有违民主之义。但古德哈特好多年前就挑战了这个假说。[29] 古德哈特认为,只有如印度那般(英国法却并非如此)[30]提供了担保方得启动诉讼的,才可认为穷人处于不利境地,盖于不名一文之人而言,[对]败诉[的担忧]甚至都没有机会去发挥其沮抑诉讼的效应。恰恰相反,[在单向费用转移规则情形,]真正处于不利境地的乃是富裕的被告人,盖被告人若是败诉,就不得不负担原告的法律费用,胜诉了却无从要求于原告。此外,[在美国规则情形,]富裕的美国被告人可以将贫穷的原告拖到筋疲力尽,或者迫使贫穷的原告接受不公平的和解方案,盖被告人并不面临承受沉重额外成本的风险。

[相较于前面的富人,]倘若当事人属中等收入阶层,影响又将如何？英国规则可同时发挥激励和沮抑效应,都是美国规则付诸阙如的:倘辩护成功(successful defence,应非特指被告人),有可能要求对方承担百分百的律师费用,但因为可能要为对方当事人的法律费用承担责任,损失风险

---

[26] *Fleischmann Corp v. Maier Brewing Co.*, 386 US 714, 718 (1967).

[27] See Rowe, "Predicting the Effects of Attorney Fee Shifting", 47 *Law & Contemp. Prob.* 139 (1984) (披阅大量文献,极大增进读者对此问题的理解).

[28] "在双向规则下,有太多交错效果与因素——胜诉方可能追索自己付出的律师费用带来的激励效果,败诉方可能要为对方的律师费用承担责任带来的沮抑效果,风险规避或者不介意风险——要说美国规则和英国规则对于潜在原告提起诉讼的可能性到底会产生怎样的总体效果,**一般性的预测几乎不可能。**" Rowe, "Predicting the Effects of Attorney Fee Shifting", 47 *Law & Contemp. Prob.* 147 (1984).

[29] See Goodhart, "Costs",38 *Yale L. J.* 874-6 (1929), reprinted in *Essays in Jurisprudence and Common Law*, ch. 10 (1930).

[30] 依印度的诉讼费用法,要收取10%的从价费用(*ad valorem* fees)。See Court-Fees Act (Ⅶ of 1870)。

也显著增加了。[31] 两者结合后的净效果如何并不确定,但总体而言,似乎更有可能沮抑当事人坚持不懈地去主张权利、奋力抗辩,盖中等收入阶层的潜在当事人十有八九都是风险规避型,而富裕的诉讼常客往往风险中立。

但要说到费用转移规则对于和解前景的影响,可能更容易预测。和解前景取决于双方当事人之间的"谈判跨度"(bargaining span)。[32] 倘引入费用转移规则,这个规则内在的不确定性可能会拉大这个跨度,故美国规则当更有利于提高和解机会。中产阶层典型的风险规避特征更会增强这个力量:拉大缺口(gap,当指跨度),焦虑愈甚。波斯纳也猜测,这或许提供了线索,帮助解释何以英国会遵循费用转移规则,美国却没有。[33] 盖英国法院更为僵硬地坚持遵循先例原则,又不采纳陪审团审判,使得诉讼结果更好预测,更容易避免错误预测。但司法体制越是接近于不好预测,就越少通过惩罚错误预测来服务于经济目的。还可以补充说,越是接近结局(如在多数上诉中),像英国人那样的普遍看法,即赔偿胜诉方当事人[的律师费用]乃是公平律令的要求,就越发可疑。

截至目前的讨论,一直假设只在两个替代方案间选择:一个是双向费用转移规则,另一个是所谓美国规则即"当事人自己承担"(each litigant for himself)。但前面已经碰到一个变体,也就是胜诉原告的单向费用转移规则,意在鼓励原告积极主张权利,不必承受任何起抵消效果的损失风险。而下面要格外关注的是另外一种对侵权诉讼无比重要的变体:胜诉酬金。

▫ 第三节　胜诉酬金

在美国的侵权诉讼中,原告的律师费几乎一成不变地以附条件形式

---

[31] Rowe, "Predicting the Effects of Attorney Fee Shifting", 47 *Law & Contemp. Prob.* 153 (1984).

[32] 参见本书第五章脚注[101](此注有误,似应为第五章第三节——译者注)。

[33] Posner, *Economic Analysis of Law* (2nd edn. 1977) 452-453.

确定。[34] 倘原告胜诉，原告律师即能获得报酬，一般是依所得赔偿金的一定比例确定，比如说 1/3；倘原告败诉，原告律师即一无所获。在英国及多数其他国家，会认为这样的胜诉酬金安排有悖道德甚至不法，构成帮讼。[35] 这样的鄙夷态度很大程度是历史造成的。诉讼投机之备受谴责，得从两方面来理解：这是中世纪时权贵热衷的恶行，是用于"压迫的机器"（engine of oppression）[36]；如同抽彩、高利贷或者一切其他形式的赌博，这是败坏名誉的丑事。这尤其与古罗马传统下的律师做派格格不入。这些律师自命为绅士及公共利益的斗士而不是商人，莫要说拿自己客户的财产当生意做，甚至不能为了酬金而起诉客户。[37]

直到进入 19 世纪，美国律师行业都还流行着如此这般的高标风气。但由于律师费用管制措施在美国独立后没多久即告崩溃，伴随着律师与顾客间其他各种自由商定费用形式，胜诉酬金安排亦悄然浮现。[38] 逐渐地，胜诉酬金安排和雇主责任案件建立了最为稳固的联系，律师一般是代表贫穷的顾客。上层律师行业则对此类费用协议颇为鄙夷。托马斯·库利（Thomas Cooley），法官兼教授，几部杰出侵权法及宪法教材的作者[39]，认为胜诉酬金安排不过就是"彩票"而已，"让陪审团体制陷入了受

---

〔34〕 See MacKinnon, *Contingent Fees for Legal Services* (*A Report of the American Bar Foundation*) (1964).

〔35〕 依 1967 年《刑法》，唆诉（maintenance）、帮讼（champerty）在英国已除罪化，但仍为不法且不可诉请执行；1974 年《律师法》第 59 条第 2 款 b 项。See *Wallersteiner v. Moir* (*No. 2*), 〔1975〕QB 373 (C. A.)；参见后文，脚注〔71〕—〔76〕。一般论述，see Zander, *Lawyers and the Public Interest*, 115-120 (1968). 德国的情况参见 BGHZ 22, 162 (1956) and BGHZ 44, 183 (1965)（美国律师与德国客户签订胜诉酬金契约且以美国法为准据法的，在德国法上是否得认为违反公序良俗，从而依《德国民法施行法》第 30 条而不得强制执行，或者与德国国内法不相容）。

〔36〕 Blackstone, *Commentaries on the Laws of England*, Ⅳ, 135.

〔37〕 在英国，直到今天律师都还不能为自己的服务费用起诉，但英联邦国家不再普遍接受这个立场。

〔38〕 Leubsdorf, "Toward a History of the American Rule on Attorney Fee Recovery", 47 *Law & Contemp. Prob.* 16 (1984). 该文援引了 1835 年、1840 年的案例以及《丹尼尔·韦伯斯特论文集》，补充说，"有些律师早在此前就已经引入了胜诉酬金安排，从赔款中分得杯羹，绕过法律对律师费用的规制"。

〔39〕 托马斯·库利（1824—1898），密歇根大学法学院的创办教授（1859 年），曾担任密歇根州最高法院法官（1864—1885）。库利所著侵权法教材于 1879 年出版。See Johnson and Malone, *Dictionary of American Biography*, vol iv., 392-393 (1943).

鄙视的境地",并促成了"集聚的资本与一般社区之间的敌对情绪"[40]。虽有这样的批评,待到 1881 年,胜诉酬金安排已"差不多成为行业普遍惯例",纵使"前辈名流"(elder lights)抗议不断,亦无济于事。[41] 一段时间后,在雇主责任案件中,工伤赔偿制度连同其固定费率安排取代了胜诉酬金的地位[,但这不过是小插曲]。当今社会,不论侵权诉讼的规模还是判给赔偿金的体量,都呈爆炸般增长,这些必然反映为出庭律师行业社会声望的相应提升,而堪称出庭律师行业盾徽的胜诉酬金安排,地位自然水涨船高。[42] 诚然,胜诉酬金安排已经从侵权诉讼和民权诉讼,扩张及于征用(eminent domain,为公共利益而征用财产)、破产、收债(debt collection),甚至企业收购案件,而且在集团诉讼场合以及依据其他一些关于费用转移的制定法,法院判给偶然性的奖金(contingency bonuses,指律师费)也已经很普遍。[43]

一、初始效应

"美国规则"对律师费从胜诉方向败诉方转移的规则持基本反对立场,胜诉酬金安排亦无从置身事外。胜诉酬金安排对[美国]主体规则所为之修改,不过是在原告与其律师之间稍事特殊安排。倘原告败诉,即免除其向自己律师支付费用的义务,遂将败诉风险从原告转移给了原告律师。原告自应为如此优待自己的安排开价,表现为若是胜诉应该支付的律师费奖金。

若说胜诉酬金安排的正当性何在,通常所举的理由是为原告寻求司法

---

[40] Cited Friedman, *A History of American Law* 423 (1973).
[41] A Note in 13 *Cent. L. J.* 381 (1981)(三位要人受邀发表意见,都反对惯例做法).
[42] 美国律师协会《职业责任示范守则》(Model Code of Professional Responsibility, 1969)、《律师职业行为示范规则》(Model Rules of Professional Conduct, 1983)早就认可了胜诉酬金安排。
[43] See Leubsdorf, "The Contingency Factor in Attorney Fee Awards", 90 *Yale L. J.* 473 (1981),该文批评了司法实践中在是否判给律师费这个问题上各行其是的做法。关于《佛罗里达州医疗过失责任法》下的一个有趣例子,see *Fla. Patient's Comp. Fund v. Rowe*[472 So. 2d 1145 (1985)];关于橙剂案的高额赔偿,see *In re "Agent Orange" Products Liability Litigation*, 611 F. Supp. 1223 (1985).

救济大开方便之门,再不必顾虑自己的经济状况。前面讨论美国规则时,强调了风险规避对于中等收入阶层决定是否起诉尤为重要,并认为总体而言,在激励起诉这个方面,美国规则相较费用转移规则来说略微占优。[44] 胜诉酬金安排将害怕败诉这个阻遏因素从潜在原告那里移除了,从而剧烈改变了美国规则与费用转移规则之间的平衡关系。而且胜诉酬金安排还有着对应设计,即胜诉原告得到的赔偿金额将相应予以减少,就此而言,胜诉酬金安排充分彰显了自己的风险厌恶偏好。考虑到美国气质偏爱冒险,往往拿来与过分关注安全的欧洲风格相对照,胜诉酬金安排[偏偏扎根于美国]多少显得有些似非而是、让人失笑。

当然,若是从承担了败诉风险的律师的角度看,这规则可就完全不同了。律师扮演了企业家的角色:赢了,就赚"一大笔";输了,就将时间浪费。这位律师的前景说起来还算好的,想想其他国家代理贫穷顾客的律师,因为没有法律援助,实际上也是在赌官司打赢,而且纵使赌赢了期待的结果,也没有相应的额外奖金。因此,当潜在原告找到了美国律师,美国律师的头等大事就是考察这件案子是否值得冒险。也就是说,这位律师要计算这件案子的价值,有可能拿到多少赔偿金,再依失败的可能性来打个折扣。赔偿金越多,律师拿到的报酬也越多。从司法实务的角度看,伤情越重,受害人越有可能找律师接下案子;实际上也更有可能找到业务相应更为熟练的律师。[45]

可若是想当然地认为,既然普遍将这套制度理解为用来促进较低收入阶层的福利,很可能就局限于这个客户群体了,但这却并不合乎实情。事实上,多数律师选择以这种附条件方式提供服务时,并不考虑客户的财

---

[44] 参见前文,脚注[31][对应的正文]。

[45] See *Roa v. Lodi Medical Group*, 37 Cal. 3d 920, 935; 695 P. 2d 164, 174 (1985). 持异议的伯德法官说,(未加限制的)胜诉酬金安排给高质量的法律辩护工作提供了必要的激励机制,在疑难案件例如医疗纠纷中,这是格外需要的。

富多寡,只要预期回报高过小时费率下的收入即可。[46]

一方面,律师以这种方式来"分摊风险"(risk-pooling)。虽说每件案子都要承担小的风险,可从长期来看,收入不确定的总体风险就相当低了。律师在这里很像是保险人。另一方面,律师又扮演了"司阍"(gate-keeper)角色,担负着掌控诉讼规模的重要社会职责,这是律师逐利追求带来的意外收获。在法律援助制度下,需要专门行政机关或者独立专业组织来筛查申请,以便确定哪些申请有着合乎情理的成功机会。倘潜在原告并不合乎受援助条件,必须自己决定是否冒险打官司。不论哪种情形,都会倾向于保守的选择。与此相反,胜诉酬金制度欢迎的是自由经营(free enterprise),要求律师自为非官僚化决定。这套设计包含着内在激励机制,纵使希望渺茫的赔偿请求(尤其在潜在回报很高的场合),亦敢冒险一试。这个激励机制对于侵权法发展的长期效果,稍后将予考察。

在美国与加拿大之外,胜诉酬金安排从未吸引到追随者[47],倒是被责备为有悖伦理或者违反公序良俗[48],实在是因为多数的局外观察家,向来对之抱持一系列的负面看法。毫无疑问,有些反对意见更多是受传统影响,而不是经过审慎分析得到的结论;还有些反对意见也不是立足于意识形态,而是基于这套机制的运行经验,可能会生出强化控制的要求,甚至在其最坚固的堡垒美国也是如此。

最直言不讳的反对意见是针对普遍的看法,以为胜诉的出庭律师得到了过度的意外之财(windfalls)。虽说各家契约条款并不完全一致,但普遍是按 $33\frac{1}{3}\%$ 的标准收取律师费。有些依据诉讼在哪个阶段结束而

---

[46] 美国律师协会《职业责任示范守则》仍规定,"倘顾客有能力支付合理的固定费用(fixed fee),律师原则上应拒绝其提出的附条件付费要求。"(EC2-20)1981年新版本的《律师职业行为示范规则》未包含这样的限制条件(Rule 1.5)。

2%—6%的个人原告、12%—15%的机构原告,按小时费率付费;1%—2%(的原告)支付固定费用(flat fee)。See Kakalik and Pace, *Costs and Compensation Paid in Tort Litigation* 37, 96 (1986)。

[47] See Williston, "The Contingent Fee in Canada", 6 *Alb. L. Rev.* 184 (1968); Kritzer, "Fee Arrangements and Fee Shifting: Lessons from the Experience in Ontario", 47 *Law & Contemp. Prob.* 125 (1984); Grant, "Contingency Fees", 1980 *NZLJ* 334.

[48] 参见前文,脚注[35]。

设定为上升的浮动标准,从诉前和解阶段的25%到上诉阶段的50%;还有些针对损害赔偿请求的各具体类型分别规定计价标准,比如说,医疗责任或者产品责任案件按50%收费。[49] 这些案件风险更大,需要更强的业务能力、付出更多努力,故而费率更高。[50]

对胜诉酬金安排很平常的抱怨是认为这些费率有失公平。[51] 但这个抽象主张对胜诉酬金安排的指控并不成立。盖每件案子依据的都不是费率本身,而是在个案中,律师在业务技能及辛苦工作方面的付出与律师最终争取得到的赔偿金额,两者之间具体的比例关系。这里的问题在于,是什么的33⅓%或50%? 公众关注的总是数百万美元的裁决,此际律师费看起来[似乎]太过头了。诚然,现实往往如此:1985年,鹏斯石油公司(Pennzoil)与德士古石油公司(Texaco)竞争收购格蒂石油公司(Getty Oil),德士古石油公司因干涉他人契约,被判处赔偿10亿美元,据报道,胜诉酬金高达2亿美元[52];而在曼维尔公司(Manville Corporation)破产案中,石棉受害人的代理律师从破产和解协议中拿到1亿美元[53]。此类案件或许得拿来为依据,主张胜诉酬金应受控制,但并不必然否定胜诉酬金安排本身。[54] 虽说近年来巨额赔偿案件的数量倍蓰增长,但多数侵权诉讼中,陪审团裁断(或法院裁决)或者当事人和解达成的赔偿金额还是相当适度的。实际上,原告的法律费用与被告的法律费用不会相差太远;至少在常规案件(如交通事故)中,原告律师若是也按被告律师

---

[49] 医疗责任案件50%得不到赔偿,机动车事故案件则只有20%得不到赔偿。California Auditor-General, *The Medical Malpractice Insurance Crisis in California* 28 (1975). Franklin, Chanin and Mark, "Accidents, Money, and the Law: A Study of the Economics of Personal Injury Litigation", 61 *Colum. L. Rev.* 1, 13 (1961).

[50] 参见前文,脚注[43],基于同样模式的司法裁判。

[51] See MacKinnon, *Contingent Fees for Legal Services* (*A Report of the American Bar Foundation*), ch. 9 ("the Fairness of Contingent Fees") (1964).

[52] *Wall St. J.* 21 Nov. 1985, p. 2 col. 3.

[53] Ibid., 9 Dec. 1985.

[54] 佛罗里达州法院有件案子,当事人商定的胜诉酬金比例为40%,计500万美元。法院依据《医疗过失责任法》的费用转移规则,只认可150万美元为合理律师费,令被告人承担。*Florida Medical Center v. Von Stetina*, 436 So. 2d 1022 (1983).

的小时费率来计酬,并不会挣得更多。[55] 最后,其他法律体制下的一些收费设计,劳务与费用间没有任何关联,比如在英国要为产权转让(conveyances)支付费用[56],还有些欧陆国家依"诉争标的"(object in dispute)的比例为一切法律工作支付费用[57],[如此不公平的设计]不也得忍受吗?

当然,滥用行为是可能的。理论上讲,偶尔得到的意外之财实为对律师[在]那些失败案件[中付出之劳动]迟到的补偿。从这个角度看,胜诉原告支付的不仅是自己的法律成本,还包括律师那些败诉顾客的法律成本。就众多原告这个群体来讲,似乎更愿意在败诉时不必支付法律费用,那么以交易而论,原告若是胜诉,就必须支付更多。不幸的是,倘若律师都只肯接手胜诉可能性大、回报高的案子,拒不服务其他人,那么这个交易模式就会严重偏离正轨。但事实上这算不得大问题,越是那些前景莫测的案子、轰动一时的案子,越是有知名律师你争我夺地要在法庭上出人头地。此外,律师行业里的激烈竞争,对当事人更为有利;本来过了某个边际点,胜诉的希望已甚渺茫,再要鼓动官司已不合乎公共利益,也总会有法庭斗士敢于一搏。

对滥用行为的种种抱怨,终于使得[相关方面]引入了一些规制措施。[58] 总体来说,行业团体的自愿行动向来效果不佳,盖在多数州,行业

---

[55] 依据威斯康星州的一份研究[Kakalik and Pace, *Costs and Compensation Paid in Tort Litigation*, App. D 137-140 (1986)],机动车事故案件中,原告方面的平均法律费用为 3000 美元(1978 年价格),计 55 个小时工作量,被告方面则为 1900 美元,30 个小时工作量。前者平均为每小时 54.5 美元,后者平均为每小时 63 美元。法律费用与总成本的比例也很一致:在非交通事故案件中,被告方面的比例为 18%,原告为 20%;在交通事故案件中,分别为 13%和 24%。

[56] See Jackson, *Machinery of Justice in England* (7th edn., 1977) 515-526; Zander, *Lawyers and the Public Interest*, ch. 9 (1968); Abel-Smith and Stevens, *Lawyers and the Courts*, ch. 14 (1967).

[57] See Kaplan, Von Mehren, and Schaefer, "Phases of German Civil Procedure", 71 *Harv. L. Rev.* at 1461-1470 (1958); Suhr, "Legal Fees in Germany", *Int'l Bar J.* May 1979, p. 18.

[58] See Report of Defense Research Committee, IAIC, "A Study of Contingent Fees in the Prosecution of Personal Injury Claims", 33 *Ins. Couns. J.* 197 (1966).

团体并无任何有效惩戒手段,会员身份就是自愿的。[59]* 此外,各律师协会推荐的最高额度(maximum scales),概无例外地会变为最低额度(minimum scales)。在少数州,法院终于介入。比方说,纽约州让律师在两个方案中选择:要么是 33⅓% 的固定费率,要么是浮动费率表,最初的 1000 美元按 50% 收费,接着走低,直到 2.5 万美元以上的部分按 25% 收费。[60] 其他州则遵循工伤赔偿模式,在若干领域以制定法形式设定费用界限,如医疗责任案件[61],或者针对政府的诉讼[62];在医疗责任场合,是为了减轻责任保险成本,在后一场合,大概是为了沮抑全无把握的投机诉讼。针对这些制定法,颇有人主张顾客聘请律师的权利受到侵害,并基于宪法正当程序条款而提出合宪性异议,但这些制定法概无例外得到法院支持。[63]

另外的抱怨在于,胜诉酬金安排容易造成律师[与顾客的]利益冲突。

---

[59] 美国律师协会《职业伦理规范》只是概括地要求,费用"考虑到案件全部情况,包括风险与赔偿的不确定性,应是合理的"(ABA Canon 13)。《职业责任示范守则》以及新的《职业行为示范规则》只是要求费用合理,不过后者列举了 8 项相关因素[Rule 1.5(a)]。

* ABA Canon 应指 American Bar Association: Canons of Professional Ethics (Adopted on August 27, 1908)。——译者注

[60] *Gair v. Peck*, 6 NY 2d 97, 160 NE 2d 43, 188 NY Supp. 2d 491 (1959);对相关规则的阐述,see 33 *Ins. Couns. J.* 214-217 (1966). 就其沿革,see Note, "Lawyer's Tightrope: Use and Abuse of Fees", 41 *Corn. L. Q.* 683 (1956). Also See *American Trial Lawyers v. New Jersey Supreme Court*, 66 NJ 258, 330 a. 2d 350 (1974). 机动车案件实务概览,see Franklin, Chanin and Mark, "Accidents, Money, and the Law: A Study of the Economics of Personal Injury Litigation", 61 *Colum. L. Rev.* 1, 52-63 (1961).

[61] 如加州 1975 年《医疗伤害赔偿改革法》(Medical Injury Compensation Reform Act),还有其他不少州的类似规定。加州设计了浮动价格表:最初 5 万美元 40%,接下来 5 万美元 33⅓%,接下来 10 万美元 25%,以后再多皆为 10%(Bus. & Prof. Code § 6146)。就 14 万美元以上的案件,这个价格将最高费用降低到 1/3 以下,100 万美元则降到只有 14%。

[62] 例如,1946 年《联邦侵权赔偿法》(Federal Tort Claims Act), 28 USC § 2678 规定:和解为 20%,诉讼为 25%,低于市场价是因为判决确定性高。See *Whyatt v. US*, 783 F. 2d 45 (6th Cir. 1986) (structured settlement).

[63] See *Roa v. Lodi Medical Group*, 37 Cal. 3d 920, 935; 695 P. 2d 164, 174 (1985); appeal dism; 106 S. Ct 421 (上诉遭驳回,无关联邦问题)。本案还涉及其他异议,主张违反了平等保护与分权规则;主张违反平等保护规则的理由是只有医疗责任案件设置了界限;主张违反分权规则的理由是设置费用事宜专属司法机关权限。最后这个理由在其他案件得到支持,See *Heller v. Frankston*, 76 Pa. C'th 294, 464 A. 2d 581 (1983); aff'd on other grounds; 504 Pa. 528, 475 A. 2d 1291 (1984).

乍看起来，似有理由假定，既然律师的毛收入完全取决于顾客拿到多少赔偿金，故胜诉酬金给了律师直接激励，为了顾客利益会不遗余力地发挥自己的才干。诚然，胜诉酬金在相当大程度上起到了监督律师工作的效果，考虑到侵权案件中律师与顾客间的关系乃出于偶然、事毕辄止，计时收费或者固定费率是发挥不了这个作用的。[64] 但律师费多寡与工作量大小又没有直接关系。在费率为固定百分比，或者随着赔偿金额增加而滑落的浮动标准情形，精明的顾客希望自己付出的金钱买来律师更多的时间，可利润最大化这个动机却告诉律师，付出更多努力全不划算。[65] 遂有大量轶事证据指向下面的普遍做法，律师既然深知相较陪审团判给大笔赔偿从而让自己拿到额外利润的可能性，继续诉讼的成本对自己实在过于高昂，那么就会推动大规模的低于价值的和解。[66] 相反地，那种一年有好多案子的律师，更愿意冒险尝试机会小但赢得多的案件，而全部鸡蛋都在一只篮子里的顾客，更愿意规避风险。唯一的约束只能是由掌握充分信息的顾客来控制，如同行业伦理守则要求的，律师应时时向顾客披露全部相关因素，顾客就案件各重要方面所为之决定，律师皆应服从。[67] 但在实务中，诸如在何种情形下和解、以多么大的力度与对方争辩等，好多律师就这些重要事宜似乎并不太尊重顾客意志。当然，那些按时计价的律师也普遍如此，这些律师的激励就是虚报账单。[68]

---

[64] See *Kirchoff v. Flynn* (7th Cir. 1986) 786 F. 2d 324-326 (Easterbrook, J.).

[65] See Schwartz and Mitchell, "An Economic Analysis of the Contingent Fee in Personal Injury Litigation", 22 *Stan. L. Rev.* 1125 (1970). 被告方面也有着相应激励，以拖延、过度披露 (excessive discovery) 等策略来消耗胜诉酬金律师。原告律师不得不付出得不到回报的额外努力，被告方律师却可以为这些时间领取报酬。

[66] 最突出的问题是多案集体和解 (group settlement of cases) 为纽约州《律师行为特别规则》第9条所禁止, cited by MacKinnon, *Contingent Fees for Legal Services (A Report of the American Bar Foundation)*, 199, 228 (1964).

[67]《职业责任示范守则》(EC 7-8 不具强制性的指引);《职业行为示范规则》(Rule 1.4 取代了《职业责任示范守则》)。See Rosenthal, *Lawyer and Client: Who's in Charge* (1974, 1977).

[68] Cf. Wolfram, "The Second Set of Players: Lawyers, Fee Shifting, and the Limits of Professional Discipline" 47 *Law & Contemp. Prob.* 293, 294-299 (1984); *Roa v. Lodi Medical Group*, 37 Cal. 3d 920, at 945-946, 695 P 2d at 711-712 (Bird, CJ, diss.).

最后，胜诉酬金安排对于司法程序本身的不利影响，亦颇受关注。[69]其中一点担心是，胜诉酬金安排激励律师以过度的、不职业的热情来处理顾客的案件，从以不恰当方法指导证人，到为了将法院引入歧途而主张在法律上全无依据的论辩，无所不用其极，"不惜一切代价要赢"。不过，这样的印象也未免夸大，需要考虑下面两点事实以求公允：针对有悖伦理的诉讼策略，司法控制与纪律惩戒是否到位；在最近几十年，合规合矩的法庭辩护活动所发挥的巨大效用，也是有据可查的。另外的不满是，胜诉酬金安排鼓励了在法律上全无价值的诉讼，使得案件积压、程序延宕的局面雪上加霜。不过，针对浪费努力于徒劳的事业，胜诉酬金设计本身就内含了惩罚机制，至少缓和了前述担忧；实在地讲，计时付费制度似乎为这种滥用行为提供了更大激励。另外，胜诉酬金安排将败诉风险从顾客处转移给律师，十有八九确实鼓励了投机性诉讼，盖律师业务量大，相较于偶然涉讼的顾客，更可能是风险中立的。稍后本书将细致讨论这个趋势。

甚至"救护车追逐"也给怪罪到了胜诉酬金头上；可说起来也只有费用的规模，而不是费用的偶然性（contingency），才有可能[与揽客]扯上些因果关系[，故甚为牵强]。大面积的揽生意、打广告，分润与转介，在侵权诉讼领域已是司空见惯，但这些纷纷攘攘反映的是这个法律职业分支甚为激烈的竞争状况，完全是由偶然的巨额赔偿煽风点火鼓动起来的。尤其是在英国，出庭律师（barrister）与顾客保持距离，乃是其根深蒂固、引以为傲的制度特征。出庭律师与事务律师（solicitor）的区分素来颇富争议[70]，本书自非讨论此话题的合适地方，这里只提到相关的一点（但未必最重要），即认为这个区分有助于维护出庭律师对法庭最初的忠诚[71]，切断顾客的财富和权势对律师的影响渠道。无论如何，事务律师也要求得

---

[69] See MacKinnon, *Contingent Fees for Legal Services* (*A Report of the American Bar Foundation*), ch. 10 ("the Relationship between Contingent Fees and Professional Responsibility") (1964). 在加州，为了保护立法程序，完全禁止为胜诉酬金而开展院外游说活动，See Gvt. Code § 86205 (f)。

[70] See Zander, *Lawyers and the Public Interest*, ch. 12, 13 (1968).

[71] "某种意义上，每位律师都是法庭之友"：法律协会向皇家法律服务委员会（Royal Commission on Legal Service）提交的证词，ctied by Donin, "England Looks at the Hybrid Contingent Fee System", 64 *ABAJ* 773 (1978).

到同样的特权（prerogative），而这被认为与胜诉酬金安排水火不相容。[72] 方便地获得司法救济，被公认为是值得追求的社会目标（有意思的是，纵使举足轻重的法律组织，对此付出的也不过是口惠而已），就此而言，[英国人]很严肃地认为应通过法律援助来呵护这项事业[73]；不过，法律援助的标准过于严酷，多数人都不合格，还要求提出证据以证明众多潜在当事人都被有效排除于法律救济之外。[74] 只有一家叫"公正"（Justice）的律师组织，成员大抵为改良主义者，尝试着修正胜诉酬金安排，据此提出自己的建议方案并提交给皇家法律服务委员会。这个方案打算设立一个附条件法律援助基金（Contingent Legal Aid Fund），将之置于律师与顾客之间，从而避免美国胜诉酬金制度那些令人讨厌的特征。[75] 由一个专门委员会来筛查法律援助申请，判断是否有合理依据提起诉讼（值得提起但又很困难的诉讼）。申请人要按照预先确定的百分比（从 10% 到 50%），从判给的赔偿金中向基金缴款，但可以挑选自己的律师，律师无论如何都可以从基金拿到固定报酬（regular fee）。皇家委员会基于诸多理由，并未接受这份提议。[76] 第一，逆向选择（adverse selection）很快会导致负平衡（negative balance），并使基金背离诸如法律援助之类的其他供给。第二，成功的原告补贴不成功的原告，似有失公平。第三，这套制度会施加不恰当的压力，去支持那些分外惹人同情但胜诉前景渺茫的当事人。显然，当权派对这条实验路径仍抱持敌意。

---

[72] See *Wallersteiner v. Moir* (*No. 2*) [1975] QB 373 (C. A.).

[73] See *Wallersteiner v. Moir* (*No. 2*) [1975] QB 373 (C. A.) (Lord Denning, at 395).

[74] Zander, "Cost of Litigation: A Study in the Queen's Bench Division", *L. S. Gaz.*, 25 June 1975.

[75] Justice, *Lawyers and the Legal System: A Critique of Legal Services in England and Wales* (1977). See White, "Contingent Fees: A Supplement to Legal Aid?" 41 *Mod. L. Rev.* 286 (1978); Donin, "England Looks at the Hybrid Contingent Fee System", 64 *ABAJ* 773 (1978). 胜诉酬金安排与胜诉当事人费用转移规则并非水火不容，美国费用转移相关制定法的经验证明了此点（参见前文，脚注[14]），还有阿拉斯加与加拿大。

[76] See *Royal Commission on Legal Services*, ch. 16 (1979, Cmnd. 7468).

二、次级效应

前面的讨论主要关注费用安排对诉讼行为的影响，尤其是胜诉酬金（相较其他费用设计）对潜在原告的激励作用。相对不那么明显的（但重要性绝不稍减）是胜诉酬金对法律规则发展的影响。这些影响可分为两类：第一，对损害赔偿金的影响，这一点更为明确，主要关联胜诉原告自赔偿金中支付律师费的义务；第二，在胜诉奖金会激励投机诉讼这个趋势下，对于实体法的影响。

（一）损害赔偿金

下面探讨这个话题，依次考察以下几项：平行利益，纳税义务，惩罚性赔偿金，非财产损害赔偿金，以及定期给付。

1. 平行利益

今天的事故受害人多数都会利用私人保险或者某种形式的社会保险来弥补自己的部分或者全部损失。在很多西方国家，自第二次世界大战以来，雄心勃勃的社会保障项目势头日盛，在人身伤害救济领域，已逐渐将侵权法体制降格为"初级合伙人"（junior partner）角色。[77] 不过，美国的联邦社会保障可没那么志向远大，社会保障缺位，主要靠私营的、自愿性质的福利计划来补苴罅漏，例如个人或者雇主购买的医疗保险及抚恤金。[78]

---

[77] *Report of Royal Commission on Civil Liability for Personal Injury*, vol. i, para. 1732 (1978, Cmnd. 7054). 一般引作《皮尔逊报告》(*Pearson Report*)。See also Weyers, *Unfallschäden* (1971)（详尽的比较信息与评估）。

[78] Conard, "The Economic Treatment of Automobile Injuries", 63 *Mich. L. Rev.* 279, 288 (1964)（"费城和密歇根的研究表明非侵权法项目的贡献为50%，实际贡献应该更大"）。这个结论为其他研究所证实，Dept. Transportation Automobile and Insurance study, *Economic Consequences of Automobile Accident Injuries*, 44-45 (1970)。依据这份研究，在严重伤害或死亡情形下，对个人及家庭的财产损失，只有大约1/3的救济来自侵权法，15%来自医疗保险与机动车保险，14%来自人寿保险，6%来自碰撞保险，24%来自工资替代（病假、工伤赔偿等）。关于机动车案件的最近研究，结果相近，See Rolph, *Automobile Accident Compensation*, vol. i, 16-17 (1985)，相比美国的这些研究，《皮尔逊报告》认为英国的比例高过75%(vol. i, p. 13)。

这些福利救济金提出的问题是,该从侵权损害赔偿金中扣除,还是当成"他人的事情"(res inter alios acta)而无视之,也就是说完全无关被告人。主张第一个选项的依据为损害赔偿金是补偿性质的,不应超过原告的净损失。尤其是公共基金提供的救济,旨在扶危纾困,满足基本需求,而不在于充实受益人(的口袋);甚至被告人也可能如原告般一直向基金缴纳款项,故无从指责其从中得到不公正利益,此际就更是应该扣除。无论如何,公共基金爱做的事情是追偿已经支付或者将要支付的救济金,以此维护自己的利益,而不是为原告或者被告提供意外之财。因此,在几乎所有国家,社会保障或者类似体制都享有代位权,或者得向侵权人追偿。[79] 就此事宜,例外自然有,如英国[80]、瑞典[81],其基本主张为将损失从一个保险池(例如机动车责任保险)转移给另外一个保险池(即社会保险)的成本太过高昂,高过任何可想到的社会或经济利益。[82]* 但不管怎样,侵权损害赔偿金一般都会将福利救济金扣除。

那个竞争性方案,也就是评估损害赔偿金时不考虑平行利益,倘若涉及的救济金是原告自己付费得到的,自有强大吸引力。原告的论据是,原告(而不是加害原告之人)理当为自己的深谋远虑与省吃俭用得到回报。因此在私人保险的场合,"双重救济"(double recovery)一般会得到法律

---

[79] See Fleming, *Int'l Encycl. Comparative Law*, vol. xi (Torts) ch. 11 ("Collateral Benefits") (1986).

[80] 与《贝弗里奇报告》(Beveridge Report, 1944 Cmd. 6551)立场相反,蒙克顿替代救济委员会(Monckton Committee on Alternative Remedies, 1946, Cmd. 6860)建议,拒绝代位权设计。

[81] See Fleming, *Int'l Encycl. Comparative Law*, vol. xi (Torts) 53 (1986).

[82] 在有些国家,通过损失分摊或者互撞免赔协议,减少或避免这种转移。See Fleming, *Int'l Encycl. Comparative Law*, vol. xi (Torts) §76 (1986).

* 互撞免赔协议(knock-for-knock agreement)是指为了节省实施代位求偿权而产生的管理和法律费用,在承保汽车车辆的保险公司之间所达成的一种协议。规定签约公司所承保的汽车发生碰撞时,各保险公司赔偿各自承保车辆的损失,而不引用代位求偿权向对方的保险公司追偿损失,即使对方应对损失承担赔偿责任亦不予追偿。后泛指保险公司之间达成的、由各保险公司对其被保险人进行赔偿,而不向对方当事人的保险公司进行追偿的一种免赔协议。参见薛波主编:《元照英美法词典》,法律出版社 2003 年版,第 772 页。——译者注

谅解（附加代位权条件的损害赔偿保险自为例外*）。赠与的情形也是如此[法律会谅解]，这里还有额外目的，也就是受赠人得将礼物或遗赠归还给赠与人，盖赠与人通常不若侵权行为人（以及从侵权人那里得到分配财产之人）那般有能力承受这笔成本。多数法律体制认可这些情形为例外，不过在其他情形还是反对双重救济。而在美国，这些都纳入了一般原则，即原告从任何独立来源得到的救济，都不应使被告人从中占到便宜。

美国这条所谓"平行来源规则"立场来得斩钉截铁，适用范围涵盖无遗，远不像英国及英联邦国家的法院那般模棱两可、优柔寡断。尤其是英国立法者，向来忧心忡忡：若是事故受害人在日益壮大的社会保障项目下从公共资源得到大笔救济金，岂不是有悖损害赔偿金填补损失的性质，如何协调两者立场？1948年，诸行业工会将一件采取妥协立场的制定法强加给工党政府；依该法，只有某些救济金5年价值的一半，于评估损害赔偿金时应考虑进去，以酬答受害人自己向这些社会保障项目的缴费。[83]皮尔逊委员会批评说，将社会保障救济金比拟为个人节俭的果实，不伦不类，损害赔偿金的目的在于填补损失而非惩罚不法行为。[84]虽说如此，在社会保障救济水平提升乏力的大背景下，将此"特权"由立法中剔除的建议大概也没有什么落实的机会了。至于法院，向来坚持原告不得向全民医疗服务系统请求免费医疗服务，也不能要求雇主支付工资或者伤残补贴[85]，因为这些救济意味着原告不会遭受任何损失[86]。除此之外，法院还区分两类福利救济，可两者间的界限并不那么容易把握：一类救济金

---

* 损害赔偿保险（indemnity insurance），是指以被保险人的人身或财产为承保范围的保险，如人寿保险、火灾险等。又称第一方保险，与第三方保险相对应。薛波主编：《元照英美法词典》，法律出版社2003年版，第681页。——译者注

[83] Law Reform (Personal Injuries) Act 1948 s. 2(1). 相关救济项目有工伤、残疾、疾病补助。

[84] *Report of Royal Commission on Civil Liability for Personal Injury*, vol. i, paras. 467-476, pp. 106-108 (1978, Cmnd. 7054).

[85] *Parry v. Cleaver* [1970] AC 1; *Graham v. Baker* (1961) 106 CLR 340 (工资); *Evans v. Muller* (1983) 151 CLR 117 (失业补贴). Contra: *Boarelli v. Flannigan* (1973) 36 DLR 3d 4 (Ont. C. A.).

[86] 这个原则并未得到坚决贯彻。受害人由家人照顾，并未花钱雇用护工，但法院仍然基于"需要"(need)而不是"实际损失"(loss incurred)判令赔偿护理服务的价值。See *Donnelly v. Joyce* [1974] QB 454; *Griffiths v. Kerkemeyer* (1977) 139 CLR 161.

意图在于赔偿受害人所受之伤害;另外一类救济金的目的更为一般,如退休金。[87] 早期思路试图以"因果关系"或者"间接性"(remoteness)这类术语来解决问题,而后代之以更为实用的"公正,合理,公共政策"(justice, reasonableness, and public policy)[88],虽说有这些努力,整体图景表明还是缺乏基本原则,若是不说迷失方向的话。

美国的平行来源规则就不会受到这般优柔寡断的困扰。这个规则全面适用于任何来源的一切救济金(只有来自被告或者共同被告处的除外),不管是公共或私人来源的金钱救济,还是诸如免费医疗服务这样的实物利益(benefits in kind)。原告或者第三人(通常是原告的雇主)是否向这些救济来源缴费,亦无关紧要。不管在制定法还是契约里,代位权条款既不多见,亦不成系统,这就保证了受害人一般可以得到多笔救济。

[平行来源规则]传统的正当化理由向来这么讲,这些救济的意图在于帮助原告,而不是被告;倘若减轻被告人的责任,会磨损法律阻遏不法行为的功能。但随着时间推移,这套论证已失其大半说服力。一方面,侵权责任的发展阶段早已远远超越了普通人的过错观念,以至于很多时候,再将被告人称作"作奸犯科者"(wrongdoer)或者"恶人"(culprit)未免夸大其词。另一方面,责任成本通过保险或者在给被告产品定价的过程中,已经转移给了不牵扯个人的资金池,传统侵权法个人责任的螫刺早已给磨去锋芒。

更有说服力的辩解是,侵权损害赔偿金从来不曾令原告完好无损。在某种意义上,这个说法试图传递的观念是,金钱无法修复严重的人身伤害;在另外的意义上,与眼下讨论的话题相关,这是为了提醒,即便法院判给的赔偿款声称是要尽金钱之所能以弥补原告全部的损失,原告也还是必须拿出相当一部分给自己的律师。平行来源规则与胜诉酬金之间的这个关联是得到普遍认可的,偶尔还会为法院判决提供明确理论依据。在

---

[87] *Parry v. Cleaver* [1970] AC 1; *National Insurance v. Espagne* (1961) 105 CLR 569.

[88] *Parry v. Cleaver* [1970] AC 13 (Lord Reid).

赫尔芬诉南加州城铁案[89]中，被告人抗议法院排除下列事实的证据，即原告医院费用的很大部分蓝十字保险（Blue Cross Insurance）已经偿付了，而这个证据应予采信的理由是，政府法（Government Code）禁止判令政府机构承担惩罚性赔偿金。被告这个思路的逻辑前提是，平行来源规则性质上属于惩罚性赔偿，是以正落入制定法的禁止范围，但这个逻辑前提为法院所拒斥。法院确信自己的一项主要任务就是，通过弥补原告律师的胜诉酬金，让原告得到更充分的赔偿（more fully）。[判决写道：]

> 一般而言，陪审团并不知晓，原告的律师会从原告的赔偿款中拿走相当一部分的胜诉酬金，也不知晓人身伤害赔偿金对原告来说不必课税，而对被告来说一般得予扣减。故被告人[应为原告]实际上不太可能就所受伤害拿到陪审团计算得到的全部赔偿款。平行来源规则部分功能在于弥补律师的份额，并未使原告得到'双重救济'。事实上，那些废除或者限制平行来源规则的法域，很多都设计了相应机制，即评估原告的律师费用并直接令被告人负担，而不是引入胜诉酬金制度。总之，原告就支出的医疗费用虽说同时从侵权人及其医疗保险项目处得到救济，通常不会带来'双重救济'，在某种程度上还使得原告就所受伤害更接近于得到完全赔偿。[90]

结果，法院虽承认学者对平行来源规则的批评[91]，当然还有被告方律师业的批评[92]，但还是认为：

> 碎片式的普通法发展，并不能轻而易举地实现改革；那些建议的改革方案，倘果真可欲，亦以立法途径更为有效。无论如何，吾人坚信，在诸如眼下这样的案子里，以司法手段废除平行来源规则，绝非

---

[89] *Helfend v. Southern California Rapid Transit District*, 2 Cal. 3d 1, 465 P. 2d 61 (1970).

[90] Ibid., at 12-13. 基于同样理由，法院拒绝令医疗费的保险公司取得代位权，See *Frost v. Porter Leasing Corp.*, 386 Mass. 425, 436 NE 2d 387, 391.

[91] Citing Fleming, "The Collateral Source Rule and Loss Allocation in Tort Law", 54 *Cal. L. Rev.* 1478 (1966).

[92] 被告方律师业的重要力量，即辩护研究会（Defense Research Institute），将废除平行来源规则当作自己改革议程的紧要大事。See *Responsible Reform* 21 (1969).

开启必要改革的合适地点。[93]

法院大概一直在考虑前面提到过的连锁改革的必要性（如工伤赔偿），典型思路是在允许代位和费用转移的同时，设置法定最高额度。近年来的侵权法改革（例如医疗责任法改革），概无例外地对平行来源规则施加实质性限制。[94]可是，与之挂钩，相应地允许胜诉原告请求赔偿律师费的，就只有针对产品责任的丹福思议案（Danforth Bill）。[95]另外的建议方案是，以放弃平行来源规则为条件，来换取废除与有过失或比较过失规则。[96]但平行来源规则与胜诉酬金之间的关联也就必然意味着，任何改革都会面对原告方律师业的尖锐反对，必须与之苦苦纠缠。

2. 纳税义务

当今世界的纳税义务一直稳步加重，在有些国家平均收入过半都缴了税，税负对于损害赔偿金评定的影响也变得极为重要。

在美国，如同英国及多数其他国家，人身伤害赔偿金非属应税财产。[97]给予这个免税待遇自有诸多理由。尤为重要者在于下面这个事实，损害赔偿金代表着好多年预期收入的现值（present value），而针对大笔赔偿金通行的是边际收入税率（marginal income tax rate），放在累进式税制下，简直就是没收充公。此外，颇有意见以为，损害赔偿金中用于赔偿所丧失之收入能力而非所丧失之收入的部分，代表着资产性资产（capital asset）的替换［自然不缴收入税］。征税还会碰到接下来的难题，陪审团裁断或法官裁决的金额，或者当事人和解商定的金额，传统上一直表述

---

[93] *Helfend v. Southern California Rapid Transit District*, 2 Cal. 3d 1, 465 P. 2d 13 (1970).

[94] 已经远远超出"设限额"，是减少赔偿的最有力手段。就医疗责任改革相关法律，参见本书第三章脚注[36]［该注之后的正文］。

[95] The Danforth Amendment No. 1951 to s. 1999 (12 May 1986).

[96] O'Connell, "A Proposal to Abolish Contributory and Comparative Fault, With Compensatory Savings by Also Abolishing the Collateral Source Rule", 1979 *U. Ill, L. F.* 591.

[97] Internal Revenue Code (26 USC) §104(a)(2). See also *Restatement (Second) of Torts* §914 A (1977). 惩罚性赔偿金则应缴税，将赔偿金拿去投资所得之收益亦应缴税，"结构性和解"（structured settlement）下的定期给付则不然［参见前文，脚注[204]］。1982年法律修订，特意给予定期给付以豁免待遇。See Henry, "Torts and Taxes", 23 *Houst. L. Rev.* 701 (1986).

为一笔总金额,并不区分对财产损害的赔偿与对非财产损害的赔偿,故而甚难(若非不能)认定代表着将来收入损失之替换的那部分(将来收入若是果真挣到,本该是要应税的)。若是不加区分地一并课税(capping all),未免野蛮粗暴,盖税务官从那不幸事件的受害人手中夺走的,乃是用以安抚身处困境之受害人的。

是不是至少应该向陪审团说明赔偿金免税这个事实,以免陪审团别有想法从而判得更多?强制法官向陪审团如是指示的想法遭到普遍反对,表明陪审团可能判给更多赔偿金这个事情在各方面看来无甚不妥,正好可以补偿一下原告承担的律师费用。[98]事实也是这样,虽说美国最高法院指示,在联邦案件中应向陪审团通报这些信息[99],州法院却并未遵从[100]。

意见更为不统一的问题是,损害赔偿金的评定是否必须以税前或者税后收入为依据。英国上议院选取后者为标准。英国上议院认为,在今天的税率及扣税制度背景下(PAYE,所得税预扣制),说什么原告的实际损失超过了其税后工资支票(pay cheque)实在是胡诌乱道,还有若不考虑税负归宿,再加上赔偿金税收豁免,当会造成过度赔偿。[101]* 还有主张称,纳税义务正如(其他)平行利益一般是"他人的事情"(res inter alios acta),这个说法亦未对英国法院产生什么影响。但更加值得注意的是,英国法院在[涉税]那个场合对侵权损害赔偿金填补原理的强烈肯定态度[102],此后在处理所谓平行利益的场合却显著衰弱了[103]。澳大利亚高

---

[98] See *Hooks v. Washington Sheraton Corp.*, 578 F. 2d 313, 318 (D. C. Cir. 1977).

[99] *Norfolk & Western Ry. v. Liepelt*, 444 US 490 (1980).该案是排除了非财产损害赔偿的错误死亡案件,陪审团判给的赔偿是所证明损失的两倍。

[100] See *Klawonn v. Mitchell*, 105 Ill. 2d 450, 475 NE 2d 857 (1985). Cases are collected in 16 ALR 4th 589, 595-605 (1982).

[101] *British Transport Commission v. Gourley* [1956] AC 185.

* 税负归宿(tax incidence),亦称"税收归宿""赋税归宿""课税归宿",是税负担的最后归着点,即税收负担运动的最后归着环节,表明全部税收负担最后是由谁来承担。参见李捷:《现代税负归宿理论文献综述》,载《税收经济研究》2012年第2期。——译者注

[102] See McGregor, "Compensation versus Punishment in Damages Awards", 28 *Mod. L. Rev.* 629 (1965).

[103] 参见前文,脚注[85]。

等法院最终遵循了英国上议院的立场。[104] 加拿大最高法院则不然[105]，除了加拿大各级法院对平行来源规则普遍无条件支持外，猜测将来税率这个事情令人头疼的性质以及税务筹划的可能性（尤其对高收入阶层来说）*，都令加拿大最高法院望而却步。美国法院的通行做法也是遵循毛收入规则（gross earnings rule）。[106] 理由仍然主要是实用主义的。一般以为，节约的税金（tax saving）太过难测，税收计算又太过复杂而不宜提交给陪审团，更不必说陪审团更相信专家证人与冗长的审理这个事实。毛收入规则在经济上也更为合理，盖此规则令被告人就事故全部成本负责任，从而最大限度发挥"一般威慑作用"。[107] 同样地，节约的税金得被看作平行利益，是纳税人与政府间的事情，于被告人无关紧要。但最有说服力的还在于无可争辩的一点，即这个利益怕还不够抵消律师的胜诉酬金，故毛收入规则绝非让原告无功受禄，坐享意外之财，仅仅是帮助原告恢复完好无损。[108] 比较美国规则与英国规则，感受格外强烈，在这里，同样的前提（也就是填补原告的损害，不多也不少）却由于殊异的费用规则，得到了不同的结论。[109]

应该说，原告的收入越高，可能的纳税义务越重，这个本来健康有力的方案就越有可能滥用其公信力。因此，依某种观点，倘原告收入极高，纳税义务得纳入考虑。[110] 最近，美国最高法院竟完全背叛了传统规则，转而主张在适用联邦法律的诉讼中，允许当事人出示证据，证明所得税对原

---

[104] *Cullen v. Trappell* (1980) 146 CLR 1, not following *Atlas Tiles v. Briers* (1978) 144 CLR 202.

[105] The *Queen v. Jennings* [1966] SCR 532.

* 税收筹划（tax planning），是纳税人根据税收法律的规定和政策导向，在法律许可的范围内，通过对经营、投资、理财活动的事先筹划和安排，尽可能地取得节税利益或税后利益最大化的财务筹划活动。参见李大明：《论税收筹划的税收理论依据》，载《财政研究》2003年第5期。——译者注

[106] 搜集的判例见 16 ALR 4th 589 (1982)。

[107] 令最能避免成本之人将成本内部化，通过"一般威慑"（general deterrence），促成事故预防，see Calabresi, *The Cost of Accidents: A Legal and Economic Analysis* (1970).

[108] e.g. *Helfend v. Southern California Rapid Transit Dist.*, 2 Cal. 3d 1, 12.

[109] *McWeeney v. NY, NH & H RR*, 282 F. 2d 34, 38, n. 13 (2nd Cir. 1960). 弗兰德利法官特意比较了英国古尔利案（参见后文，脚注[101]），英国没有陪审团审判，但支持胜诉原告的费用转移规则。

[110] *McWeeney v. NY, NH & H RR*, 282 F. 2d 34, 38 (2nd Cir. 1960)

告预期收入的影响。[111] 但意味深长的是，再一次地，各州法院几乎众口一词地拒绝遵循新的联邦规则，盖其于州法事务并无拘束力。[112]

3. 惩罚性赔偿金

胜诉酬金与惩罚性赔偿金之间的关联是双重的。第一，惩罚性赔偿金的一个目标大概就是要弥补原告的法律费用。惩罚性赔偿金的首要目的，公认是惩罚并威慑极端不当行为，但遏止侵权法威慑不足的辅助目的亦受普遍认可，对诸如人格尊严之类损害赔偿名目（elements of damages），普通赔偿金要么不予赔偿，要么赔偿不充分，即得乞援于惩罚性赔偿金。[113] 基于类似理由，有些法院特意认可原告承担的诉讼费用亦为合适的损害赔偿名目。[114] 康涅狄格州不考虑其他因素，专据此费用以评定惩罚性赔偿金，可谓绝无仅有。[115]

[第二，]更为重要的，是惩罚性赔偿金对促进诉讼的影响。惩罚性赔偿金提高了诉讼的赌注，遂使对簿公堂更有价值，甚至逐渐地对顾客及其律师变得有利可图起来。为落实法律，美国法较其他国家法更倚重惩罚性赔偿金。这同时表现于两方面：相较英国，在刑法制裁外，美国私法上的损害赔偿诉因得到更大支持[116]；禁止性立法中设计了诸多激励机制以落实私法，比如，从反托拉斯法到反勒索法，都有三倍赔偿的规定[117]。惩罚性赔偿金在这个促进公共政策的阵列里占据突出位置，将权利落实不足（under-enforcement of rights）添加为这个多功能救济措施的另一项重要标靶。惩罚性赔偿金"私家检察官"的角色在其传统核心领地最为彰

---

[111] *Norfolk & Western Ry. v. Liepelt*, 444 US 490 (1980). 该案为不当致死诉讼，依一般理解，对人身伤害诉讼亦颇具影响，See *Ruff v. Weintraub* (1987) 105，NJ 233, 519，A 2d, 1384.

[112] e. g. *Canavin v. PSA*, 148 Cal. App. 3d 512 (1983).

[113] See Ellis, "Fairness and Efficiency in the Law of Punitive Damages", 56 S. Cal. L. Rev. 1 (1982). 在英国，自鲁克斯案后（*Rookes v. Barnard* [1964] AC 1129），此类赔偿金被界定为补偿性质（compensatory），称"加重的赔偿金"（aggravated damages）。

[114] See Annot. 30 ALR 3d 1443 (1970).

[115] Ibid.

[116] 深富启示的比较，是英美两国对"法律上的当然过失"（negligence *per se*）或者"制定法义务"（statutory duty）的不同处理，see Prosser and Keeton, *Torts* §36 (5th edn. 1984); Harper, James, and Gray, *Law of Torts* §17.6 (2nd edn. 1986).

[117] e. g. Sherman Antitrust Act 1890，15 USC §15; Racketeer Influenced and Corrupt Organizations Act (RICO)，18 USC §1964.

显，在人身威胁（assault）、非法人身侵犯（battery）、损害名誉（defamation）这些场合，实际伤害往往很难证明，仅仅是得到惩罚性赔偿的前景就给追讨加害人提供了激励。[118] 在侵犯民权的案件中判给惩罚性赔偿，也是基于同样的道理。[119] 此外，在过去的 20 年间，惩罚性赔偿已成为产品责任及保险索赔的苦难根源，令那些财大气粗的公司企业掏出一笔笔令人瞠目结舌的巨款。业务熟练的律师遂愿意投入大量资源来证明被告人应受谴责的不法行为，期待着自己的胜诉酬金也能将红利翻上几倍。这些意外之财给侵权法增添了新的维度。[120]

问题的重要性向有争议。毫无疑问，为数不多的一些巨额赔偿受到了过度关注与宣传，可能夸大了惩罚性赔偿金的影响，尤其是好多赔偿金后来是减低了。[121] 根据 1981—1983 年的全国统计数据[122]，在个人实施的暴力行为、欺诈、非法拘禁等案件中，惩罚性赔偿金仍很普遍，而且判令被告人（主要是个人）承担的金额也相对比较温和。[123] 就这些"高发"案件类型来说，今天还应添加上保险案件；就加州来说，还应加上商业契约案件、背信（bad faith）案件。[124] 在前面这些类型的案件中，判处的惩罚性

---

[118] 在美国，对侵害名誉的赔偿，以往是推定，现在必须证明：Gertz v. Robert Welsh, Inc. 418 US 323 (1974)；参见本书第三章脚注[97]。相应地，在美国恶意案件中（malice）判给惩罚性赔偿金（宪法允许），比在英国法中承担了更为重要的角色。

[119] Smith v. Wade, 461 US 30 (1983). 一方面，若是替以 1000 美元象征性损害赔偿金（nominal damages）（如卡特政府所建议的），不会有多大吸引力，盖无甚激励机制令出庭律师承接此类诉讼。另一方面，不得判令美国政府（FTCA, 28 USC §2674）、外国政府（FSIA, 28 USC §1606）、多数州政府机构（e.g. Calif. Gvt. Code §818）承担惩罚性赔偿，"盖会落在无辜纳税人头上"。

[120] 惩罚性赔偿金曾经免税（IRC §104，参见前文，脚注[99]），1984 年法院推翻此立场，以税务规则（Revenue Ruling）第 84—108 条取代第 7545 条，这个过程大概表现了正文中所说的变迁。See Henry, "Torts and Taxes", 23 Houst. L. Rev. 737-741 (1986).

[121] 据一份陪审团研究（1982—1984 年），关于最后的实际给付，惩罚性赔偿金是给付了 57%，总赔偿金是给付了 82%；多数是法院裁判而不是协商的结果。Shanley and Peterson, Posttrial Adjustments to Jury Awards, 36-38 (1987).

[122] By the ABA Research Foundation. See L. A. Daily J., 11 Feb. 1986, p. 1. 对加州和芝加哥赔偿金的分析，see Peterson, Sarma, and Shanley, Punitive Damages: Empirical Findings, 50-51 (1987).

[123] 在这些类型之外，针对个人被告判给惩罚性赔偿的可谓罕见。有件铁路公司提起诉讼的案子，醉酒的司机造成脱轨，法院判处 5 万美元惩罚性赔偿；Nat. L. J., 24 Feb. 1986, p. 37.

[124] 参见本书第五章脚注[131]。

赔偿金占到有利于原告裁决的20%以上。在产品责任和医疗责任案件中,惩罚性赔偿比较罕见,但判给的惩罚性赔偿金过半数都在100万美元以上。[125] 在加州,在1983—1985年间,陪审团在超过200件案子里判给惩罚性赔偿金,总计达4.5亿美元;在旧金山,判给惩罚性赔偿金的比例占了全部裁决的9%;在奥克兰,这一比例则为12.6%。[126] 但这些统计数据并不足以揭示全貌,还有其他两方面的重要影响,虽不那么容易用文件证明,却也必须记入账簿:第一,在和解谈判中,普遍将惩罚性赔偿金用作筹码。第二,关于被告人财富多寡的证据,陪审团本来只应在评估惩罚性赔偿金时方予以考虑,可事实上对陪审团判定补偿性赔偿金也可能有影响。[127] 近些年来,被告方院外游说集团针对惩罚性赔偿金发起的强烈反对活动[128],显然是立足于现实,而非向壁虚构。

217 **判处惩罚性赔偿金的条件。** 虽说惩罚性赔偿金在普通法有着令人尊重的传统[129],但英国和美国很早就走上了不同路径。1964年,英国上议院[在判决中]重新阐释了立足于"加重"赔偿金("aggravated" damages,而非惩罚性赔偿金)的漫长却又稀薄的判例脉络。[130] 加重赔偿金是为了补偿原告自己遭受的严重伤害与痛苦,而不是惩罚被告。至于惩罚性赔偿金,原则上只是针对政府雇员实施的压迫性、武断、违宪的行为,或者适用于加害人意图自其侵权行为中获取利益的情形。[131] 可老牌英联邦国家的法院拒绝遵循英国立场,认为针对那些重大不法行为,惩罚性赔偿金一般说来仍得发挥

---

[125] 在旧金山,在1980—1984年,中位赔偿额为6.3万美元,平均赔偿额为38.1万美元。Peterson, Sarma, and Shanley, *Punitive Damages*: *Empirical Findings* 15 (1987).

[126] *LA Times*, 3 Nov.. 1985, pp. 1, 27;Peterson, Sarma, and Shanley, *Punitive Damages*: *Empirical Findings* 32-35 (1987). See also *Devlin v. Kearny Mesa AMC/Jeep/Renault, Inc.*, 155 Cal. 3d 381, 393-396 (1984) (16件上诉案的表格);augmented in 16 *CTLA Forum*, 100-103 (1986).

[127] 建议的补救办法是,只有陪审团先认定责任并且有权判给惩罚性赔偿金,而后方得采信这些证据。

[128] 参见后文,脚注〔159〕—〔160〕。

[129] 就大陆法系尤其是德国的类似机制,see Stoll, "Penal Purposes in the Law of Tort", 18 *Am. J. Comp. L.* 3 (1970).

[130] *Rookes v. Barnard* [1964] AC 1192.

[131] 后种情形的罕见案例有:*Broome v. Cassell* [1972] AC 1136;*Riches v. News Group Newspapers* [1986] QB 256 (CA)(书面诽谤以增加销量)。有少数制定法,如版权法,特意准许惩罚性赔偿。

有效的威慑功能。[132] 在美国，判给惩罚性赔偿金的实践根深蒂固，最近几十年，不但未见衰颓的迹象，反而令人惊讶地迸发出青春活力。[133]

惩罚性赔偿金的适用机会显著增长，同时伴随着原告方律师业影响力的与日俱增，代表其利益的势力在法院系统层级体制里蓬勃生长，自然在后面推波助澜，尤其是民主党控制的州，如加州与新泽西州。判给惩罚性赔偿金的条件宽松了，裁决金额的规模也显著增长，这些都起了很大作用。下面即讨论这两点。

曾经，惩罚性赔偿金只是局限适用于粗暴蛮横的不当行为。* 后来法院逐渐降低要求，被告人只要是故意施加伤害即可，到最后法院采纳了更为宽松的标准，即"有意识地无视他人安全"（conscious disregard of the safety of others）。加州制定法将侵权诉讼中的惩罚性赔偿金限定于"压迫、欺诈或**恶意**"（oppression，fraud or *malice*）案件[134]，也经过稀释，纳入了不当行为的这个弱化形式，称之为"轻率行为/放任行为"（recklessness），在司法实务中接近于加重的过失（aggravated negligence）。[135]**有两个例子可形象地揭明这个演化过程。在泰勒诉高等法院案中[136]，加州最高法院断言，这个标准在**一切**醉驾案件中都满足，酒醉驾车正是"有意识的无视"，也就是"得称为'故意'（willful）或'肆意'（wanton）的行为，

---

[132] *Australian Consolidated Press，Ltd. v. Uren*［1969］1 AC 590（澳大利亚）；*Taylor v. Beere*［1982］1 NZLR 81。关于加拿大的情况，see Cooper-Stephenson and Saunders，*Personal Injury Damages in Canada*，ch. 13 (1981)。

[133] See Ghiardi and Kircher，*Punitive Damages*：*Law and Practice*，2 vols. (1981, looseleaf)；Redden，*Punitive Damages* (1980)。只有 4 个州不准许惩罚性赔偿（路易斯安那州，马萨诸塞州，内布拉斯加州，华盛顿州），3 个州将之理解为补偿性赔偿（新罕布什尔州，密歇根州，康涅狄格州）。

* 粗暴蛮横行为（outrageous conduct），是指超越文明礼貌范围的行为。参见薛波主编：《元照英美法词典》，法律出版社 2003 年版，第 1014 页。——译者注

[134] Civil Code § 3294。

[135] 即便是在美国最高法院，就"鲁莽灭裂或者冷酷无情的"（reckless or callous）不当行为，亦准许判处惩罚性赔偿：Smith v. Wade，461 US 30 (1983)。缅因州法院遵循保守的少数立场，坚持恶意标准，即对原告怀有恶意或者粗暴蛮横的行为，较"极其漠视"（reckless disregard）更应受谴责：*Tuttle v. Raymond*，494 A. 2d 1353 (Me. 1985)。

** 轻率行为、放任行为（recklessness），是指该行为的行为人不希望危害后果的发生，但终未预见结果发生的可能性。该种行为的过错程度轻于故意行为而重于过失行为。参见薛波主编：《元照英美法词典》，法律出版社 2003 年版，第 1156 页。——译者注

[136] *Taylor v. Superior Court*，24 Cal. 3d 890，598 P. 2d 854 (1979)。

故当然构成'恶意'"。依对"恶意"的传统理解,应是明知,他人遭受伤害乃是相当确定的事情或者至少高度可能(八九不离十),而事实上醉驾的司机往往并没有清醒地认识到自己或他人面临的高度风险,虽说如此,加州法院也还是发表了如上意见。

更引人注目的向来是通过对概念的解释,将所谓"恶意违反契约"案件纳入惩罚性赔偿金的适用范围。这个发展动向所由起,如前面提到的[137],是在保险理赔及和解过程中,努力促使保险公司切实履行诚实信用(善意)、公平交易的默示条款。颇有主张,这样的违约倘出于过失,应予精神痛苦以赔偿,倘出于"压迫"(oppression),即应判处惩罚性赔偿。至于惩罚性赔偿金不适用于违约案件这个障碍,只需要认定这样的"恶意"违约亦构成侵权,即得轻易克服。[138] "恶意违反契约"这个新颖的准侵权行为,而后扩展及于雇佣契约,用为救济措施,比方说,针对报复性的解雇行为,更近些时候,针对任何否认契约存在的行为。[139] 这个引人注目的插曲,当然是倾向性推理(tendentious reasoning)最为明目张胆的例子。

可以判给多少惩罚性赔偿金,这个规模更是让人惊讶。一般是从两个角度将惩罚性赔偿金约束于合理界限内,英联邦各法域现今也还是如此[140]:一个是要求惩罚性赔偿金应与针对所受实际伤害的补偿性赔

---

[137] 参见本书第五章脚注[130](此注有误,当为边码第181页以下,尤其是下面脚注[138]提到的克里希诉保险公司案)——译者注。

[138] Crisci v. Security Insurance Co., 66 Cal. 2d 425, 426 P. 2d 173 (1967) (mental suffering,精神痛苦); Neal v. Farmers Insurance Exchange, 21 Cal. 3d 910, 582 P. 2d 980 (74万美元惩罚性赔偿金)。

[139] Seaman's Direct Buying Service v. Standard Oil of California, 36 Cal. 3d 752, 686 P. 2d 1158 (1984)。断然拒绝恶意违约(侵权)理论的判例有:A. & E. Supply Co. v. Nationwide Mutual Fire Ins. Co., 798 F. 2d 669 (4th Cir. 1986)。

[140] See Riches v. News Group Newspapers [1986] QB 256 (CA) (撤销了25万英镑的惩罚性赔偿,盖补偿性赔偿金只有3000英镑,甚不相称)。Broome v. Cassell [1972] AC 1136, 1081,在该案中,黑尔什姆勋爵(Hailsham LC)虽说并不同意"德夫林勋爵(Devlin)的看法,即上诉法院介入陪审团事务更多是在判给惩罚性赔偿的事宜方面,但也认为法官在给陪审团的指示中,应确保陪审团充分认识到过度赔偿的危险性"。XL Petroleum v. Caltex Oil, 59 ALJR 352, 358 (1985),在该案中,吉布斯法官补充说,"我非常尊重那些赔偿金额应加节制的诉求";澳大利亚高等法院批准了裁决,最初是40万美元,后减至15万,考虑了被告人行为的蛮横(侵入他人土地摧毁竞争者)以及被告人的财富状况。Broome v. Cassell,英国上议院支持2.5万英镑的[惩罚性]赔偿(1.4万补偿性赔偿)。

偿金相称(成比例)[141];另外一个是事实,在人身伤害这个传统领域,被告人一般来说不会太过富裕,不能期待被告支付得起高昂惩罚性赔偿金,故额度总是设得较低。在美国,第一个要求从属于下面这个原则,即陪审团有权利考虑被告人的经济状况,以保证被告人所受惩罚切实可行。[142] 自从惩罚性赔偿金延伸到了产品责任以及恶意违反契约案件,财大气粗的企业被告人亦不能置身事外。[143] 现代的陪审团可能倾向于将个体或者集体对这些深口袋的怨愤之情寻机发泄,前面的章节对此已有评论。[144] 而后就有了那件闻名遐迩的案子,涉及声名狼藉的福特平托车(Pinto),制造商遭到指控,未采取充分措施在追尾场合保证油箱安全,陪审团判令向三位死者的近亲属赔偿[惩罚性质的]1.25亿美元。[145] 这笔赔偿(至少是承审法官减少到的350万美元)得到上级法院支持。考虑到被告人行为应受谴责的程度、被告人拥有的巨额财富、补偿性赔偿金的数目,以及需要一定金额以发挥威慑作用,上级法院认为,"虽有些偏高(不相称,不成比例),却也没有偏离到让人想当然地以为这纯粹是激情与偏见的产物"。[146] 这件案子也揭示出惩罚性赔偿金的武断性质:除了1.25亿与

---

[141] See Peterson, Sarma, and Shanley, *Punitive Damages: Empirical Findings* 56-64 (1987),依据加州1980—1984年的数据,考察了惩罚性赔偿金与补偿性赔偿金的关系。在商业/契约案件中,中位数的比率为1.6,最高25%的比率为4.5;在故意侵权案件中,这两个比值分别为1.2和3.0,在人身伤害案件中分别为0.5和2.1。

[142] See annot. "Sufficiency of Showing of Actual Damages to Support Award of Punitive Damages", 40 ALR 4th 11 (1985).

[143] 这在英联邦国家也得到允许,在前注[140]所引的澳大利亚 *XL Petroleum v. Caltex Oil* [59 ALJR 352, 358 (1985)]一案中,最初判给40万,占被告税后利润的1%(see at 357, 362)。但意味深长的是,澳大利亚高等法院多数法官认为赔偿金额过高,同意缩减。并没有考虑比例问题,补偿性赔偿金只有5527美元。

[144] 参见本书第四章脚注[36]。

[145] *Grimshaw v. Ford Motor Co.*, 119 Cal. App. 3d 757, 174 Cal. Rptr. 348 (1981). *Chodos v. Insurance Co. of North America*, 126 Cal. App. 3d 86, 178 Cal. Rptr. 831 (1981),该案支持22万美元的惩罚性赔偿金,相对应的是146美元的财产损害(fender bender,小车祸),5000美元的精神损害赔偿。See Owen, "Problems in Assessing Punitive Damages against Manufacturers of Defective Products", 49 U. Chi. L. Rev. 1 (1982).

[146] 一方面,福特公司1976年净资产值为77亿美元,税后收入为9.83亿美元,赔偿款只是分别占到0.005%和0.03%。但另一方面,陪审团最初的裁决44倍于补偿性赔偿金(260万美元)。既然这就是减轻惩罚性赔偿的原因,那"激情与偏见"(passion and prejudice)的证据是否污损了整个裁决?(原书的数字就是如此,并不求精确。——译者注)

350万这个巨大差距（36∶1），若是承审法官将赔偿金额减少到100万或者500万美元，上诉法院毫无疑问同样会尊重这个裁决。只是对裁决的大笔金额未必满意，多数法院都默认了针对同一被告人反复地判处惩罚性赔偿金。这在大规模事故引发的诉讼中逐渐成为通行做法，不仅在不同法官审理的若干连续的独立诉讼中，甚至在多位原告针对同一被告提起的合并诉讼中。[147] 每笔赔偿都指向这位被告的资产，合计起来会迅速耗尽被告人的全部资源，将之迫入破产境地，如石棉事件，如此这般的"过度杀伤"便甚难证明其合理性。在罗金斯基诉理查森—梅里尔公司案[148]中，第二巡回法院发出了少有的抗议声音。法院提醒，此前加州法院针对同种药物已经判处了惩罚性赔偿，已足以起到惩罚目的。但赔偿第一位原告而将此后的当事人都排除在外，这又是否公平？反复赔偿这个想法就表明，惩罚性赔偿金不仅仅是对被告人的惩罚，至少在同样的程度上，也是对原告及其律师的回报。针对同一加害行为，杂乱无章、全无规划地多次惩罚被告人，在宪法层面亦破绽百出。[149] 倒是有个办法，时不时有人提出用来解决这里的难题，即针对惩罚性赔偿，由某个法院确认集体诉讼，从而确保被告人可得财产构成的"有限资产"（limited fund）得公平分配给集体诉讼的全体人员。[150] *

有个相关难题，即被告人的责任保险是否覆盖惩罚性赔偿金。当然，允许被告人逃脱个人责任，会使救济措施［惩罚性赔偿］丧失法律希冀的威慑功能。[151] 依普通法及制定法的立场，为故意或者恶意加害行为引发

---

[147] 对此"过度杀伤"（overkill）发出警示的，see Surrick, "Punitive Damages and Asbestos Litigation in Pennsylvania: Punishment or Annihilation?", 87 *Dick. L. Rev.* 265 (1983).

[148] *Roginsky v. Richardson-Merrell*, 378 F. 2d 832 (2nd Cir. 1967).

[149] "正当程序"所要求的"基本公平"（fundamental fairness）遭受侵害，see Jeffries, "A Comment on the Constitutionality of Punitive Damages", 72 *Va. L. Rev.* 139 (1986).

[150] 出于各种不同原因，这样的努力多数失败。参见本书第七章脚注〔32〕[该注所在段落正文]。

* "确认"（certify）是集体诉讼领域的术语，参见边码第241页以下，尤其是第七章脚注〔22〕。

[151] 有个解决之道：将保险公司的给付金额记入被告人的贷方，当作其部分收入。See King, "The Insurability of Punitive Damages: A New Solution to an Old Dilemma", 16 *Wake Forest L. Rev.* 345 (1980). 或者允许责任保险公司就支付的惩罚性赔偿金向受保侵权人追偿，See *Ambassador Ins. v. Montes*, 76 NJ 477, 388 A. 2d 603 (1978).

的责任提供保险，普遍认为有悖公共政策。[152] 那么这个原理是否不该适用于惩罚性赔偿金？[153] 相当多的法院对这个结论不屑一顾［即主张将惩罚性赔偿纳入保险范围，不认为有悖于公共政策］，通常都是基于诡辩，认为没有理由帮助保险公司摆脱这个财务负担。[154] 这个事实大概表明，这些法院更关注的是出庭律师可能经受的失望，至于这个救济措施［惩罚性赔偿］理当促进的公共政策的落实情况，倒没有那么上心。更为厚道的解释是，这些法院是希望，将惩罚性赔偿金纳入保险范围，此举可以安抚那些反对将惩罚性赔偿金的适用范围扩张及于直接故意伤害案件之外的批评家。

若说对有效的成本负担的重新分配，是如何侵蚀掉惩罚性赔偿金的威慑功能的，保险绝非唯一的例子。针对企业被告人判处惩罚性赔偿金，这个最近吸引了全部注意力的话题，意味着在很多场合（可能是大多数场合），成本被按部就班地转嫁给了局外人：转嫁给了消费者、转嫁给了供货人，还转嫁给了国库（损害赔偿金被看作营业支出，故可免税[155]）。[156] 即便是被告企业不得不自己消化的那部分成本，埋单的也是清白无辜、无能为力的股东，而不是应受谴责的企业官员。牺牲这些群体的利益，而使原告方及其律师得到意外之财，是否正当？这个问题将当前的改革努力都遮蔽在其阴影之下。

改革。面对律师费用这个复杂难题，有些州的改革思路是快刀斩乱麻，废除惩罚性赔偿金，允许判令被告人承担原告的合理律师费用。在少

---

[152] e.g. California Insurance Code § 533; Civil Code § 1668.

[153] 若是将此原理适用于惩罚性赔偿金，判给惩罚性赔偿金可能的后果就是保险公司会拒保，不仅拒保惩罚性赔偿金，而且拒保补偿性赔偿金。See Clark, J., diss., in *Taylor v. Superior Court*, 24 Cal. 3d 890, 598 P. 2d 905 (1979). 逃脱此逻辑的唯一办法是，惩罚性赔偿金多是判给放任行为，并不构成"恶意或故意行为"，see *Ford Motor Co. v. Home Insurance Co.*, 116 Cal. App. 3d 374, 382-383 (1981). 搜集的案例见 16 ALR 4th 11 (1982).

[154] See Prosser and Keeton, *Torts* 13 (5th edn. 1984). 对这两个观点的充分阐述，see *Harrell v. Travelers Indemnity Co.*, 279 Ore. 199, 567 P. 2d 1013 (1977). 令人惊讶的是，考虑到加州法院偏袒原告的立场，却认为不属保险范围，see *Ford Motor Co. v. Home Insurance Co.*, 116 Cal. App. 3d 374, 382-383 (1981).

[155] IRS Ruling 80-211.

[156] See Launie, "The Incidence and Burden of Punitive Damages", 53 *Ins. Coms. J.* 46 (1986).

数州[157]，这个改革极大降低了胜诉酬金安排对原告方律师的吸引力，但也遇到反对意见，认为惩罚性赔偿金本身就可以起到弥补原告法律费用的作用。

但多数改革并未完全废除惩罚性赔偿金。面对惩罚性赔偿金过高的批评，有些州给惩罚性赔偿金设了"限额"，或者限定了其与补偿性赔偿金的比率关系。[158] 另外的思路是提高证明标准，以回应可能的来自宪法层面的反对，即依照民法上的或然性权衡标准来决定此等事宜是对正当程序的否认。[159] 替代的证明标准是"清楚且令人确信的证明"，这是宪法诉讼甚为熟稔的标准，[高于民事案件的证据优势标准，]但又未到刑法上排除一切合理怀疑的证明标准。[160] * 这个思路增加了承审法官的控制权力，但又比不上下面这个方案，也就是将惩罚性赔偿金的评定事宜彻底从陪审团处剥夺，如同给刑事被告人量刑的工作，转而交由法官定夺。[161] 还有另外的思路就是不应让被告人承担高过一笔的赔偿。[162]

出庭律师总是为惩罚性赔偿金辩护，声称这是预防事故的必要激励机制，为了考验这些律师是否真挚诚笃，最能煽风点火的改革方案就是将惩罚性赔偿金从原告处转移给人道主义用途，例如致力于产业安全以及

---

[157] 乔治亚州、夏威夷州、爱达荷州。针对恶意拒绝保险赔付和解请求。

[158] 蒙大拿州（10万美元），科罗拉多州和俄克拉荷马州（1∶1），佛罗里达州（3∶1）。

[159] 或主张判给惩罚性赔偿金应达到刑事审判证明标准（无辜假定，一致裁决）。拒绝此立场的判例：Toole v. Richardson-Merrell, Inc., 251 Cal. App. 2d 689 (1967).

[160] 采纳这个思路的判例：Linthicum v. Nationwide Life Ins. Co., 723 P. 2d 675 (Ariz. In banc, 1986); Wangen v. Ford Motor., 97 Wis. 2d 260, 294 NW 2d 437 (1980). 制定法有明尼苏达州、俄勒冈州。科罗拉多州一部制定法采纳了"排除一切合理怀疑"标准。

* 清楚且令人确信的证明（clear and convincing proof），是指能够确定争议的基本事实具有合理的真实性的一种证明程度。它高于证据优势（preponderance of evidence）的证明程度，但低于排除合理怀疑的证明程度。它对事实的确认只达到一种高度的盖然性。参见薛波主编：《元照英美法词典》，法律出版社2003年版，第234页。——译者注

[161] Model Uniform Product Liability Act § 120.

[162] 参见《模范产品责任法》，卡斯腾（Kasten）参议员自1982年起就大力推广并提出议案。该法案除采纳更为严格的证明标准外，最初还包含了只令被告人承担一笔赔偿金的建议。

事故预防的组织、红十字会之类。[163] 最后,为了控扼赔偿规模,有两位承审法官最近建议,倘被告人承担了补救措施,即应减少大额赔偿。[164] 这个策略有助于将来的事故预防,但会降低诉讼激励。如同其他建议,这个方案同样遭到出庭律师行业的强烈谴责。

4. 非财产损害赔偿金

相较那些文化价值相近、生活标准相仿的其他国家[165],美国法院判给的非财产损害赔偿金往往数额大到惊人[166]。就这个差异当然可以主张说,这反映了在美国这个富足宽容的国家,对精神或者其他非物质层面的价值更为敏感[167],但更为现实的解释大概在于陪审团审判与咄咄逼人的出庭律师业这两个成双配对的密切特征。

如前文解释过的[168],美国陪审团倾向于对个体受害人表达自己的同情,对那些口袋深厚、面孔模糊的被告人倒没有过多关心。诚然,被告人

---

[163] 《波兰民法典》第 448 条为红十字会提供了范例。See Wagner, *Polish Civil Law*, vol. Ⅱ (Obligation in Polish Law) 146 (1974). 佛罗里达州 1986 年《侵权法改革与保险法》不但限制惩罚性赔偿金的适用及金额,还要求 60% 应支付给医疗援助基金(Pub. Med. Assistance Trust)或者政府一般收入(Gen. Revenue),原告律师费为 40%。

[164] See Note, "Remedial Activism: Judicial Bargaining With Punitive Damage Awards", 19 *Loy.-LA L. Rev.* 941 (1986).

[165] See Szöllösy, "The Standard of Compensation for Personal Injury and Death in European Countries", 1983, *Nordisk Forsikringstidsskrift* 128. Generally, id., *Die Berechnung des Invaliditätsschadens im Haftpflichtrecht Europäischer Länder* (1970).

[166] 当然,证据主要是轶事证据。但据某份对"结案保险请求"的研究,加成率(mark-up ratio,是指卖出价减去购入价的差值,除以卖出价,这里应该是将其他国家的数据比作购入价,将美国数据比作卖出价)在诉讼案件中为 5.3,在律师援助的案件中为 2/2.3,在其他案件中为 1.5/1.7, see O'Connell and Simon, *Payment for Pain and Suffering*, 16-18 (1972). 美国保险协会(AIA)的数据表明,有律师的受害人为 3.4,没有律师的受害人为 2.3 (Ibid., at 16)。全国范围内 1984 年的数据显示,身心创痛的赔偿金额在 10 万美元以上的,加成率大概为 4.41,据估测将上升到 5.06, see H. Manne ed., *Medical Malpractice Guidebook*, 1985. 英国的情况,据皮尔逊委员会的意见,就人身伤害的侵权损害赔偿金来说,非财产损害占比过半,就小额赔偿案件来说,这个比例更高。Pearson Report, vol. Ⅱ, para. 382.

[167] 对身心创痛给予赔偿,这个观念被归因于资本主义社会物质价值的乏力(effete materialistic value),中国与苏联皆不认可此类赔偿,但在西方法律文化中却是根深蒂固,东欧社会主义国家也逐渐不愿遵从旧模式。在普通法里,非财产损害赔偿最初是和故意侵害联系在一起的,如同惩罚性赔偿金,但在 18 世纪末扩张及于过失侵权,而在美国,直到 19 世纪中叶偶尔还会遭到挑战。See O'Connell and Bailey, "A History of Pain and Suffering", in O'Connell and Simon, *Payment for Pain and Suffering*, 83-109 (1972).

[168] 参见本书第四章脚注〔40〕。

的深口袋正被看作是用来惩罚被告人的特殊标靶,尤其是在原告遭受了重大伤害而被告人的受责程度彰明较著的情形。法官向陪审团发布的指示往往过于概括,又缺乏从流行的司法实践中归纳出来的什么表格或标准作为指引,原告方律师的目标往往雄心勃勃[169],[这些因素叠加,]简直就是公开邀请陪审团以慷慨大方的气度来回应,却没有太多约束机制来影响陪审团。法院显然不太情愿侵入陪审团的传统特权领域,故司法控制十分有限。

最近几十年来赔偿金规模的戏剧性大爆炸,背后的驱动力量是原告方律师行业的业务愈发熟练,胜诉酬金安排则为动因所在。出庭律师业对自身使命的理解,更多在于扩大赔偿规模,而不在于扩张责任领域;20世纪50年代初,梅尔文·贝利发起的"更多适当赔偿"(The More Adequate Award)活动,即为象征。[170] 只要原告找了律师,就会对保险公司的理算师产生通电效果(galvanizing effect)。不请律师,除了医疗费及其他经济损失,原告几乎什么也拿不到;请了律师,原告得到的赔偿金平均来讲就会是3倍或更多。[171] 这就显示出了律师代理的效果非凡;而在后头鞭策的,就是律师给自己增添些彩金的自我利益。

据普遍的揣测,陪审团于裁定赔偿金额之际,已经将原告的律师费用纳入考虑。倘这揣测有几分属实,那么在此程度内,费用即如同在"英国规则"下那般,当然是偷输潜运地,从被告处转移到了原告处。诚然,正式引入费用转移规则的任何努力都会遭到反对,理由就是费用通常都已经包含在赔偿金中,会使被告人陷入支付2次的风险。[172]

---

[169] 多数州都允许向陪审团披露原告方面主张的损害赔偿金额(一般都是极度夸大的),即所谓诉状中的损害赔偿条款(*ad damnum*)。被告方律师业反对这种做法,认为向陪审团以及公众传递了扭曲的意见;see *Responsible Reform*, 25 (1969). 有些国家将诉讼费用与请求赔偿的金额挂钩(参见前文,脚注[57]),可以起到刹车作用。此外,原告律师在提交给法院的文件中会详细写明数额(*quantum*),有些州允许主张依日计算(*per diem*)。See 3 ALR 4th 940 (1981).

[170] Belli, "The Adequate Award", 39 *Cal. L. Rev.* 1 (1951); id., The More Adequate Award (1952).

[171] 参见本书第五章脚注[115]。

[172] See. e.g. *Wall St. J.*, 29 May 1986 (轶事证据). 有案例将律师费用纳入赔偿金,构成陪审团不当行为,得在法律上非难陪审团裁断; *Krouse v. Graham*, 19 Cal. 3d 59, 562 P. 2d 1022 (1977). See Comment, "Impeachment of July Verdicts", 25 *U. Chi. L. Rev.* 360 (1958).

照平常的见解,非财产损害赔偿实际上是为原告的律师安排的。纵使这见解有几分属实,亦不能将"美国规则"与对非财产损害赔偿的认可关联在一起,盖西方多数法律体制都是将之与费用转移结合起来。[173] 显然,非财产损害赔偿还服务于各种其他目标,如表达道德义愤或者给予"令人满意的回应"(satisfaction),弥补对财产损失的过低评定。胜诉酬金规则却着实创造出这样的激励机制,令原告律师一再劝说陪审团判给最高的金额,就因为这里所受的伤害,不同于物质损失,其价值并非固定(elastic)且又不太受司法控制。当然,这也同样解释了律师职业的既得利益所在,为何其竭尽全力地反对以原则上只救济财产损失的赔偿体制取代侵权法。在很多普通法的法域,改革家一直在四处寻找控扼赔偿规模的新约束机制。在这样的努力中,传统的被告方律师业利益集团也一直都能找到无过错赔偿的拥趸,为了使实际财产损失得到更充分的赔偿,宁愿牺牲掉对非财产损害的赔偿。比方说在英国,判给的侵权损害赔偿金过半都是源于非财产损失[174];是否保留对身心创痛的赔偿,与"官能"(faculty)的丧失截然区分[175],皮尔逊委员会在这个问题上陷入分歧,但不推荐就头3个月给予非财产损害赔偿[176]。差不多一半的委员会成员还同意设计封顶,以平均工业收入的5倍为宜(1977年,大概为2万英镑)。[177] 1978年,加拿大最高法院担起责任,给全部非财产损害赔偿金设置了10万美元的"限额"[178]。爱尔兰法院跟随采取措施,于1984年引入15万英镑的封顶。[179] 在美国,机动车无过错方案只就医疗费用及收入损失给予救济,还有几个州就较轻的伤害甚至完全排除了侵权赔偿请求权。[180] 给非财产损害赔偿设"限额",也是多数其他改革方案追求的显著

---

[173] See McGregor, Int'l Encyl. Comp. L. vol. xi (Torts) ch. 9, pp. 15-20 (1986).
[174] Pearson Report, vol. ii, para. 81.
[175] Ibid., paras. 380-381.
[176] Ibid., para. 388.
[177] Pearson Report, vol. ii, para. 391. 1977年,迄今最高的赔偿为24.3万美元;Pearson Report, vol. ii, para. 82。
[178] Andrews v. Grand & Toy Alba. [1978] 2 SCR 229 (四肢瘫痪,10万美元),此后有案例考虑通货膨胀而调整;Lewis v. Todd [1980] 2 SCR 694 (19.5万美元)。
[179] Sinnott v. Quinnsworth [1984] ILRM 523, 532.
[180] 参见本书第五章脚注[95]。

目标。[181] *　如前文提到的,这些改革建议已在医疗责任领域获得一定成功,目前正在产品责任领域大力推进,并是用来修正"连带责任"规则的重要手段。[182]　不奇怪,这些工作向来受到出庭律师行业组织的激烈抵制,而且在不少立法机关遂其心愿[阻挠通过改革立法]。

奥康奈尔教授(O'Connell),这位不知疲倦的侵权法改革推动者,同样建议废除对身心创痛的赔偿,代之以赔付原告的律师费用。[183] 奥康奈尔诉诸通常的理解,即原告的非财产损害赔偿金中相当大的部分实际上都消耗在了律师费用上,故而这个交换(放弃精神损害赔偿,换取赔偿律师费),并不会伤害原告或者原告律师的合法诉求。另外,这个思路可以重创当下流行的恶习,如小题大做/无中生有的诉讼(padding claims)或者极力挖掘微末伤害的纠缠价值**,并避开探求精神损害的金钱价值这件费时耗力、纷繁复杂的麻烦工作。可当下体制的这些弊端,却能带来源源不断的赔偿款,出庭律师为了其既得利益自要竭力维护现状,抗拒改革。

精神上的极度痛苦。* 原告方律师行业推动非财产损害赔偿的事业甚为成功。这个事业从来都未局限于传统的人身伤害领域,在若干其他方向上的扩张亦颇值得关注。

第一,将此类赔偿金扩张及于不法致人死亡案件的赔偿请求。如同

---

[181] 佛罗里达州设置了 10 万美元限额,从统计数据分析,受影响的主要是判给了大笔财产损害赔偿金的案件(10 万美元以上)。See H. Manne ed., *Medical Malpractice Policy Guidebook*, at 132-141. 佛罗里达最高法院认为州的做法违宪,盖同时处理了多个主题,See *Evans v. Firestone*, 457 So. 2d 1341 (1984).

* 依《佛罗里达州宪法》第 11 条第 3 款,人民保有建议修订宪法的立法创议权(initiative),但除了限制政府增加岁入的权力外,任何修订都只能限于一个主题以及直接相关的事宜。——译者注

[182] 参见本书第三章脚注[80]。在加州,1986 年,越过司法机关,以公民创议立法(popular initiative)的形式,将非财产损害赔偿限定于每个被告人过错相应的那部分。

[183] O'Connell, "A Proposal to Abolish Defendants' Payment for Pain and Suffering in Return for Payment of Claimants' Fees", 1981 *U. Ill. L. F.* 333. 奥康奈尔还曾建议废除平行来源规则,参见前文,脚注[96]。

** 纠缠价值(nuisance value),是指某事物的价值就在于给对手制造麻烦。——译者注

*** 精神上的极度痛苦(emotional distress, mental anguish),是指区别于因人身伤害所致的肉体痛苦,但包括因人身伤害伴随产生的精神上的痛楚、悲伤和焦虑。作为损害赔偿因素,本词指极度精神痛苦和悲伤,并非仅仅是失望、愤怒、忧虑、窘迫。本词也指因绝望、愤慨、自尊心受伤害、被人公开羞辱等而形成的极度精神痛苦。薛波主编:《元照英美法词典》,法律出版社 2003 年版,第 468、908 页。——译者注

英国,美国最初对不法致人死亡法也是严格解释*,将赔偿限定于死者遗属的实际财产损失,至于丧失陪伴与亲属利益(loss of companionship and society)以及悲伤哀恸(grief and sorrow),皆给排除在外。[184] 很长时间里,只有美国西部诸州允许赔偿后种类型的损失,但近来越来越多的州加入这个行列,目前已经占据"绝对多数"。[185] 美国最高法院考虑到这个势头如此风行,遂行使其海事管辖权,将不法致死的这个立法模式适用于领海。[186] 要说英国法院与美国法院判给的赔偿金在规模上有差距,差距最为显著的莫过于这个场合。[187]**尤其是在孩子遭受致命伤害的情形,美国父母如今得以巧计战胜传统的"童工"(child-labour)标准,就其丧失[孩子]陪伴得到实质性赔偿,正如同那些[在家庭经济支柱死亡案件中的]配偶或者孩子一样,因为其因受害人死亡而失去的,远远不止一位养家糊口者。[188]

[第二,在非死亡案件中的扩张。]在非致命伤害情形,传统普通法对亲属赔偿请求的支持就显得更为悭吝。只有丈夫得就丧失配偶利益

---

* 不法致人死亡法(wrongful death statutes),在美国诸州均存在该种制定法。若某人过失致他人死亡,该法提供了相应诉因,死者遗产管理人得以为死者配偶、父母或子女的利益而对加害人提起诉讼。大多数州法律规定的是补偿性损害赔偿,但也有一些州保留了惩罚性损害赔偿的规定,而另外一些州的规定反映了以上两种倾向的结合。薛波主编:《元照英美法词典》,法律出版社 2003 年版,第 1429 页。——译者注

[184] See Prosser and Keeton, *The Law of Torts* 951-952 (5th edn. 1984); Harper, James, and Gray, *Law of Torts* § 25.14 (2nd edn. 1986).

[185] *Sea-Land Services, Inc. v. Gaudet* 414 US 573, 587 (1974).

[186] Ibid. 有些奇怪的是,美国最高法院拒绝适用更为接近的《公海死亡法》(Death on the High Seas Act),该法是排除此类赔偿请求的。在 *Moragne v. States Marine Lines, Inc.*, 398 US 375 (1971)案中(上个脚注中的高德特案即是依据此案裁判),最高法院采纳了民法进路,遵循各州不法致人死亡法的模式,并以之为类推的前提,为发生于美国领海的死亡事件创造了判例法上的权利。

[187] 土耳其航空公司飞机坠毁诉讼,将此点表现得淋漓尽致。在奎恩案中(*kween* case),最初在伦敦是提议赔偿原告 3,400 美元,洛杉矶陪审团判给 150 万美元。See Johnston, *The Last Nine Minutes*, ch. 25 (1976).

** 脚注中所说奎恩案,当指 Jo SAXTON, as Special Administrator and Personal Representative of the Estate of Betty Evelyn Kween, Deceased, Plaintiff, v. McDonnell Douglas Aircraft Company, a California Corporation, and General Dynamics Company, a California Corporation, Defendants. 428 F. Supp. 1047 (C.D. Cal. 1977). ——译者注

[188] 英国 1976 年《死亡事故法》(Fatal Accident Act)遵循了爱尔兰、澳大利亚的立法思路,受苏格兰法上慰抚金(*solatium*)影响,准许为丧亲之痛赔偿 3500 英镑。

(loss of consortium)请求赔偿,妻子、父母、孩子皆不可。同样地,好多法院受到推动,几乎都是针对非财产损害,扩张了对等的权利。先以丈夫受伤害为例。丈夫得请求赔偿医疗费用及收入损失,此外自得就己身所受身心创痛请求赔偿。妻子只得请求赔偿一项非财产损害:丧失陪伴与亲属利益,包括性生活。多数法院并不是废止丈夫的诉讼,而是将之扩张及于妻子的诉讼。这项诉讼的历史如此古老,而此处损失又是如此私密、无法触摸、无从计算,评定其金钱价值实非易事,法院却并未因此退却。[189] 而就父母以及子女的关系来说,并无类似先例。虽然如此,好多法院在这类关系里同样采纳了配偶模式。[190] 多少让人有些惊异的是,加州最高法院在这里竟逡巡不前,将那些反对非财产损害赔偿的烦冗说教大肆援引,而这些说教正是加州法院过去一向以白眼对之的。[191] 由此造成的伤害案件与死亡案件的区别对待,颇有基于宪法理由而质疑的[192];依法院的解释,这里的基本原理在于,死亡案件中,[必须使子女得请求赔偿,]否则的话对侵权人即无制裁措施,而且唯有如此,家庭方能就失去父母的养育照顾(care and services)得到赔偿,而在伤害案件中,"孩子所受损失的那些有形侧面,在父母**自己的**(*own*)诉因中即可得到赔偿"。[193]

但这个小小的挫折不必介意,对惊吓损害(mental disturbance)给予赔偿这么重大的法律扩张足以弥补之。[194] 美国法院对此类赔偿请求的

---

[189] See Prosser and Keeton, *The Law of Torts* 931-932 (5th edn. 1984). *Ossenfort v. Associated Milk Producers, Inc.*, 254 NW 2d 672 (Minn. 1977),在该案中,丈夫遭受毁灭性伤害,法院支持判给妻子50万美元。

[190] e.g. *Theama v. City of Kenosha*, 117 Wis. 2d 508, 344 NW 2d 513 (1984); *Ueland v. Pengo Hydra-Pull Corp.*, 103 Wash. 2d 131, 691 P. 2d 190 (1984)。

[191] 法院不但援引了反对的理论,还提到了该案的事实情况,即受伤的父亲有不少于6个孩子[大概是说,若给予救济,赔偿金额会很高]。法官在异议中指出,依统计数据,[美国或者加州的家庭]平均有2.1个孩子。*Borer v. American Airlines*, 19 Cal. 3d 441, 563 P. 2d 858 (1977)。

[192] 关于违反平等保护条款,参见本书第三章脚注[3]。

[193] *Borer v. American Airlines*, 19 Cal. 3d 441, 452 P. 2d 858 (1977).

[194] See Prosser and Keeton, *The Law of Torts* 845 (5th edn. 1984); Harper, James, and Gray, *Law of Torts* §18.4 (2nd edn. 1986).

抵制,可要比英国法院来得长久。多数法院坚持"身体影响"要件*,主要是考虑到下面两点:一个是对欺诈性赔偿请求的普遍恐惧;还有一个是当然地假定了陪审团并无能力对付彼此冲突又华而不实的精神病学证据。纵使这个障碍在 20 世纪 50—60 年代倾圮之后,原告还是面临着第二道难关,即原告必须证明,由于担忧自己的安全(而不是第三人的安全)而感受到震惊(shock),或者(其实往往是一回事儿),必须处于身体影响带来的人身危险当中。终于到了 1968 年,在广受赞誉的狄龙诉莱格案[195]**中,母亲目睹孩子受到伤害,但母亲自己处于安全的位置,加州最高法院破天荒地给予母亲赔偿,树立了新典范。在可预见性(foreseeability)原则的指导下,法院建议"考虑以下因素":(1)原告所处之位置是否接近事故发生地点;(2)震惊是否是在事发当时感同身受地观察到事故所致;(3)原告与受害人是否有足够亲密的关系。这些指引规则在很长一段时间里都在接受司法实践的检验,而后法院尝试着放弃震惊导致"人身伤害"(physical injury)这个要件——这里所谓"人身伤害",是在必须有客观表征的意思上讲的,例如流产或者心脏病之类的器质性伤害,或者至少严重的精神病学上的创伤(psychiatric trauma)。在莫利恩诉恺撒基金会医院案中,原告的妻子被错误诊断为罹患梅毒,原告就婚姻破裂使自己遭受的极度精神痛苦(anguish)请求赔偿。法院坦率承认,"无条件的人身伤害要件不再合

---

* 身体影响规则(Physical Impact rule),意指过失的惊吓加害(negligent infliction of emotional distress)还需要附加一些条件才构成侵权。也就是要求有身体接触(bodily contact),这个接触足以产生独立的赔偿请求。否则只能寄生于其他侵权。很多法院认为,仅仅因恐惧而生的损害不可赔偿,哪怕这个恐惧导致可诊断的精神或身体疾病。See Eric A. Cunningham III, "Negligent Infliction of Emotional Distress in Air Crash Cases: A New Flight Path?", 70 *Wash. U. L. Q.* 935, 938 (1992).——译者注

[195] *Dillon v. Legg*, 68 Cal. 2d 728, 441 P. 2d 912 (1968).

** 该案的基本案情是:母亲玛格丽·狄龙(Margery M. Dillon)和女儿目睹母亲的另一个孩子在车祸中丧生,肇事者为戴维·卢瑟·莱格(David Luther Legg)。母亲和女儿以目睹事故为由请求赔偿精神上的极度痛苦。初审法院依当时主流的危险区域规则(zone of danger rule)驳回起诉,依此规则,原告自己必须身处事故造成的身体伤害危险当中。加州最高法院依据可预见性来判断过失被告人对于旁观者是否负有注意义务。至于是否负有注意义务,应考虑正文提到的三个因素逐案分析。至少 20 余件见诸报道的他州上诉法院判决以支持态度援引了该案判决。——译者注

适",支持了原告的请求。[196] 法院援引了直到今天都很熟悉的构成表述（constitutional vocabulary），认为若以其界定标准所宣称的筛检出虚假诉讼请求这个目的来看，同时存在涵盖过宽与涵盖不足的弊病。[197] 获得救济以人身伤害为要件，而不论伤害多么微末，这是其涵盖过宽；虽受"严重惊吓损害"（serious mental distress）却未受[人身]伤害的（injury），即机械地排除于司法救济之外，这是其涵盖不足。此外，还鼓励了滥诉行为与证据失真。很久之前的**故意**（intentional）惊吓加害案件[198]*，以及更近些时候的配偶请求权[199]，都承认了新标准。

这件判决的实际效果是在此类案件中放弃了对陪审团的最终司法控制，并认可过失造成"身心创痛"诉因（negligent 'pain and suffering'，身体痛苦与精神创伤），并不以人身伤害为要件。[200]

5. 定期给付

美国法与英国法都秉持普通法传统，不论是过去损失还是将来损

---

[196] *Molien v. Kaiser Foundation Hospitals*, 27 Cal. 3d 916, 616 P. 2d 813 (1980). 在该案中，法院意见分裂（4∶3），代表发布多数意见的是莫斯克法官；在前注[187]的博雷尔案中（应为前注[191]——译者注），莫斯克法官曾倡导父母及孩子得主张丧失亲属利益的诉因（loss of consortium），未获成功。另外，法院也放弃了早先要求的原告必须"以自己的感官见证了第三人受伤害"的指引，理由是该案中的原告系"直接受害人"（direct victim）。

[197] 参见本书第三章脚注[18]。

[198] *State Rubbish Collectors Association v. Siliznoff*, 38 Cal. 2d 330, 240 P. 2d 282 (1952).

* 该案的基本案情是：原告为垃圾收集处理公司协会，被告西尼兹诺夫并非该协会会员，却从原告的某会员处收集垃圾。原告方的代理人要求西尼兹诺夫交出因收集垃圾所得之金钱，否则免不了受皮肉之苦。西尼兹诺夫只好参加了原告的会议，并签署了承诺付款的书据。原告要求西尼兹诺夫履行付款义务，西尼兹诺夫认为该书据无效，不具执行力，并针对原告方的故意惊吓加害（intentional infliction of mental distress）提起反诉。陪审团裁断支持西尼兹诺夫的两项主张。该案确立的法律规则为：施加身体暴力的严重威胁，不论该威胁是否构成刑法/侵权法上的攻击（assault），都得以故意惊吓损害为由请求赔偿。意图如此加害且实施的，就因此而生之精神痛苦（emotional distress）及身体损害（bodily harm）负赔偿责任。可参见 https://caselaw.findlaw.com/ca-court-of-appeal/1770684.html，2019年10月8日访问。——译者注

[199] 参见前文，脚注[189]。

[200] See also *Dartez v. Fibreboard Corp.*, 765 F. 2d 456 (5th Cir. 1985). 在该案中，一位从前受雇的工人担心罹患石棉疾病，精神极度痛苦（mental anguish），虽然并未证明罹患此等疾病合理的医学可能性，法院仍判令赔偿。相反的判决，See *Payton v. Abbott Labs*, 386 Mass. 540 437 NE 2d 171 (1982).

失[201]，只要系单一事故造成[202]，即以一整笔款项（lump sum）一次性赔偿完毕。这个方案的诸多弊端中最为显著的，即是受害人将来的健康状况、预期寿命、通货膨胀以及其他诸般变迁，皆赖猜测。在英国及其他英联邦国家，直到最近，都是简单干脆地拿这个猜测来给整笔赔偿款打个大大的折扣（贴现）；美国陪审团却更愿意将这些存疑时的利益给予原告，这个立场更因下面的事实而得以强化，即美国的普遍做法是在或然性权衡的基础上，以全有或全无的方式来决断这些事宜，而不是像英国实务中那般，评估机会大小并依相应比例减少赔偿金。[203] 原告方律师业并没有太大热情以定期给付来替换这套制度，律师在费用上的利益在这里表达得直言不讳。不过，可以（事实上也一直都是）通过坚持"预付（up front）"律师费，来维护自己的利益。这已经成了所谓"结构性和解"中稳定不变的惯例，也就是规定给付年金（可以是固定的或者变动的），通常会在开始或者规定的间隔支付数额较小的一整笔款项（lump sum）。[204] * 定期给付免征所得税（对照将一整笔款项拿去投资所得之收入），尤其对极为严重的伤害来说，更增强了其吸引力。[205] 在很多州，旨在降低医疗责任成本的那些改革立法也都规定，针对将来损害的赔偿款超过特定金额的（例如5万美元），应任一方当事人之请，判令以定期形式给付。[206] 美国统一州法委员会起草了《判令定期给付示范法》（Model Periodical Payment of

---

[201] See Harper, James, and Gray, *Law of Torts* §25.2 (2nd edn. 1986).

[202] 美国法坚决反对"分裂"（splitting）诉因。See *Restatement (Second) of Judgments* §24 (1982)，"诉讼所由出之交易的全部或任何部分，或者一系列的相关交易"。

[203] See King, "Causation, Valuation, and Chance in Personal Injury Torts Involving Pre-existing Conditions and Future Consequences", 90 *Yale. L. J.* 1353 (1981). 关于英联邦的情况，see Cooper-Stephenson and Saunders, *Personal Injury Damages in Canada*, ch. 3 (1981); Fleming, *Law of Torts*, 205-206 (7th edn. 1987).

[204] See *Settlements Including Deferred Payments* (Practicing Law Institute) (1984).

* 结构性和解、组合式和解（structured settlement），是指有关赔偿金和解的一种，被告同意在受害原告的有生之年对其分期支付赔偿金。一般包括首期一次总付的赔偿金和将来以年金方式分期支付的赔偿金。薛波主编：《元照英美法词典》，法律出版社2003年版，第1299页。——译者注

[205] Periodical Payment Settlement Act of 1982, Pub. L. No. 97-473, 96 Stat. 2605 (1983). See Frolik, "The Convergence of IRC §104(2)(a), Norfolk and W. Ry. v. Liepelt and Structured Tort Settlements: Tax Policy 'Derailed'", 51 *Ford. L. Rev.* 565 (1983).

[206] 参见本书第三章脚注[36]。有些产品责任法的建议稿也包含类似条款。

Judgments Act),尚未为任何州采纳;该法尊重律师的契约安排,哪怕顾客就其将来损害选择接受定期给付赔偿款,律师费用仍得以整笔款项一次结清。[207]

(二)实体法

胜诉酬金对于损害赔偿规则的影响,并未耗尽其激励作用。胜诉酬金对实体法的影响不那么清晰、不那么容易证实,但这不会妨碍普遍的共识,即胜诉酬金乃是驱动司法能动主义的主要引擎,而这一点正是当代美国侵权法图景的鲜明特征。

前面提到,美国原告律师有更强激励去承担风险,接手胜诉可能性稍低的案件;盖不同于英国规则下的个人当事人,美国律师得将败诉成本分摊于众多的胜诉顾客当中。投机性诉讼遂为可行,而且开辟了新的(更加冒险的)投资来源。即便是最初看来成功的前景不大,偶尔的胜利也提供了推动力量,继续鼓动法院不断扩张法律责任的领域。这个过程可以改变而且已经改变了司法领域对下面这个事情的看法,也就是法院系统在引领法律变革方面该扮演怎样恰当的角色。显然,就当前的司法能动主义现象而言,还有其他因素参与解释。有些因素前面已经提到过:法律改革的其他机关尤其是立法机关,反应迟缓、无动于衷;法官队伍的补充,普遍是从原告方律师行业选拔;整个社会弥漫着社会福利主义的风气,更倾向于通过侵权法将责任成本加诸企业被告,而不是通过社会保障缴费加诸纳税人;等等。胜诉酬金的诉讼激励机制这在个场合仍然发挥了不可否认的重要作用(绝不仅仅是辅助的作用)。

取消传统的豁免权,以比较过错抗辩取代与有过失抗辩,针对缺陷产品引入严格责任,为了寻找财力雄厚的被告人而以极大力度扩张积极注意义务以及近因(实质性原因)的范围,这些决定的次序,这里都没有必要去重述了。[208]

---

[207] 14 ULA § 7 Comment.
[208] 参见本书第一章、第二章。

三、结 论

对胜诉酬金的看法,对变迁社会中法律及律师所扮演角色的看法,这两者是紧密关联在一起的。战后的世界人民迫切要求扩张私权利,民主参与决策程序。而方便穷人及下层社会获取司法资源、寻求司法救济,正是这个大社会议程中的一项。包括英国在内的多数其他国家,仅仅从静止的、最狭窄的法律角度来看待法律援助的功能,而在美国,法律援助项目社会意义最为重大的角色在于,集体应对社会暴虐(social abuse)的挑战以及扩张包括民权在内的个体权利。"公益诉讼"已经成为社会变迁的公认舞台。[209] 公众对此的支持,不仅反映在联邦与地方层面的税收支持上,还反映在大量制定法允许将法律费用判给胜诉方当事人方面。而要确定这些费用,偶然性因素(contingency factor)的地位得到了认可。[210] 传统的侵权诉讼在胜诉酬金的鞭策下,也一直参与推进了同样的社会目标。

因此,美国与其他国家对比的种种差异,涉及对下面这个问题的不同认知,即促成法律变迁的恰当路径是怎样的? 美国文化更倾向于政治权力的分散,故为了落实变革社会的目标,在立法机关之外,同样地倚重法院;事实上,自由主义者和激进主义者主要还是奔赴法院而不是立法会,找到让人聆听其发展大计的地方。这样的趋势使得公民创制私法(private law initiatives)以及在后面加油助威的胜诉酬金安排受到重视。其他国家既没有这样的宪法视角,也没有类似的激进取向。对这些国家来说,有条不紊的社会变革乃属民选立法机关的排他权力范围,以多数决方式为之;法官并不拥有民主信任状,基于这个职业的训练背景及社会关系,不具备能力也并不喜欢成为社会及政治变迁的战士,宁愿在其保守传统下护卫个体权利。

---

[209] See Chayes, "The Role of the Judge in Public Law Litigation", 89 *Harv. L. Rev.* 1281 (1976).

[210] 参见前文,脚注〔14〕、〔43〕。

第七章

大规模侵权

大规模事故已成为现代生活很熟悉的事情,这是在生产、销售、利用有毒物质、不安全药品、快速现代交通工具的过程中以及其他带来损害风险的活动中,技术迅猛推进的连带结果。诸如石棉[1]、达尔康盾(Dalkon Shield)这样的单一类型产品[2],由一家或几家制造商投放于大众市场,可能给无数消费者或其后代造成伤害或疾病。或者单一的事故,如飞机碰撞、爆炸或者排放毒气,可能会使成百上千的人受伤或死亡,或者使整个地区陷入混乱。前面一类称作大规模产品案件,后面一类为大规模事故。这些都会造成大量人员伤害,并且带来裁判上的难题,相较普通事故的裁判事宜,不论在规模还是性质上都迥然不同。逐案裁判的传统方法以及可资适用的实体法原则,主要立足于"矫正正义"的个人主义哲学,无力应对这些挑战。

关于这里集聚的难题,斯潘塞·威廉斯法官(Spencer Williams)心直口快、不留情面地指出:

> 这样原告数千人的"大案子"(big case),每位原告的个人诉讼偏好,是否应该让位给一个从全社会角度来看最为合乎成本效益原则的代表制裁判模式(representative adjudication)? 或者应该在多大程度上安排这样的让步? 在同一不法行为造成众多原告遭受类似伤害的情形,传统的诉讼模式,也就是原被告双方的律师针锋相对,是否成本过于高昂,已经过时了? 是否一定要锱铢必较地确定每起责

---

[1] 参见后文,脚注[62]。
[2] See Mintz, *At Any Cost*: *Corporate Greed, Women and the Dalkon Shield* (1985).

任的数额,积少成多,直到逼迫企业甚至整个产业陷入破产境地?或者,安排某个场合,将法院判决对于工人、企业主以及产品将来发展进程的潜在影响开诚布公地列出来,是否更为明智?同一个被告人,令其承担众多的、彼此冲突的惩罚性赔偿,甚至不顾及在法律上以及实际上带来的威胁,即剥夺将来当事人得到此类赔偿或者任何救济的机会,是否妥当?在先提起的那些诉讼,1/3的赔偿款都进了原告律师的口袋,而那些在后的受害人,可能得不到实际的救济,这又是否公平?让同一位法官反复主持雷同的诉讼,深陷这冗长乏味、耗时费神的工作,或者将这些案件分配到整个法院系统,排满好多法院的日程表,如此利用司法资源,效用是否大、效率是否高?为了让全部受害人得到救济,这样逐案裁判是否是最为迅捷、最为公平的途径?[3]

其他普通法国家遭受的大规模灾难事件自然不会比美国少,但出于多种原因,这些国家的法院并未显著遭遇那些随之而来的法律难题。比方说反应停事件,当时英国法律界对于产前损害是否得予赔偿普遍持怀疑态度,这个问题遂移交至政治层面,希望议会施加压力,促成和解。[4]在其他事件中,如发生在巴黎郊区的土耳其航空公司[981号]班机坠毁事故,众多原告通过"选择法院"而在美国提起诉讼,盖美国法在程序上更为便捷,而且相较住所地所在国,得到赔偿的把握更大、数额更多。[5]于是,全球性灾难受害人的奔涌而至使得美国法院面临巨大冲击,并比别人更为勇敢地去尝试各种解决方案。这个现象本身也揭明了下面的事实,

---

〔3〕 Spencer Williams, "Mass Tort Class Actions: Going, Going, Gone", 98 FRD 323, 324-325 (1983). 威廉斯法官在达尔康盾案件中(参见后文,脚注〔12〕)的集体诉讼确认遭撤销,于此书中大表抗议。

〔4〕 See Insight Team of the *Sunday Times* of London, *Suffer the Children: The Story of Thalidomide* (1979).

〔5〕 See *In re Paris Air Crash of March 3, 1974*, 399 F. Supp. 732 (C. D. Cal. 1975). 总体上,美国法院对选择法院的原告向来态度友好,不大会援引"不方便审理法院"(*forum non conveniens*)规则,而且对美国企业被告,支持适用美国实体法。美国最高法院试图扭转这个势头,*Piper Aircraft Co. v. Reyno*, 454 US 235 (1981) (尤其是"更有利的法律"并不重要); *In re Union Carbide Corp. Gas Plant Disaster*, 634 F. Supp. 842 (SDNY 1986) (在博帕尔案中拒绝管辖)。See also *Asahi Metal Industry v. Superior Court*, 55 LW 4197 (US Sup. Ct. 1987) (拒绝将正当程序规则适用于**外国**制造商)。

即美国法院在这些案件中面临的难题,在相当大程度上,正是其雄心勃勃地扩张实体法权利的成果。这正是《魔法师的学徒》讲述的故事。* 美国法院并不是小心翼翼地推动着侵权责任的原则越过程序规则容纳能力(procedural capacity)的边界[6],而是被推动着采取了更为大刀阔斧的措施,为了对付滚滚而至的诉讼洪水,直接修正了传统程序以及证明规则。

下面先讨论美国法院的程序创新,再论及证明责任的修正。

第一节 程 序

方便大规模诉讼的两点程序设计特别值得关注:诉讼合并和集体诉讼。[7] 下面的讨论主要关注《联邦民事诉讼规则》,部分原因在于该规则为州法院管辖权(state jurisdictions)提供了模板,部分原因在于大多数大规模侵权诉讼都是由联邦法院管辖,盖联邦法院对跨州/国籍诉讼有管辖权(diversity jurisdiction),即诉讼当事人来自不同州,或者一为美国人一为外国人)。[8]**

---

* 魔法师的学徒(The Sorcerer's Apprentice, Der Zauberlehrling),是歌德于1797年创作的十四行诗。魔法师外出,留下徒弟操持作坊杂务。徒弟厌烦了以桶取水,遂施魔法以扫帚代劳。奈何法术不精,一时间水漫平川。徒弟不知如何止住扫帚,遂以斧劈之两半。谁知每一半都变为完整扫帚,各取一桶不断取水,整个房间洪水滔天。无可挽回之际,魔法师返家,方喝断符咒。魔法师说道,非大行家不能招神唤魔。——译者注

[6] See e.g. State of Louisiana, ex rel. Guste v. M/V Test-bank, 752 F. 2d 1019 (5th Cir. 1985). 在该案中,吉法官(Gee J.)支持多数判决,反对就纯粹经济损失给予救济,理由是,"法院的纠纷解决机制,并没有什么有效手段来处理此等规模的灾难事故……应该特别小心[不要]采纳如异议判词中所主张的裁判规则,这样的规则会鼓励法院扩张其裁判领域。"

[7] See Trangsrud, "Joinder Alternatives in Mass Tort Litigation", 70 Cornell L. Rev. 779 (1985). 最为简单而且在今天也没有什么争议的多数当事人程序,当然就是普通的合并审理(joinder),适合人数较少的情形。

[8] 不仅州法院可能受理集体诉讼,而且联邦法院确认的集体诉讼的当事人可以在州法院提起独立诉讼,从而给整体、统一地处理大规模损害赔偿请求增添了新的麻烦;参见后文,脚注[31]。在舒特斯案之前(参见后文,脚注[38]),州的集体诉讼不得涉及国家维度(national dimension)。

** 《联邦民事诉讼规则》(Federal Rules of Civil Procedure),经国会授权,1938年由美国最高法院发布,此后经过多次修正,是联邦地区法院审理所有民事案件的程序规则。大部分州按照联邦规则修正了自己的民事诉讼规则。参见薛波主编:《元照英美法词典》,法律出版社2003年版,第541页。——译者注

一、诉讼合并

大规模诉讼中最为普通的程序，就是为了审前证据开示而将几个诉讼合并，有时还会将某些或者全部相关诉讼请求合并审理，唯一的要件就是必须有法律上或者事实上的单一共同因素。[9] 自1968年起，在联邦司法体系内不同司法辖区待决的相关案件，得移送给单一辖区以合并安排审前程序。就涉及共同事实问题的民事诉讼，多地区诉讼专门司法小组可能会命令移送，不但便利当事人和证人，亦有助于更为公平、有效地管理审前程序中当事人的申请及信息披露事宜。[10]＊ 除了反托拉斯案件和环境法案件，侵权诉讼格外适合多地区诉讼合并处理方式（MDL treatment）。尤为突出的是空难事故[11]、产品责任案件[12]。

审前程序对诉讼结果具有决定性影响。范围广阔的信息披露，包括当事人及证人的书面证词，往往会逼迫出好些相关证据；应当事人申请（motion），法院得就诸多实质法律问题作出裁决，包括申请法院作出简易

---

[9] Fed. R. Civ. Proc. 42.

[10] 28 USC §1407(a). see Weigel, "The Judicial Panel on Multidistrict Litigation, Transferor Courts and Transferee Courts", 78 FRD 575 (1978); Wright, Miller, and Cooper, *Federal Practice and Procedure* §3861, vol. xv (1976).

＊ 多地区诉讼（multi-district litigation），是指涉及一个或多个共同事实问题的若干民事案件同时在几个不同的联邦地区法院待决时，可将这些案件移送至其中一个地区法院以便统一管理，并由一名法官来审理。可能发生多地区诉讼的案件类型包括反垄断案件、共同灾难（如空难）案件、专利和商标案件、产品责任案件、违反证券法的案件等。此等案件的分派与移送由"多地区诉讼专门司法小组"（Judicial Panel on Multidistrict Litigation）按《复杂诉讼指南》（Manual for Complex Litigation）及《多地区诉讼专门司法小组办案程序规则》（Rules of Procedure of the Judicial Panel on Multidistrict Litigation）来办理。参见薛波：《元照英美法词典》，法律出版社2003年版，第934页。——译者注

[11] e.g., *In re Air Disaster at Boston, Mass. On July 31, 1973*, 399 F. Supp. 1106 (D. Mass. 1975); *In re Paris Air Crash of March 3, 1974*, 399 F. Supp. 732 (C. D. Cal. 1975).

[12] e.g. *In re A. H. Robins Co., Inc. "Dalkon Shield" IUD Products Liability Litigation*, 406 F. Supp. 540 (JPMDL 1975); *In re "Agent Orange" Product Liability Litigation*, 506 F. Supp. 762 (EDNY 1980).

判决（summary judgment），从而结束诉讼。[13] 虽说多地区诉讼的主要功能在于处理审前申请，但实际上往往用来结束诉讼。受移送法院的法官得善加利用其说服力，以引导当事人彼此让步，最终达成和解。[14]

倘若这些诉讼最终合并审理，亦得避免分散诉讼。法院彼时或者并不考虑立法意图或者某些当事人的意愿，命令合并审理。[15] 多数的原告方律师，虽说都认同审前程序合并甚为经济并表欢迎，却强烈希望自己操办庭审事务，而不愿意将审判及和解事务委诸集体裁决。[16] 试举一例：在多起镇吐灵（Bendectin）案件的合并审理过程中，法官指示陪审团审理晨吐药物是否导致后代遗传畸形这样的个别问题（discrete question）。陪审团并未接受原告方提出的统计数据，作出了有利于被告的裁决；原告方律师抗议声四起，认为程序有失公平，盖原本得向陪审团展示所代理顾客的伤害情状并陈述被告厂商先前行为的种种失当之处，却全给[合并审理程序]剥夺了机会。[17]

另外，看低合并裁决的经济性，令之屈从于抗议当事人的便利性＊，成本可能很高昂。合并审判会排除[当事人的]退出机会（opting-out），可即便在集体诉讼中也往往有这个选择机会；而且合并审判倾向于以统计

---

[13] 试看此例，"一切申请皆详尽记录在案，并予充分说明和论证……提交了但尚未解决的事宜涉及合宪性以及《华沙条约》《海牙条约》以及《蒙特利尔公约》的适用；倘《华沙条约》得予适用，1929年金法郎的价值要参照今天金法郎的价值来考虑；诸多事宜及当事人的分别审理；加利福尼亚消费者信用法的适用事宜；原告请求判给惩罚性赔偿，被告针锋相对地申请简易判决；关于责任与赔偿事宜的法律选择"，*In re Paris Air Crash of March 3, 1974*, 399 F. Supp. 736-737 (C. D. Cal. 1975). 有些问题得到了法院裁决，622 F. 2d 1315（惩罚性赔偿金）；420 F. Supp. 880（普通法上的妻子）；399 F. Supp. 732（法律选择）。

[14] As in *In re Paris Air Crash of March 3, 1974*, 399 F. Supp. 732 (C. D. Cal. 1975).

[15] See Trangsrud, "Joinder Alternatives in Mass Tort Litigation", *70 Cornell L. Rev.* 804-809 (1985). 案件主要都是反托拉斯诉讼。

[16] See e. g., Rheingold, "The MER/29 Story：An Instance of Successful Mass Disaster Litigation", *56 Calif. L. Rev.* 116 (1968), 否决了设立跨地区合议庭的想法，主要是因为太多诉讼请求提交到了各州法院，但当事人就审前事宜自愿合作。

[17] "Bendectin Verdict Doesn't End Suit", *Nat. L. J.*, 25 Mar., 1985, at 3, col. 2.

＊ 此句有疑。从上下文看，似应论说合并审判亦有其弱点，文义却正相反。"便利"在上下文中都用以评价合并诉讼，这里却用在反对合并审判的当事人身上。"抗议当事人"应指原告方当事人。句中"合并裁决的经济性"（adjudicatory efficiency）与"抗议当事人的便利性"（convenience of protesting parties）似应颠倒过来。——译者注

数据证明因果关系,这并不适宜个别诉讼。比如有件著名案子,法官本打算针对生产特定药物的全部制造商援引"企业责任"(enterprise liability)理论,但这想法终告破碎,盖其出于若干压倒了便利性的理由,不得不将不同的诉讼发还各地区法院。[18]

二、集体诉讼

在侵权领域,集体诉讼更具强制色彩,也引发了更多争议。集体诉讼的优势在于裁判效率,但也付出了代价,即限制了个别当事人尤其是原告的诉讼活动自由(freedom of manoeuvre),以及如这些当事人喜欢声称的、对正当程序的权利(right to due process)。在阐释这些相互冲突的观念之前,有必要先概述制定法为集体诉讼设定的条件。[19]

《联邦民事诉讼规则》第23条a款写明了集体诉讼的四项要件:人数多(numerosity)、共同性(commonality)、典型性(typicality)、充分性(adequacy):

(1) 当事方集体人数众多,全体成员参加合并审理不切实际;
(2) 涉及当事方集体共同的法律问题或者事实问题;(3) 代表当事人*的诉讼请求具有典型性,能代表当事方集体的诸多诉讼请求;
(4) 代表当事人将公正地、充分地保护当事方集体的利益。

此外,当事方集体还必须合乎三类情形中任一类的要件,只有第一类和第三类涉及侵权损害赔偿请求。第一类适用要件为(《联邦民事诉讼规则》第23条b款第3项):

法院认定,当事方集体全部成员共同的法律或事实问题支配着

---

[18] *Chance v. I. E. Du Pont*, 371 F. Supp. 439 (EDNY 1974). 参见后文,脚注[88]。

[19] See Friedenthal, Kane, and Miller, *Civil Procedure*, ch. 16 (1985); Marcus and Sherman, *Complex Litigation*, ch. 4 (1985). 英国读者会感兴趣的是:Yeazell, "Group Litigation and Social Context: Toward a History of the Class Action", 77 Colum. L. Rev. 866 (1977),该文考察了集体诉讼三个不同角色的历史沿革。

* 代表当事人(representative party),是指在集体诉讼中代表"当事方集体(class)"参与诉讼之当事人。——译者注

(*predominate* over)只影响个别当事人的任何问题,而且为了公平、有效地裁决争议,集体诉讼优于(*superior* to)其他可行的方法。[20]

依普遍看法,也是英联邦各国法院的看法[21],大规模侵权案件并不合乎条件,盖不像反托拉斯及其他类似案件中的禁止令,损害赔偿请求依赖每件具体案子中的个别特征,这些个别特征对因果关系的影响,不亚于对赔偿金额的影响。[22] 尤其是产品责任不同于大规模事故,此类案件并非基于单一事件,而是基于一系列的独立事件。原告是如何使用产品的,原告对产品危险的认识如何,这些具体情形总是因个案而异,适用的法律与时效法也可能不同。当然会有一些共同问题,例如特定药物是否会造成所说的伤害,或者制造商是否知道或应该知道此点,但这些并不必然或者毫不含糊地"支配"[23][个案],"只是在名义上当作集体诉讼处理[而并无其实质],实际上总会蜕化为分别审理的多件诉讼"。[24] 最后,反对法院确认集体诉讼的,还可以援引那条明确指示,即法院应考虑"当事方集体的成员在个别诉讼中自己控制起诉辩护事宜方面的利

---

[20] 关乎法院认定的事宜包括:(1)当事方成员在个别诉讼中自己控制起诉辩护事宜方面的利益;(2)当事方成员已经启动了诉讼或者针对当事方成员启动了诉讼,其他诉讼关涉该诉讼的范围与性质;(3)将多件诉讼集中于特定法院处理的可欲之处及不可欲之处;(4)集体诉讼中可能遭遇的难题。

[21] Naken v. G. M. of Canada [1983] 1 SCR 72. see Ontario Law Reform Commission, *Report on Class Actions* (1982).

[22] 就反托拉斯案件和证券案件来说,对损害赔偿金事宜的单独裁决不影响对集体诉讼的确认。

[23] "支配"当然是主观判断。颇有代表性的观点认为,"虽说共同问题不必对整个集体诉讼有决定意义,但共同问题的解决至少应发出明确信号,即到了结束阶段开始的时候"。See Mertens v. Abbott Laboratories, 99 FRD 38, 41 (DNH 1983).

[24] Advisory Committee Notes to Proposed Rules of Civil Procedure, 39 FRD 69, 103 (1966). 委员会据此认为,"造成众多人受伤害的'大规模事故'(mass accident),通常并不适宜集体诉讼"。考虑到温斯坦后来在橙剂案中对集体诉讼的热情,委员会援引温斯坦的论文多少让人啼笑皆非,Weinstein, "Revision of Procedure: Some Problems in Class Actions", 9 *Buff. L. Rev.* 433, 469 (1960). 同样让人啼笑皆非的是,法院在委员会针对的大规模事故案件中克服了那些担心,而在委员会未提及的产品责任案件中则否。

益"[25]*。在这个类型下,集体诉讼当事方成员身份并非强制(在第二类型下则可能)[26],既容许"退出"(opting-out),对集体诉讼的确认也就向来多遭否决[27]。

集体诉讼的拥趸对此[反对]势头扼腕顿足,认为[法院]没有充分注意到基于**任何**共同争点(common issues)而确认集体诉讼的可能性;纵使个别争点(individual issues)的数目多过共同争点,也不能排除"仅基于争点的"(issues only)集体诉讼。[28] 近年来大规模诉讼引发的损害赔偿请求雪崩般的爆发态势对法院的态度也产生了显而易见的影响。上诉法院对集体诉讼长期以来的立场都是不鼓励,可现在愈发得到广泛认可的是,确有必要牺牲传统程序规则[而鼓励集体诉讼],以防司法系统彻底抛锚;甚至[会因集体诉讼]所失最多的原告方律师行业(除了审判机会*),亦认同此点。不论是橙剂诉讼[29],还是石棉诉讼[30],上诉法院都基于具体争点而肯定了对集体诉讼的确认,例如通用产品的缺陷以及现有技术水平抗辩。大规模灾难事故案件,例如人行天桥案(酒店夹楼层的人行通道倒塌),较产品责任案件更适宜集体诉讼处理,盖因果争点完全一致即为十足典型性。在那件指导性判例中[人行天桥案],在强制确认遭上诉法

---

[25] Rule 23(b)(3)(A)。参见前文,脚注[20]。

* "确认"(certification)是《联邦民事诉讼规则》第 23 条 c 款所用的术语,是指当事人以集体诉讼代表人身份起诉或者应诉的,法院应以命令形式确认该诉讼是否合乎集体诉讼的条件。——译者注

[26] 参见后文,脚注[38]。

[27] In re Northern District of California "Dalkon Shield" IUD Product Liability Litigation, 693 F. 2d 847 (9th Cir. 1982); Payton v. Abbott Labs, 100 FRD 366 (D. Mass. 1983)(DES); Yandle v. PPG Industries, Inc., 65 FRD 566 (E. D. Texas 1974)(石棉厂雇员); Mertens v. Abbott Laboratories, 99 FRD 38, 41 (DNH 1983)。

[28] See Spencer Williams, "Mass Tort Class Actions: Going, Going, Gone", 98 FRD 323, 324-325 (1983)。

* 原文为"except the opportunity to get to trial",这里"except"的用法颇有疑问,盖集体诉讼应该是减少了原告方律师的出庭机会。作者的意思大概是指集体诉讼激励了更多诉讼,故得到审判的机会更多。——译者注

[29] In re 'Agent Orange' Product Liability Litigation, 100 FRD 718 (EDNY 1983), aff'd 725 F. 2d 858 (2nd Cir. 1984)。橙剂是含有二噁英的化学物质,美军曾在越南战场将之用于给林木脱叶,据指控导致了数百万人中毒。See Schuck, Agent Orange On Trial (1986)。

[30] Jenkins v. Raymark Industries, Inc., 782 F. 2d 469 (5th Cir. 1986)(仅限于现有技术水平抗辩)(仅就第五巡回区来说,就有 5000 件案子待审); In re School Asbestos Litigation, 789 F. 2d 996 (3rd Cir. 1986)(潜在诉讼请求为 14 万件)。

院阻挠后,经过自愿确认,最终成功和解。[31]

第二类有可能适用于大规模侵权的也就是《联邦民事诉讼规则》第23条b款第1项规定的情况,构成集体诉讼是为了避免对有限资产的你争我夺。其设想情形为:诸多索赔人的利益指向一笔有限资产(limited fund),倘若允许当事人提起个别诉讼,先获得清偿者会将该笔资产瓜剖豆分,后到者将一无所得。比如,依联邦立法,目前核事故责任限定为5亿美元。[32] 在更为一般的意义上,尤其是面临着惩罚性赔偿金的压力,被告人的财产在侵权诉讼中本就有可能变为这样的有限资产。[33] 成千上万当事人提出此类赔偿请求,一旦成功,哪怕是富可敌国的企业被告,财产也可能迅速耗尽,或者法院会在某个时间点裁定,对被告人的惩罚已经足够。[34] 不论哪种情况,后到者得到的总归是残杯冷炙。

虽说如此,为了惩罚性赔偿而确认集体诉讼的做法却从未获得太大成功。第23条b款第1项得适用于大规模侵权案件,并未有太大争议。但迄今为止,上诉法院多半会以这样或那样的瑕疵为由撤销确认命令。[35] 还有法院将下面的严格标准假定为构成集体诉讼必须满足的前

---

[31] *In re Federal Skywalk Cases*, 680 F. 2d 1175 (8th Cir. 1982). 该案涉及的是单一事故,最初法院给予**强制确认**(*mandatory* certification)[93 FRD 415(W. D. Mo. 1982)],后经上诉被撤销,盖干扰了州法院的索赔人而有违《反禁令法》(Anti-Injunction Act)。这个撤销裁决并不影响此后在联邦法院及州法院的自愿确认(voluntary certification)。上诉法院裁决遭严厉批评,盖实际上是将负担扔给了州法院,See Wright and Colussi, "The Successful Use of the Class Action Device in the Management of the *Skywalks* Mass Tort Litigation", 52 *U. Miss. -Kansas City L. Rev.* 141 (1984). 驳斥此见解的,See Morris and See, "The Hyatt Skywalks Litigation: The Plaintiffs' Perspective", ibid. , at 246。

[32] Price-Anderson Act, 42 USC § 2210. See Note, "Nuclear Power and the Price-Anderson Act: Promotion Over Public Protection", 30 *Stan. L. Rev.* 393 (1977).

[33] See Note, "Class Actions for Punitive Damages", 81 *Mich. L. Rev.* 1787 (1983).

[34] 有些判决坚持这个"过度杀伤"(overkill)论辩,如 *In re School Asbestos Litigation*, 789 F. 2d 996 (3rd Cir. 1986),但终未成气候,盖很多法院不接受。

[35] *In re Northern District of California "Dalkon Shield" IUD Product Liability Litigation*, 693 F. 2d 847 (9th Cir. 1982) (没有原告或被告支持确认集体诉讼); *In re Federal Skywalk Cases*, 680 F. 2d 1175 (8th Cir. 1982) (强制确认,违背《反禁令法》); *In re Bendectin Product Liability Litigation*, 749 F. 2d 300 (6th Cir. 1984) (未有关于有限资产的裁决). *In re School Asbestos Litigation*, 789 F. 2d 996 (3rd Cir. 1986)[当事方集体"涵盖不足"(underinclusive),故集体诉讼无法防止他人另行起诉]。倘若都认为第23条并非《反禁止令法》的例外,那么这条规则的效益就在很大程度上遭削弱,see Wright, Miller, and Kane, *Fed. Practice and Procedure*, vol. 78 § 1798. 1。

提条件,即众多分立的惩罚性赔偿请求"不可避免地"(inescapably)影响后来的请求。[36] 但这似乎并不符合制定法的意旨,制定法只要求"有风险"(risk);无论如何,温斯坦法官(Judge Weinstein)在橙剂案中认为"实质可能性(substantial probability)"这个较低标准即已足够,"也就是说,低于优势可能(preponderance)但高过纯粹可能(possibility)"。[37]*

这些有限资产类案件提出了额外难题,即对集体诉讼的确认欲发挥其效用,就必须是强制性的,不允许当事方集体成员"退出"。缺席成员甚至都不必通知。这里生出的问题是,与州缺乏实质联系的缺席成员是否亦受管辖[38],以及联邦法院不得干扰州法院程序事务的禁止令[39]。此外,若是未能满足将来索赔人的需求(尤其麻烦的是潜在疾病案件),如何终局性地结案?

(一) 评估*

以集体诉讼解决大规模侵权纠纷,热烈的拥护者与激烈的反对者俱有之。但这个立场对峙并不总是等同于被告方与原告方的阵营分裂。虽说一般来讲被告方从一次性裁判中受益甚大,但有些被告人可能会注意到与原告分别接仗的战术优势,希望以更低的价格达成和解甚至彻底挫败原告。原告方律师通常都是反对集体诉讼的急先锋,但彼此间的利益

---

[36] *In re Northern District of California "Dalkon Shield" IUD Product Liability Litigation*, 693 F. 2d 847, 852 (9th Cir. 1982).

[37] *In re "Agent Orange" Product Liability Litigation*, 100 FRD 718, 726 (EDNY 1983), aff'd 725 F. 2d 858 (2nd Cir. 1984).

* possibility 是指可能发生也可能不发生。在证据法上,证据优势(preponderance of evidence)是指"存在的可能性大于不存在的可能性",似与 likely 相当;probable 则指比较大的可能。而在本书正文的用法中,preponderance 的可能性要大于 probability。——译者注

[38] 至少在非强制性诉讼中,美国《联邦宪法》第十四修正案(正当程序)并不要求原告有这样的联系,盖不同于被告,原告并未承受过分负担,See *Phillips Petroleum Co. v. Shutts*, 472 US 797 (1985). See Miller and Grump, "Jurisdiction and Choice of Law in Multistate Class Actions After *Phillips Petroleum Co. v. Shutts*", 96 *Yale L. J.* 1 (1986); Seltzer, "Punitive Damages in Mass Tort Litigation: Addressing the Problems of Fairness, Efficiency and Control", 52 *Ford. L. Rev.* 37 (1983); Byer, "National Mandatory Class Actions: Key Questions Remain Unanswered", *Nat. L. J.*, 30 Sept. 1985, p. 19.

[39] 参见前文,脚注[31]。

* 下文并无"(二)"与之对应,此为原文如此。——译者注

也并不总是一致。标的金额高的律师一般希望单干,赚得更多,"小鱼小虾"级别的律师则宁愿背靠当事方集体的强大谈判能力,搭个便车。

1. 效率:争点阻却(issue preclusion)

对集体诉讼的需求主要来自裁判效率,程序公正则排斥集体诉讼。无数类似诉讼请求若皆以个别诉讼处理,势必浪费巨大资源,若是对共同法律或事实问题的裁决得约束当事方集体的全部成员,即得结束无休无止的重复争讼(relitigation)。[40] 纵使所谓"标准诉讼"颇有声音大力兜售,欲以之为集体诉讼之替代的[41]*,因并无既判力(res judicata),对非当事人的案外人充其量只有说服力。公认地,美国法院在扩张"既决争点禁反言/阻却再诉"(issue estoppel)的适用范围上,要比英国法院走得更远。依传统立场,也就是英国法院依然固守的立场[42]**,只有当事人及其

---

[40] Hansberry v. Lee, 31 US 32 (1940). See Friedenthal, Kane, and Miller, Civil Procedure §16.8 (1985).

[41] See Ontario Law Reform Commission, Report on Class Actions, 86 (1982). 最近有个标准案件,涉及2万工业事故受害人:Thompson v. Smiths Shiprepairers [1984] Q. B. 405.

* 标准案件(test case),是指从存在共同原告或共同被告且事实与证据相同、所要解决的法律问题亦相同的数个案件中选出的一个案件,经全体当事人同意,法庭作出相当于合并审理的裁定,对该案件首先进行审理并作出判决,全体当事人均受该判决的约束。薛波主编:《元照英美法词典》,法律出版社2003年版,第1339页。正文说标准诉讼(test action)"并无既判力"。——译者注

[42] See Cross, Evidence, ch. 13 (5th edn. 1979).

** 既决争点禁反言/阻却再诉(issue estoppel),是指该禁反言所涉及的争点,此前在同样当事人或其权利前手之间已经争讼并裁决。不论在前程序还是在后程序,该争点都必须是诉讼请求或者抗辩的关键要素(essential element)。因已记录在案而不容否认(estoppel per rem judicatam)则不然,并不妨碍针对此前已经裁决的争点引入新证据。此类禁反言不适用于刑事案件,在民事案件中的范围亦不确定。See Elizabeth A. Martin, ed., Oxford Dictionary of Law, 5th edition, Oxford University Press, 2002, p. 266.

间接不容否认、间接再诉禁止(collateral estoppel),是指对同一当事人之间已经法院判决的争点禁止当事人以另一不同诉因为根据再次争讼。该原则亦适用于刑事案件。间接再诉禁止有攻击性间接再诉禁止(offensive collateral estoppel)和防御性间接再诉禁止(defensive collateral estoppel)之分。前者指由原告主张的禁止前一诉讼中败诉的被告就该争点再诉另一原告;后者指由被告主张的禁止前一诉讼中败诉的原告就该争点再诉另一被告。

(既决)争点阻却(再诉)(issue preclusion),是指同一争点经有管辖权的法院判决后,除非该判决被依法撤销,当事人或利害关系人不得以后的诉讼中在同一法院或与其有并存管辖权的其他法院就该争点再作争执,而不论前后两个诉讼在诉因、请求、目的或标的方面是否相同。

以上内容参见薛波主编:《元照英美法词典》,法律出版社2003年版,第244、734页。据维基百科,"collateral estoppel"的现代术语形式即为"issue preclusion", https://en.wikipedia.org/wiki/Collateral_estoppel,2020年4月4日访问。——译者注

利害关系人方受到在先判决拘束,或者得利用(take advantage of)在先判决。虽说头一个立场,也就是非当事人的案外人不受拘束,因美国宪法的正当程序要求而得到强化〔43〕,但第二个立场背后的密切关系原则(principle of mutuality),即只有利害关系人方得利用在先判决,却不再得到无条件支持。密切关系原则给了前面的那些当事人机会,得怀着对不同结果的期待而再次争讼,这就牺牲了司法的经济性,可能导致诸多判决结果在立场上的不连贯。〔44〕不奇怪,立场的整齐连贯(symmetry)还不足以全面地保护法院裁决,使其免遭批评。

相应地,对密切关系原则各式各样的修改向来都得到允许,最普通的情形为,禁反言对之主张之人在第一件诉讼中处于攻击方,而主张禁反言之人在第二件诉讼中处于防御方。〔45〕那个败诉的原告,也曾在法院走过华盖运,试图就同样争点针对其他当事人重复起诉,着实无甚可同情之处。另外,好多法院向来不允许非当事人的案外人利用攻击性争点阻却而获益。这个区分基于两点理由:第一,倘若在后种情形废弃密切关系原则,会激励[潜在]原告袖手旁观第一件诉讼:如果胜诉,[这些潜在原告]即利用之;如果败诉,即基于正当程序事由而拒绝履行。第二,在大规模事故中,倘若第一份判决不利于被告人,全部索赔人都会利用之,倘若有利于被告人,这些人即得重复争讼。〔46〕在陪审团体制下,立场不连贯的陪审团裁断并非稀罕事,是以索赔人更愿意提起独立诉讼,直到有利于索赔人的裁断出现。诚然,倘若将诸如产品设计缺陷这样的争点完全交给

---

〔43〕 e.g. *Hardy v. Johns-Manville Sales Corp.*,681 F. 2d 334 (5th Cir. 1982),在此前诉讼中针对不同被告人的判决,就石棉案被告人来说不能发生禁反言的效果(not estopped)。

〔44〕 See Friedenthal, Kane, and Miller, *Civil Procedure* § 14. 14 (1985); *Restatement, Judgments, Second* § 29 (1982).

〔45〕 *Bernhard v. Bank of America*, 19 Cal. 2d 807, 122 P. 2d 892 (1942) (Traynor, J.),这件影响巨大的案子即为如此。另见 In re "*Dalkon Shield*" *Punitive Damages Litigation*, 613 F. Supp. 1112 (E. D. Va. 1985),此前应被告人之请求拒绝确认集体诉讼(参见前文,脚注〔27〕),同一被告人即不得针对不同原告再次提出争点(这些原告以争点排除规则来防御)。

〔46〕 See *Parklane Hosiery v. Shore*, 439 US 322, 330 (1978). 主要基于这个理由(当然还有其他理由)的案件有:*Hardy v. Johns-Manville Sales Corp.*, 681 F. 2d 334 (5th Cir. 1982),该案在石棉诉讼中拒绝了争点阻却规则的适用。See Currie, "Mutuality of Collateral Estoppel: Limits to the Bernhard Doctrine", 9 *Stan. L. Rev.* 281 (1957); Flanagan, "Offensive Collateral Estoppel: Inefficiency and Foolish Consistency", 1982, *Ariz. St. L. J.* 45.

陪审团(陪审团的智慧向来饱受争议[47]),可以想见就这个需要判断的问题,纵是慎思明辨之人亦可能观点相左,因此,将任何单件裁断看得不可动摇,以先入之见为主,听凭其主宰,那可就是给自己拆台了。[48]但这些难道不会在集体诉讼的框架下对一次性判决(one-shot decision)产生同样的不利影响吗?一个区别在于,在集体诉讼中,受代表的全部当事人不管怎样都受到决定的约束,因此,公平性和正当程序事宜就不会受到争点阻却同样程度的损害。另外一个区别在于,集体诉讼会激励原告及法官尽最大努力去保护缺席的当事方集体成员,从而降低了异常结果的发生风险。

2. 公平与伦理

用来反对集体诉讼的各种理论依据里头,最有力的当属程序公平,往往是原告方面如此鼓吹。其主张为:每个原告人都应该有权利提起自己的诉讼,选择自己的代理律师。集体诉讼意图帮助那些"个人无法成功主张的诉讼请求"(individually nonrecoverable claims)[49]。也就是说,某些个体所主张之标的金额过于微薄或者主张没法证实,如很多环境侵权和消费者保护案件,从而独立诉讼的成本相对太高。有些侵权赔偿请求,胜诉酬金安排为之提供了开启法院大楼的钥匙的,自然不会如此。但于相对方当事人而言,这些说辞听起来未免华而不实、装腔作势。在集体诉讼中,通常是由一个管理委员会以及"首席律师"(lead counsel)代表当事方集体,对当事方集体大多数成员来说,相较于若是独立诉讼中自己找的律

---

〔47〕 参见本书第二章脚注〔138〕。

〔48〕 *Restatement*, *Judgments*, *Second* § 29. 该《重述》遵循更具灵活性的纽约标准,在评注 g 部分写道:"在第一件诉讼中影响了争点决定的那些具体事实情形,可能显示出本来还有其他合理解决思路……对涉案争点的解决,可能需要参考下面这些因素,如意图、明知(knowledge),或者当事人彼此间的相互责任……在这些或者类似情形,在第二件诉讼中,只是根据外表来看待在先决定,会将裁决程序中种种不足的影响扩大到第一件裁决的界限之外……"

Kaufman v. Eli Lilly & Co., 65 NY 2d 449, 482 NE 2d 63 (1985),但在这件案子里,纽约法院代表不同的己烯雌酚原告,针对同一被告人援引了既决争点禁反言规则(issue estoppel),认为最先审理的案子"可大致代表"(roughly typical)其他案子。虽说在其他州,就同种药物,针对不同制造厂商,有陪审团作出了不同裁断,但这并不足以在本案中否定争点阻却效力。

〔49〕 Note, "Developments in the Law: Class Actions", 89 *Harv. L. Rev.* 318, 1356 (1976). 该文将集体诉讼区分为两类:一类是将个人无法成功主张的诉讼请求合并处理;另一类是将个人可以成功主张的诉讼请求合并处理。

师,首席律师多半业务更为熟练、资源更为丰厚。[50] 在这整套话语的背后,并非顾客而是律师对费用遭克扣的担心。通常来说,法院是参考特定律师对整个事业付出的时间、业务、风险等因素以定其费用,对好多不过是起了转介案件作用的律师来说,自是不利。[51] 诚然,集体诉讼最为现实、让人对之失去幻想的一个侧面就是,律师为了争一席之地而斗得两败俱伤,完全不顾及律师与顾客之间严重的利益冲突。[52]

胜诉酬金安排在一般意义上所引发的那些伦理关注[53],在集体诉讼场合更加放大。其中一点就是律师和顾客在和解事宜上的潜在利益冲突。适才提及法院确定律师费用的公式,重视的是工作时间,故于律师而言,走审判程序往往失多得少,尤其是倘若败诉,法院一般不会判给分毫。[54] 最严重的问题是揽客,在1985年印度发生博帕尔灾难后,铺天盖地的负面宣传曝光。大规模灾难的受害人容易找到,人数众多,律师储备越多顾客,可能的经济回报就越大。集体诉讼的批评者往往指责说,好多顾客若是自己起诉本来得不到什么,多数集体诉讼正是这些顾客的律师煽动起来的。[55] 那些"个人无法成功主张的诉讼请求"尤为如此,集体诉讼主要就是针对此类情形设计的,如欺诈消费者案件;请求大笔赔偿的侵权案件,就不太适合这个论断。这些批评者实际上是拿着效率论据对集体诉讼的拥趸来个反戈一击,认为这些煽动起来的复杂诉讼全无必要,却要耗费法院巨大管理成本,远远超过想象中节省的司法资源。[56]

3. 社会行动主义(social activism)

那些无所不用其极的揽客行为,有些下作行径诚然令人作呕,但也不

---

[50]《联邦民事程序规则》第23条a款为集体诉讼设定了四项要件,即要求"代表当事人能公平地、充分地保护当事方集体的利益"。参见前文,脚注[19]—[20]。

[51] e.g. In re "Agent Orange", 611 F. Supp. 1223 (1985); Riley, "'Agent Orange' Fees Sharply Curtailed", Nat. L. J., 21 Jan. 1985, at 3, col. 2.

[52] 格外令人震惊的例子,就是博帕尔案律师中间的欺诈行为,see e.g. Meier, "Lawyers for Victims of Bhopal Gas Leak Fighting One Another", Wall St. J., 1 May 1986, p. 1.

[53] 参见本书第六章脚注[64]。

[54] Hensley v. Eckerhart, 461 US 424 (1983); Blum v. Stenson, 465 US 886 (1984).

[55] e.g. Kline v. Coldwell Banker & Co., 508 F. 2d 226, 238 (9th Cir. 1974) (Duniway, J., concurring).

[56] 这个立场区分横贯了通常的党派路线。例如,那些自称的保守党人,在鼓励集体诉讼(参见前文,脚注[3],斯潘塞·威廉斯法官的立场)还是沮抑集体诉讼(上注,达尼韦法官的立场)这个问题上发生分歧。

得不承认,古老普通法对于包揽词讼及帮讼的仇视态度,在美国早已让位给了宽容立场;事实上在很多情形,如前面已经看到的,公共利益会积极鼓动私人诉讼,以之为落实法律最为有效的形式。思路是,心胸开阔地从管制性立法中"推断"(inferring)出私法诉因[57],同时大量制定法都允许在公共利益诉讼中判给胜诉原告方律师费用[58],而且非常明显地,为集体诉讼的制度设计背书。是以更大的问题在于,集体诉讼给司法系统带来的额外负担(倘确有此额外负担),对于促成其他社会目标来说,是否并非可容忍的代价。将诉讼规模减至最小,这本身算不得正当目标;在民主社会中,那些合法的诉讼请求,尤其是针对权势集团的诉讼请求,不应将之排除于司法救济途径之外。好多上诉法院法官对集体诉讼大力反对,似乎主要是担心,为了在那些鸡毛蒜皮的诉讼请求里寻个公道,把有限的司法资源浪费在这复杂的诉讼里。不过,公众普遍支持全面落实管制性法律(环境案件、保安条例、消费者保护案件),这些事务的重要性必定会相应削减集体诉讼给司法系统带来的负担。[59] 无论如何,人身损害赔偿请求不管怎么界定总是数目可观,是否适于集体诉讼,应根据其本身(相对于个别诉讼)的程序效率来判断。

社会活动家对集体诉讼的热忱,亦为某些初审法官所共有;除了对集体诉讼的相对效率优势抱有信心,集体诉讼还给了法官机会,得以展示司法活动的庄严富丽,赢得观念创新的名声。戴维·罗森堡(David Rosenberg)教授还设想集体诉讼可以扮演更为激进的角色。[60] 就诸如机动车碰撞这样的零星式事故,侵权法体制所遭受的普遍批评也就是太过笨重、

---

[57] See Cort v. Ash, 422 US 66 (1975); J. I. Case Co. v. Borak, 377 US 426 (1964). Also, e. g. , Sunstein, "Section 1983 and the Private Enforcement of Federal Law", 49 U. Chi. L. Rev. 394 (1982).

[58] 参见本书第六章脚注[13]。

[59] See Dam, "Class Actions: Efficiency, Compensation, Deterrence, and Conflict of Interest", 4 J. Leg. Stud. 47 (1975).

[60] Rosenberg, "The Causal Connection in Mass Exposure Cases: A 'Public Law' Vision of the Tort System", 97 Harv. L. Rev. 849 (1984). 对"公共风险私人化"(privatization of public risks)立场尖锐批评态度的, See Huber, "Safety and the Second Best: The Hazards of Public Risk Management in the Courts", 85 Colum. L. Rev. 277 (1985). 该文主张,从长远看,若是不鼓励现代技术的善举,于安全事宜会适得其反。

昂贵、任意而难以实现事故预防及损害赔偿的目标[61]，罗森堡教授承认确有道理，继而主张大规模事故却与众不同地颇为适合在集体诉讼中以侵权法来处理。这类事故往往都是企业在安全与利润之间反复权衡之后所为之深思熟虑的决策带来的结果，故格外适宜以责任威胁来施加控制；同时此类事故规模庞大，统计学上得加以预测，集合裁判亦较逐案裁判更为贴合实际。这个"公法"进路或可成为修订传统"私法"进路的正当理由，不管是在证明还是在救济方面——这正是马上要着手处理的议题。

三、企业重组

当巨人般的琼斯—曼维尔公司（Johns-Manville Corporation）面对着上万石棉受害人的人身损害赔偿请求，依据《破产法》第 11 章寻求保护的时候，用来处理大规模诉讼请求的一套全新程序也就宣告开张了。[62] 第 11 章构想以重组（而非解散）的方法来帮助经济上陷入困境的企业重新焕发生机。新颖之处在于，征募这套程序用于救济不是针对商业上的债权人而是侵权法上的债权人。美国《破产法》有个显著目标，即不仅要在众多（无担保）债权人中间实现公平对待，还要令债务人起死回生。最近有项改革，针对多数侵权诉讼请求，都给了债务人免除债务的余地（dischargeable），大企业遂有可能利用第 11 章的重组程序，免除对大规模侵权损害赔偿请求的义务[63]，如此也就推动了美国《破产法》令企业重生这个目标的落实。琼斯—曼维尔公司的这番大胆操作，立刻将那些待决的请求、新启动的诉讼、正要执行的判决，统统堵塞在原处，而公司还在继续

---

〔61〕 See e.g. Sugarman, "Doing Away with Tort Law", 73 *Calif. L. Rev.* 558 (1985); Fleming, "Is there a Future for Tort?", 44 *La. L. Rev.* 1193 (1984).

〔62〕 See Hensler, Felstiner, Selvin, and Ebener, *Asbestos in the Courts: The Challenge of Mass Toxic Torts* (1985). 此前石棉诉讼的规模列入琼斯—曼维尔公司案判决附录：*Jackson v. Johns-Manville Sales Corp.*, 750 F. 2d 1314, 1335-1341 (5th Cir. 1985). 另参见偏向原告的观点：Brodeur, *Outrageous Misconduct: The Asbestos Industry on Trial* (1985).

〔63〕 See Hillson, "The Genesis of a New Trend: Chapter 11, Avoiding or Managing Future Liability in Mass Tort Actions", 15 *Capital U. L. Rev.* 243 (1986); Roe, "Bankruptcy and Mass Torts", 84 *Colum. L. Rev.* 846 (1984); Note, "The Manville Bankruptcy: Treating Mass Tort Claims in Chapter 11 Proceedings", 96 *Harv. L. Rev.* 1121 (1983).

营业。

企业重组计划于 1985 年 7 月提交,为人身伤害的索赔人创立了一笔永久基金,包括合计 8.5 亿美元的现金及保险收益,16.5 亿美元的债券(每年提供 7500 万美元),以及公司普通股的 50%,最多可达 80%。[64]*不论现在还是将来的推定受害人(putative victims),赔偿请求皆得到认可。

利益相关各方,包括债权人和股东,皆从这个安排中获益。相较于在个别诉讼中陪审团可能判给的金额,有些索赔人在这个重组计划里拿到的当然要少些,但像眼前这样的案子,全部损害赔偿请求加起来超过了被告人的总资产,[65]比起混战的诉讼竞赛,这个重组程序的分配方案可要便捷许多、公平许多。此外,可供分配的有限资产,也就不会被高昂的传统诉讼成本或者偶然的惩罚赔偿金耗费殆尽。而且企业还在经营,有可能赚得利润,得指定用在受害人身上,从而提高受害人拿到的份额,将来出现的假定受害人也有所指望。最后,有些企业为社会提供了重要产品和服务,重组程序也能避免这些企业彻底崩溃。现代科技的发展极大增加了大规模灾难的风险;虽说股东不能豁免于法律强加的责任之外,但将这个本来有益于社会的企业的继续运营的机会彻底剥夺,从而害及公共利益,这样的牺牲未免太无必要。

不过,只有众多损害赔偿请求超过了企业资源,第 11 章的重组程序方有其适用价值。故多数石棉制造商只好乞援于其他防御策略。[66]重

---

[64] See "The Manville Settlement", *Nat. L. J.* 19 Aug. 1985, p. 30, col. 1. 除人身损害外,还有 860 亿美元的财产损害赔偿请求。

* 经重组,该基金成为曼维尔公司的最大股东,持有 2400 万普通股(占 50%),720 万 A 类可转换优先股,可转换为 7200 万普通股。经转换,该基金将持有普通股的 80%。基金还持有两笔公司债,面值合计逾 18 亿美元,也是曼维尔公司的最大债权人。See Marianna S. Smith, "Resolving Asbestos Claims: The Manville Personal Injury Settlement Trust", 53 *Law and Contemporary Problems*, 32(Fall 1990). ——译者注

[65] 据估计为 20 亿美元。

[66] 少数厂商遵循琼斯—曼维尔的例子,例如生产达尔康盾的罗宾斯公司(A. H. Robins Company)。多数其他企业接受了"惠灵顿机制"(Wellington Facility),这是厂商、厂商的保险公司、原告方律师依据侵权法原则达成的赔偿方案。原告方自愿参与,优势是比传统诉讼程序的赔偿要快一些。See Note, "The Asbestos Claims Facility: An Alternative to Litigation", 24 *Duq. L. Rev.* 833 (1986).

组程序并不能为大规模损害赔偿请求提供一劳永逸的救济方案。

□ 第二节 证明责任

在大规模事故案件中最经常碰到的那些困难里头,就有因果关系的证明,涉及两个侧面:一个是被告不确定的难题,另一个是原告不确定的难题。先说第一点,某种药物的几家制造商,到底是哪家生产的药物令原告遭受伤害,往往并不清楚。这些药物本来有着通用属性,遭遇药物致害风险又往往难以察觉,再加上潜伏时间漫长,这些因素的叠加,导致往往很难精确认定谁是责任人。再说第二点,尤其是在环境污染案件中,原告往往只能依靠一般统计信息以说明,在那些无论如何也会因为其他人造物质或者无人应在法律上负责任的背景风险而罹患疾病的人之外,被告人的排放行为单纯增加了罹患疾病之人的数目。但这是否足以认定,原告正是被告排放行为的受害人而不是仅仅受到了被告行为的威胁?

依传统要求,原告要针对每个被告人在或然性权衡的基础上证明因果关系,反映了在随机事故引起的典型正面交锋式个别化案件中,吾人之程序公平观念。但颇有意见以为,"这条规则既非基本原理,面对着大规模风险暴露案件带来的系统性(systematic)因果不确定难题,亦非解决难题的公正方法"[67]。这个前提假设要求修正传统实体法,以充分利用集体诉讼在大规模侵权案件中的程序优势。实体法在多大程度上已经注意到了这个挑战?

一、不确定的被告

传统规则令原告承担证明责任,要从众多潜在加害人中确认谁应该

---

[67] Rosenberg, "The Causal Connection in Mass Exposure Cases: A 'Public Law' Vision of the Tort System", 97 *Harv. L. Rev.* 849, 858 (1984). 引文中的"systematic"或为"systemic"之误?(这是原注而非译者注)

对自己所受伤害负责;早在集体诉讼出现前,对传统规则的修正工作就已经开始了。这些工作多数源于加利福尼亚,尤其是其中更为激进的那些措施并未(至少尚未)为其他州普遍仿效。虽说早期案件涉及的都是随机事故,例如狩猎事故、手术中的不幸,但这里的难题注定在涉及设计缺陷的产品责任领域扮演更为显要的角色。危险因素可能潜藏于通用产品,也可能潜藏于产品的通用部件,而这些都是不止一家厂商制造的。设计缺陷严格责任的戏剧性扩张,如前文提到的[68],增加了大量的机会来检测其适用于被告不确定难题的情况。这反映在近年来诸如己烯雌酚案、橙剂案以及石棉案这样大规模产品责任案件的经验当中。

(一)择一责任

最早的所谓"择一责任"(alternative liability)理论源于萨默斯诉泰斯案[69]。在该案中,两位狩猎者同时向着原告方向开火,一发子弹射穿了原告的眼睛。法院倒置了传统的证明责任,认为在眼下的情形,单一伤害系由两个有过失的被告人中的一人造成,非此即彼,但原告无法证明系何人所为,即应由被告人在或然性权衡的基础上证明并非自己所为,如此方能脱责。这个决定背后的基本原理为,伤害必是由两个被告中的一个造成的,在无辜的原告与这两个有过失的被告之间,证明的不确定性这个风险自然由后者承担方合乎公平之义。[70]

向来有疑问的是,这个原则是否应局限于有两个被告人且两人为真正加害人的概率为50∶50的情形?分担办法得确保每个人承担50%的损失,这样每个人的责任范围事实上反映了其造成伤害的可能性。虽说我们一般并不愿意接受用统计学方法来证明有责性(culpability),尤其是

---

[68] 参见本书第二章脚注〔130〕。

[69] Summers v. Tice, 33 Cal. 2d 80, 199 P. 2d 1 (1948).

[70] Restatement, Torts, Second § 433B (1965). 这个原则反复适用于连锁碰撞案件和水污染案件,如 Maddux v. Donaldson, 362 Mich. 425, 108 NW 2d 33 (1961); Landers v. East Texas Salt Water Disposal Co., 151 Tex. 251, 248 SW 2d 731 (1952). 还有一类案件也涉及这个原则,即将证明责任转移给过失加害人,由其证明对多少损害不负责任,也就是已经假定其至少造成了部分损失。

在身份认定(identification)这个问题上[71],但这个态度里头的那些担忧,在被告人的过失既经证明的情形,也就没有多大分量了。此外,将责任范围匹配可能因果关系的大小,对于评估将来偶发事件的损害赔偿金,也是公认的规则。[72] 如此,将来罹患关节炎或者癫痫的机会纵然低于"盖然性优势",亦为赔偿提供了正当性,当然不是100%的赔偿,而是赔偿这个可能性的折现价值(discounted value,这个可能性既得大于亦得小于50%)。因此,将同样原理适用于因果关系证明的不确定事宜(不管是一般性问题,即被告人若是谨慎行事,结果是否会有不同[73],还是眼下的问题,即到底是几个过失行为人中的谁人造成了伤害),对传统前提的偏离并不像乍看上去那么大。若是萨默斯诉泰斯案的规则扩张及于两个以上的被告人,比例责任亦得驱散相关疑虑。虽说在多人情形,任一人为真正责任人的机会将低于50∶50,但每个人的责任份额亦将相应降低,是以不会影响方案的公平性。

不过,前面的论辩已经假定,所有可能的加害人都已列入诉讼系属并负金钱责任,盖若非如此,比例分配的正当性就会受到削弱。正是基于这个道理,在辛德尔诉雅培药厂案中[74],加州最高法院拒绝将前述原则适用于被告席上的5家己烯雌酚制造厂商,盖相关时段内在市场上销售此类药物的企业不下200家。

仅就事实自证(res ipsa loquitur)这条程序规则来说,并不要求被告人处在比原告更能够知晓实情的位置上。偶尔为了让被告人知无不言、

---

[71] See Tribe, "Trial by Mathematics: Precision and Ritual in the Legal Process", 85 *Harv. L. Rev.* 1329 (1971).

[72] 这在英国法上是已经确立的规则,在美国法上则未必那么牢靠。See Cooper-Stephenson and Saunders, *Personal Injury Damages*, ch. 3 (1981); King, "Causation, Valuation and Chance", 90 *Yale L. J.* 1353 (1981).

[73] See *Herskovits v. Group Health Cooperative*, 99 Wash. 2d 609, 664 P. 2d 474 (1983); *Hotson v. E. Berks. H. A.* [1987] 2 All E. R. 909 (若是及时诊断,患者生命是否可挽救?). Also See King, "Causation, Valuation and Chance", 90 *Yale L. J.* 1353 (1981).

[74] *Sindell v. Abbott Laboratories*, 26 Cal. 3d 588, 602-603, 607; P. 2d 924, 930-931 (1980). 拒绝辛德尔案市场份额方案的法院,同样通常强调这个方案最可指责之处在于,真正的加害人可能并不在被告人里头, see *In re "Agent Orange" Product Liability Litigation*, 597 F. Supp. 740, 826 (EDNY 1984).

吐出真相,会令被告人承担为自己开脱的责任。最有名的就是伊巴拉诉斯潘加德案判决。[75] 在该案中,为了打破"无声的合谋"(conspiracy of silence),法官将证明责任转移给手术团队全体成员,来解释清楚何以患者的肩部会在阑尾炎手术中遭受外伤。既然无人说明,就全体承担责任。[76] 反面说法则不成立。如在狩猎案中,到底是谁的射击行为造成伤害,任何人都像受害人一样茫然无知。己烯雌诉讼也是如此,多家制造商并不能够确认原告母亲服用的到底是其中哪家生产的药物(事实上后者倒是应该有所记忆),这个事实本身并不排除这条规则的适用。[77]

(二) 共同行为(concerted action)

依传统连带责任理论,数人达成侵害原告之合意并据此一致实施侵权行为的,要为彼此的加害行为"共同并个别地"(jointly and severally)负损害赔偿责任。原告遂免去麻烦,不必确证几个共谋者中到底谁人实际造成自己所受伤害。就这套规则惯常适用的情形来说,固然构想的是几个被告人有故意加害原告的合意,但将之适用于其他侵权行为,虽说稀见罕闻,却也并非全不可取。因此,合意从事之行为充满了对原告的不合理危险即为己足,例如伴随着严格责任的共同行为,如销售危险药物或其他产品之类。

在何等条件下得针对某种通用药物的多家制造商援引此理论,在己烯雌酚诉讼中颇富争议,好多案子的结果亦不尽相同。遵循加州辛德尔案的判决立场[78],除一家例外,其余全部法院都认定,纯粹的相同行为(parallel conduct)或模仿行为不足以构成共同计划或设计。诚然,明示合意非为必要,默示地心领神会即为己足。但仅仅是信赖彼此的检测及

---

[75] *Ybarra v. Spangard*, 25 Cal. 2d 486, 154 P. 2d 687 (1944). 法院类比了事实自证规则,将证明责任倒置。更为激进的适用案例, See *Anderson v. Somberg*, 67 NJ 291, 338 A. 2d 1 (1975) (手术工具断裂),盖外科医生、零售商、制造商之间并没有相当的关联(comparable link)。

[76] *Ybarra v. Spangard*, 93 Cal. App. 2d 43, 208 P. 2d 445 (1949).

[77] *Sindell v. Abbott Laboratories*, 26 Cal. 3d 600-602, 607; P. 2d 929-930 (1980).

[78] *Sindell v. Abbott Laboratories*, 26 Cal. 3d 588, 602-603, 607; P. 2d 924, 930-931 (1980).

推广方式还不够,盖此乃工业领域惯常做法,[强令负连带责任]还会使得任何制造商,哪怕能证明造成伤害的产品并非自己生产,也要为整个行业的缺陷产品承担责任。[79] 若是被告人一向未在相关地域销售产品,故造成伤害的产品绝不可能系该被告人提供,那么哪怕是那些愿意接受"市场份额"责任规则的法院,如马上会看到的,也会立场坚定地驳回针对这些被告人的起诉。[80] 而且,除非原告实在找不出来制造特定产品的那个被告人,否则法院也不会允许基于这个理论提起诉讼。[81] 没有哪个结论合乎为共同行为负连带责任的理论;事实上也都难以与经过修正的市场份额理论相谐调。

只在两个场合,共同行为理论发展势头更好。有件案子实际上并未去认定这个理论是否适合己烯雌酚诉讼[82]*,纽约州最高法院认为,被告人一些自觉的相同行为,例如都未拿孕鼠来检测药效,得从中推断出默示的合意或协作。[83] 陪审团遂有权利裁断,那个唯一被起诉的制造商由此实质上帮助或者鼓励了其他己烯雌酚制造厂家来效仿自己。最早是有8家厂商提交申请,销售针对孕妇的己烯雌酚药物,而且依据的都是同样的研究成果。纽约州最高法院显然不赞同加州最高法院的立场,依后者的看法,药物的许可及销售事宜皆由联邦食品药品管理局严格规制,若申请

---

[79] *Sindell v. Abbott Laboratories*, 26 Cal. 3d 588, 605-607; 607 P. 2d 924, 932-933 (1980).

[80] e.g. *Sindell v. Abbott Laboratories*, 26 Cal. 3d 588, 612, 607 P. 2d 924, 937 (1980); *Hall v. E. I. Du Pont de Nemours*, 345 F. Supp. 353 (EDNY 1972). *Powell v. Standard Brands Paint Co.*, 166 Cal. App. 3d 357, 212 Cal. Rptr. 395 (1985),产品来源既已确认,自当驳回针对其他被告人的起诉(都是未在产品上写明警示)。

[81] e.g. *Thompson v. Johns-Manville Sales Corp.*, 714 F. 2d 581 (5th Cir. 1983).

[82] 因此,其他原告不能针对该被告人主张争点禁反言,See *Kaufman v. Eli Lilly & Co.*, 65 NY 2d 449, 482 NE 2d 63 (1985).

* 该案是15件待决案件中的第一件,原告在怀孕期间摄入了己烯雌酚,致女儿受到伤害,陪审团裁断礼来制药厂应负责任。初审法院认为,第一案中的陪审团既然认定礼来制药厂在药物检测与销售活动中与其他制造商一致行动,根据争点禁反言规则(collateral estoppel),礼来制药厂即不得于剩余的其他诉讼中就此再行争讼。上诉法院部分撤销了一审判决,认为争点禁反言规则并不影响礼来制药厂就共同行为责任(concerted action liability)这个事宜再行争讼,盖该事宜基于并未解决的法律问题。法院解释说,礼来制药厂在一审中并未质疑共同行为理论是否合宜(appropriateness),故该事宜事实上尚未经过争讼;但就一审陪审团终局认定的其他事实问题,不得再行争讼。——译者注

[83] *Bichler v. Eli Lilly & Co.*, 55 NJ 2d 571, 436 NE 2d 182 (1982).

人只是循规蹈矩地依照食品药品局的程序规则行事,即不得为任何不利于该申请人之推断。[84]

霍尔诉杜邦案那含糊其词的判决[85],可谓针对多个制造商适用共同行为理论的先驱。两件合并审理的案子中的一件,13个孩子在分别发生的事故中被雷管炸伤。这些原告无法确认那个具体的制造人,遂将6家厂商告上法庭,实际上这就囊括了整个行业,指控这些企业未在产品上添加合适的警示,这些企业当然知道风险,但一致决定不添加标签,还游说议会不要通过相关法案。富有革新精神的联邦法官温斯坦认为,这些原告的主张立足于对风险的共同控制,阐明了一个连带责任的诉因。这些被告人虽说各自独立行事,但就雷管的安全特性事宜皆遵循全行业惯例,即已足够。虽说对[认定]相同性质(parallelism)如此自由放开,法院却在两个方面含糊其词,背离了共同侵权的传统理论。第一,任何被告人只要证明,那个伤害了原告的雷管并非自己生产,即允许其免责。[86]第二,警告不要[将判决]适用于大量的制造商。[87] 此外,法官后来将自己的判决拆解(unravel),将各件案子发还给事故发生地法院重新审理。[88]

在己烯雌酚诉讼中,法院普遍不接受霍尔案的企业责任原则,理由是:在多年里,几百家制药企业进入又退出市场,这个事实从根本上动摇了几个被告共同控制着致害风险这个前提假定。[89] 在橙剂案中,只有7家企业纳入诉讼系属,这些企业都未将美军用于越南的除草剂中的二噁英含量降低而且当然是有意的,但还是主审霍尔案的同一位法官,却拒绝

---

[84] *Sindell v. Abbott Laboratories*, 26 Cal. 3d 609-610; P. 2d 935 (1980).

[85] *Hall v. E. I. Du Pont de Nemours*, 345 F. Supp. 353 (EDNY 1972).

[86] 与霍尔案合并审理的另外一件诉讼中,因有些厂家的雷管不可能是伤害原告的雷管,法院即拒绝将这些厂家合并入诉讼, Ibid., at 382-384。

[87] Ibid., at 378. 为此,辛德尔案主审法院拒绝将霍尔案适用于 300 家己烯雌酚厂家, See *Sindell v. Abbott Laboratories*, 26 Cal. 3d 609, 607; P. 2d 935 (1980).

[88] *Chance v. E. I. Du Pont de Nemours*, 371 F. Supp. 439 (EDNY 1974). 有个原因是联邦层面的普通法没有责任法。第二巡回区上诉法院在橙剂案中重申此点, *In re "Agent Orange"*, 635 F. 2d 987 (1980)。但后来温斯坦法官无视此点,鼓唱"国家共识的法"(law of national consensus)[580 F. Supp. 690, 701 (1984)].

[89] *In re "Agent Orange" Product Liability Litigation*, 597 F. Supp. 740, 821 (EDNY 1984).

仅仅因为这个事实而认定相同性质。[法官认为,]这不过表明几个被告人未采取足够的行动,但并非全行业决定不可尽力而为。[90] 另外,这些企业刻意向政府隐瞒二噁英的危险,在这个共识上,可以认定相同性质。[91]

(三) 市场份额

最具创新性的理论出自加州最高法院辛德尔诉雅培药厂案。[92] 法院拒绝了一切先例,认为不宜将这些先例适用于超过 300 家的己烯雌酚制药厂,否则就通用药品"缺陷"造成的任何伤害[93],每家企业都会暴露于连带责任的风险之下;法院找到了更为公平的方案,也就是将每家企业的责任限定于其市场份额内。如此,全部赔偿请求都得到清偿之后,在依统计学方法归到自己名下的份额之外,没有哪个被告人还需要为更多的伤害负赔偿责任。

这个方案向来饱受批评。而最难对付的指责大概在于背离了现有技术(prior art),不仅全无先例,亦不见容于将侵权法理解为个人责任体制的传统观念。新方案不是矫正正义的,而是分配正义的。责任分配不再基于对具体因果关系的证明,而是立足于统计学上的因果关系。虽说法院矢口否认,但这诚然是全行业责任。纵使可拿经济效率来辩护[94],但确实不合乎个人正义的基本观念。如此彻底地脱离美国法律文化传统,纵有必要,亦应委诸立法机关定夺,非属司法改革范畴。

再说,理所当然地以为一切难题都能迎刃而解,也是一厢情愿。[95] 被原告加入诉讼的企业占据了己烯雌酚市场的"实质份额"(substantial

---

[90] *In re "Agent Orange" Product Liability Litigation*, 597 F. Supp. 740, 821-822 (EDNY 1984).

[91] Ibid., at 828-833.

[92] *Sindell v. Abbott Laboratories*, 26 Cal. 3d 588, 602-603, 607; P. 2d 924, 930-931 (1980).

[93] 法院裁决认为,应先证明产品设计有"缺陷",这样一来企业要么可能承担过错责任,要么可能承担严格产品责任。

[94] See Calabresi, "Concerning Cause and the Law of Torts", 43 *U. Chi. L. Rev.* 69, esp. 84-91 (1973) (市场威慑(market deterrence)与事实因果关系)。

[95] See e.g. Note, 69 *Calif. L. Rev.* 1179 (1981).

share)令法院深感满意,显然在法院眼里,甚至百分之七八十的份额就已经野心勃勃了。[96] 另外,原告是否仍然可以要求任何被告人履行全部判决,抑或只能在后者的市场份额内要求其赔偿,还处于悬而未决的状态。[97] 在第一种可能性下[全部清偿],确保能够履行自己分担额度的成本以及在自己份额之外无力清偿的风险,仍由每个被告人承担。如此一来,除了分担额度系依市场份额确定而非参考其他可能的归责标准这一点之外,又与连带责任有何真正区别呢?[98]

接下来是"市场"认定难题。已烯雌酚市场本身就是变动不居的,大大小小的企业进来又出去;有些企业早就解散了,还有些企业并没有留下什么记录。这个市场是国际市场、全国市场,还是区域市场?若是区域市场,这个地域又如何划定?在这些事宜上,法院判决不得不是相当武断的,就此而言,市场份额与或然性的关联就愈发脆弱了。此外,只要某家被实际确认的企业被判令对某具体原告单独负赔偿责任,但在计算其市场份额时并未考虑,后者(市场份额)就会超过其真正份额。

市场份额理论在其他地方无甚大进展。[99] 密歇根州接受"择一责任",前提是遭指控的全部侵权人都加入诉讼。[100] 威斯康星州坚持,市场份额仅仅是确定分担额度的一个因素。[101] 马萨诸塞州认为,不要求全部制造商加入诉讼,还排除了因果关系免责的可能性,这些简直是灾难性的举措;当然,马萨诸塞州也没有完全排除在合适案件中适用市场份额理论的可能性,但强调了这个理论对于新药开发、销售带来的不利影响。[102]

---

[96] *Murphy v. E. R. Squibb & Sons*, 40 Cal. 3d 672, 221 Cal. Rptr. 447 (1985),该案认为10%不够,但考斯法官(Kaus, J.)在异议中认为,若责任是分立的,这个要件没有意义。

[97] *Brown v. Superior Court (Abbott Laboratories)*, 182 Cal. App. 3d 1125, 227 Cal. Rptr. 768 (1986)(选择分立的责任)。

[98] Cf. Robinson, "Multiple Causation in Tort Law: Reflections on the DES Cases", 68 *Va. L. Rev.* 713 (1982).

[99] See Biebel, "DES Litigation and the Problem of Causation", 51 *Ins. Couns. J.* 223 (1984).

[100] *Abel. v. Eli Lilly Co.*, 418 Mich. 311, 343 NW 2d 164 (1984).

[101] *Collins v. Eli Lilly Co.*, 116 Wis. 2d 166, 342 NW 2d 37 (1984).

[102] *Payton v. Abbott Labs*, 386 Mass. 540, 437 NE 2d 171 (1982)。这是为了回答联邦地区法院的问题,联邦地区法院遂取消了对集体诉讼的确认,See 100 FRD 336, 338-339 (D. Mass. 1983)。

对于州法如何将市场份额理论适用于己烯雌酚诉讼和石棉诉讼,诸多下级法院(主要是联邦法院)在这个问题的预判上陷入分裂。[103] 在橙剂案中,法院认为,全部索赔人和制造商都加入的集体诉讼格外适合市场份额理论,裁决不连贯的问题由此得以避免。[104]

二、不确定的原告

在前述情形中,原告知道自己因他人侵权行为而受伤害,但并不确切知道系何人所为。这个**被告**不确定难题正有其相对立场景,即包括原告在内的若干受害人里头,只有部分系由单一被告人所伤害,但无法证明是哪几个。试举一例以说明**原告**不确定难题,原告身处的人群暴露于被告造成的有毒物质排放环境中[并罹患某种疾病],但同样的病症亦得源于独立的"背景风险"(background risks)。例如,在内华达核泄漏案中,众多原告得指出自己罹患的癌症与电离辐射之间高度正相关,但还有些同样高发且归咎于未知原因的癌症,两者没法区分开来。[105] 类似地,在橙剂案中,除了美军所用落叶剂中的二噁英含量外(可以确定来自7家美国化学公司),越南乡村本来就发现有二噁英。[106]

非常典型地,将[诸多原告所受]伤害与被告人行为联系在一起的依据是统计学证据而非具体证据(轶事证据)。[107] 证据可能显示,在被告人

---

[103] See In re "Agent Orange" Product Liability Litigation, 597 F. Supp. 740, 826 (EDNY 1984).

[104] Ibid., at 823-824, 826-828. 各被告人的责任基础在于,其知道或者应该知道产品的危险性质,因此负有责任警示美国政府,将自己的产品与其他企业的产品结合时可能会产生什么问题, ibid., at 832.

[105] Allen v. US, 588 F. Supp. 247 (D. Utah 1984). 很多药物的不良反应也是如此,没法将医源性疾病与自发的疾病清晰区分开来, see Newdick, "Strict Liability for Defective Drugs in the Pharmaceutical Industry", 101 L. Q. Rev. 405, 420-430 (1985).

[106] 有些民权诉讼或者劳动纠纷也碰上类似难题,可能没法确定集体成员中的哪个遭受了损失。更合适的解决方案还是确定歧视行为造成的总体收入损失,然后按比例分配给合乎条件的个人。e.g. Stewart v. General Motors Corp., 542 F. 2d 1043, 1055 (2nd Cir. 1976).

[107] 传统的反应如克鲁姆·约翰逊法官(Croom-Johnson, LJ)的意见,即:"纯粹统计学上的机会是不够的,这个机会必须是特定原告所失去的机会。"Hotson v. Fitzgerald [1987] 2 WLR 287, 304.

排放之后，特定人群中某种疾病的发病人数从 100 人飙升到了 190 人。在这里，对统计学证据的怀疑更为下面的事实所强化，即统计学证据甚至都不能成为或然性权衡的决定因素（也就达到 50% 以上）。辛德尔案发生后，有好多建议是适用镜像方案（mirror-image solution）以解决眼下的难题，这样被告人应就 9/19 的伤害负赔偿责任，而原告整个群体就 9/19 的伤害可以拿到赔偿。德尔加多教授（Delgado）最早倡导如是修正传统证明标准，以促进侵权责任公认目标的实现。[108] 这个建议方案勒令被告人赔偿的金额，与被告人就所涉疾病于该地区总体发病率应负责任的份额，两者精确相称。除了分摊损失外，这个方案将事故成本内化于企业，这些企业处于最为有利的位置去减少事故发生并通过保险以及定价机制将成本转嫁给受益人（beneficiaries），从而最合乎经济效率的要求并得充分发挥侵权法的威慑功能。

但这个方案站在原告侧面来看，大概就不那么令人满意了。当事方集体的每个成员都只能从当事方整体得到的赔偿款中得到一定比例的清偿，有些赔偿不足（上例中为 90 人），而有些赔偿过度（上例中为 100 人）。但相较传统方案，要么一无所得，要么就所受伤害得到全部赔偿，新方案还是更好一些，遂得到了颇为有力的支持。

集体诉讼的程序框架格外适宜落实这个推荐方案。[109] 诚然，除非当事方集体全部参加审理，否则这个方案无法实施。温斯坦法官在橙剂案中确认了集体诉讼形式，并在推荐这个路径时提到了额外的经济性优势，也就是可避免针对每个索赔人个别评定损害赔偿金。[110] 通过集合式的程序，遂得立足于比例关系请求损害赔偿，这样的"公法"进路当然要付出代价，即可能固定救济金额以实现规模效益。倘若当事方集体所受伤害为同种类型，即可通过抽样技术制作用来计算平均损失的赔偿清单。若

---

[108] Delgado, "Beyond *Sindell*: Relaxation of Cause-in-Fact Rules for Indeterminate Plaintiffs", 70 *Calif. L. Rev.* 881 (1982); Rosenberg, "The Causal Connection in Mass Exposure Cases: A Public Law Vision of the Tort System", 97 *Harv. L. Rev.* 849, 858 (1984).

[109] See *In re "Agent Orange" Product Liability Litigation*, 597 F. Supp. 740, 826 (EDNY 1984); Rosenberg, ibid.

[110] *In re "Agent Orange"*, ibid., at 838-839; 采纳了罗森堡论文的立场，Rosenberg, ibid., at 916-924.

得依据"固定的且多少有些武断的清单"(fixed and somewhat arbitrary schedule)来赔偿这些请求,如同行政赔偿体制下那样,自然再好不过。从实务角度看可能最为重要的地方在于,集体诉讼形式强烈激励当事人基于合意达成和解。

另外,橙剂案催生的问题,也就是对传统概念的背离,表现在诸多侧面而且令人吃惊。仅仅基于产品易致人伤害这个特性的统计学证据,就认可了未确认的原告针对未确认的被告这样的诉因,而不必特别证明产品的缺陷性质或者造成了某位具体原告受伤害。简言之,产品责任的多数要件塌陷为因果关系的纯粹统计学证据。[111] 诚然,严格来讲,法院的论证只涉及和解的公平性,但其努力方向是希望一条新的责任路径得到认可,而这条新路径割断了与传统侵权法原则的多数联系。

第三节 附笔

以集体诉讼为霹雳手段来解决一些社会难题,这些改革方案还远远谈不上得到全面支持。盖纵使目标可欲,将如此急剧的法律变革托付给选任出激进的法官,而不是托付给民主政体下政治决策的传统路径,是对普遍接受的宪法认知的挑战。在那些所谓"有远见的"(forward-looking)或者说"进步的"(progressive)法院里头取向集体主义方案的趋势,推动着侵权法逐渐背离传统的"矫正正义"观念。而以集合程序取代个人程序,加快了这个通往"分配正义"的势头。[112] 要说将这些不同观念区分开来的距离,没有哪个地方比得上温斯坦法官在橙剂案中论证和解正当性的那段阐述更为引人注目:

---

[111] Sherman, "Agent Orange and the Problem of the Indeterminate Plaintiff", 52 *Brooklyn L. Rev.* 369, 390 (1986). 温斯坦法官稍后驳回了以欠缺因果关系为由的"退出"(opt-outs)请求:611 F. Supp. 1223 (EDNY 1985). 就橙剂诉讼的全面分析,see Schuck, *Agent Orange On Trial* (1986).

[112] See Glenn, "Class Actions and the Theory of Tort and Delict", 35 *U. Tor. L. J.* 287 (1985).

　　　　基于目前可得的全部信息,诉讼的程序态势(posture),任何原告针对任何一个或多个被告人证明其主张必然面临的困难,伴随着审判的不确定性,以及原被告双方的法律团队甚至法院承受的沉重负担,[考虑到以上因素,]所建议的和解方案看上去似乎甚为合理。似乎既合乎当事人利益,亦合乎公共利益。

　　　　截至目前提交到法院的证据都显示当事人的主张并无法律依据,但许多在公平听证会(Fairness Hearing)作证的人都表示,发起控诉不是为了金钱,而是为了维护公共利益……

　　　　此番和解以及嗣后的听证活动(当时法院聆听了来自全国各地500位证人的陈词)的社会热度居高不下,毫无疑问再次让公众注意到越战老兵曾经遭受的不公正待遇。这些老兵曾勇敢战斗,而今却遭到社会的慢待、嫌弃、蒙羞忍辱。老兵曾为了政府和人民而战,政府和人民理当倾听老兵的声音……

　　　　不论那伤病是否系由橙剂造成,越战老兵罹患该种疾病的人数多到吓人却是不争的事实。这些老兵及家属应该得到社会的关心、医疗服务以及经济帮助……公众从军事服务中得到了"收益",自然应该支付相应的成本……

　　　　这个国家不论何种类型的公私资源都甚为丰饶。应该让当事方集体的成员可以得到这些资源。[113]

这段论述不仅无视司法决策过程中法律原则与政策的区分[114],甚至还援引了社会心理学的目标来论证财富再分配的正当性,已经远远背离了事故赔偿政策的任何传统目标,更不必说侵权法的目标了。

大规模诉讼并非应对大规模事故的唯一方案。不论程序是个人的还是集合的,侵权法体制都将其在处理大规模赔偿请求时的缺乏效率表现得淋漓尽致。可以用来赔偿的资金,限于被告人的资源,包括责任保险。

---

　　[113]　*In re "Action Orange" Product Liability Litigation*, 597 F. Supp. 740, 826 (EDNY 1984). 上诉法院支持了和解方案:818 F. 2d 145 (2nd Cir. 1987)。

　　[114]　德沃金的《认真对待权利》使这个区分恢复了活力,而后在英国法上更因斯卡曼勋爵(Scarman)与埃德蒙—戴维斯勋爵(Edmund-Davies)的争论而引人注目。See *McLoughlin v. O'Brian* [1983] 1 AC 410.

石棉案诉讼之后,甚至工业巨头也会被拖入破产境地这种事情从口头上说说变成了现实。最令人沮丧的地方在于,侵权法体制的运作成本过于高昂,不仅威胁到那些暴露于大规模赔偿风险中的企业,如制药企业、化学企业的生存,而且惊人的诉讼成本往往耗尽了可用于赔偿受害人的资产。这些诉讼成本,不仅包括胜诉原告的律师费用,还包括被告方面成功对抗原告赔偿请求的成本——这是说服被告以和解方式结束争端的最有力因素,犯不着纵情恣意于皮洛士式的胜利(pyrrhic victories)。

如前面的讨论所揭示的,在大规模事故与大规模风险暴露案件中,即便是实体侵权法,亦无力公平、有效地应对系统性因果关系难题。为了便利受害人得到赔偿,好多传统规则都经历了修正,在这个限度内,可以认为侵权法体制遭到了扭曲,甚至被取代。若是传统侵权法已经被证明不足以完成这个任务,难道不该放弃纯粹的胡修乱补,考虑一下更为激进的方案,也就是以一套[无过错]赔偿计划将之彻底替换?[115] 这有几点好处:第一,当前那些既是高昂法律成本的原因同时又是其正当理由的有争议事宜,多数都将因之而消灭。确保受害人得基于无过错计划而得到赔偿,如此,原告代理中的偶然性因素将完全消失,而那些冗长的对抗制程序的出现概率也将实质性减少。第二,受害人有了更为确定、更为快捷的赔偿来源可供倚靠。在目前体制下,被告人若是都有意"强硬"(play tough),可能会将法院堵塞几十年,将原告及其律师的耐心磨损殆尽。第三,得未雨绸缪地设立赔偿基金从而将赔偿成本内部化,基金由特定行业缴款,成本最终由消费者群体负担(消费者群体与风险暴露群体往往同一)。基金的规模及赔偿水平,皆应由立法决定。通过赔偿金的标准化,如针对某些集体诉讼已经有好多声音倡导的,这样机制的运行当能更好地实现效率要求。无论如何,那些重要的产业,其社会效用显然重于其活动所带来之公共安全风险的,不必再担心曾经面临的企业解散危险。通过将赔偿成本内部化于制造了风险的企业或产业,部分"一般威慑"功能

---

[115] See Sugarman, "Doing Away with Tort Law", 73 Calif. L. Rev. 558, 596-603 (1985). 该文作者援引橙剂案、镇吐灵案、子宫内避孕器案以阐释其立场。Also See Stapleton, *Disease and the Compensation Debate* (1986),该文倡导没有因果关联的疾病赔偿方案(外伤等)。

得以保存,从而有利于事故预防。[116] 此外,有些格外受影响的行业如制药,已经有严厉的监管机制发挥作用,从而提供了额外保护措施以防滥用(abuse)。

针对药物伤害,已经有不少国家以赔偿基金取代了侵权法体制。[117] 包括美国在内的很多国家,都以核设施立法建立起无过错赔偿框架,为责任风险确定最低保额和最高责任上限。[118] 这个发展态势或许预示着,就意外事故造成的一切人身伤害,侵权法体制终将退出舞台,正如新西兰已经发生的那样。[119]

---

[116] See Calabresi, *The Cost of Accidents*: *A Legal and Economic Analysis* (1970).
[117] See Fleming, "Drug Injury Compensation Plans", 30 *Am. J. Comp. L.* 297 (1982).
[118] (US) Atomic Energy Act, 42 USC § 2210 (the Price-Anderson Act).
[119] Accident Compensation Act 1974. See Palmer, *Compensation for Incapacity* (1979); Ison, *Accident Compensation* (1980); Blair, *Accident Compensation in New Zealand* (1978).

译后记

本书作者约翰·冈瑟·弗莱明,1919 年 7 月 6 日生于德国柏林,是家里的长子,父亲为银行高级职员。1935 年,家里将弗莱明送到英国,中学毕业后进入牛津青铜鼻学院。就读期间,他曾因敌国侨民身份而遭短暂拘押。1941 年获得文学学士学位(B. A, in Jurisprudence),后来加入皇家坦克军团,于北非、意大利服役,1945 年退伍。1946 年,弗莱明进入林肯律师公会从业,并于伦敦大学国王学院任讲师。1949 年于牛津大学获哲学博士学位(D. Phil.),1959 年获得民法学博士学位(D. C. L.)。1949 年,弗莱明一家移居澳大利亚,先在堪培拉大学学院任讲师,待到澳大利亚国立大学创立,弗莱明即出掌其法学院。1957 年,弗莱明出版了《侵权行为法》(The Law of Torts),为其在英语法律世界赢得巨大声名。《侵权行为法》及其姊妹篇《侵权行为法导论》(Introduction to the Law of Torts)几十年来一直被英联邦国家法科学生奉为"经典"。1958 年,弗莱明接受美国加州大学伯克利分校的访问教授职位,在《富布赖特—海斯法案》(Fulbright-Hays Act)所要求的两年期间结束后,于 1961 年获得永久职位。弗莱明担任《美国比较法杂志》(American Journal of Comparative Law)主编长达 15 年,并曾任美国比较法协会(American Society of Comparative Law)、国际法律科学协会(International Association of Legal Science)主席。1997 年 9 月 22 日,弗莱明因"卢·格里克氏症"(神经系统的退化性疾病)逝世。[1]

---

[1] Richard M. Buxbaum, "John G. Fleming", 45 *The American Journal of Comparative Law* 645 (1997).

本书即是弗莱明教授基于其在加州大学伯克利分校的授课内容写成,这门课程旨在向外国学生展现美国侵权法的"怪异多变"(vagaries)。[2] 正如弗莱明在前言中提到的,若是比较实体法规则,美国侵权法并不会显得多么特立独行,是以本书无意像一般侵权法教材那样,按部就班地阐释过失、因果关系、豁免、损害赔偿以及种种侵权行为类别这些实体法内容,而是另辟蹊径,从"程序"入手。说是"程序法",本书又并不循规蹈矩地介绍从当事人、管辖、起诉到证据、审判、上诉、执行整个诉讼流程,盖这些内容同样无法体现美国侵权法的"独特之处",故本书也并非通常意义上的程序法(procedural law)。本书的意图在于让外国学生感受到侵权法是以怎样活跃的姿态参与到20世纪美国社会的公共生活当中,并改变着美国社会的面貌(民权运动、越战、工业灾害等);政府、议会、法院、陪审团、出庭律师、企业被告、保险公司等主体又是以怎样的立场和途径参与并塑造着美国侵权法体制;诸如陪审制、胜诉酬金、富于能动精神的法院系统等具有美国特色的制度框架又为整个演化进程提供了怎样的舞台。凡此种种阐释勾勒出当代美国侵权法多姿多彩的动态图景,也让读者对作者提到的美国人的民主意识形态、实用主义的生活态度、工具主义的法律观以及多元主义的政治立场等法律文化背景有了更深切的体会。

译者知道弗莱明教授,最早是看到王泽鉴先生对他的高度评价,说"余读其书,识其人,深获教益"[3]。感谢北京航空航天大学李昊老师推荐翻译本书,并列入"侵权法人文译丛"。本书具体分工为:陈铭宇翻译前言和前四章,唐超翻译后三章,并相互校正。就一些文字的理解,译者请教过诸多学术界和实务界的师友,感谢师长朋辈的聪慧睿智和耐心指点。

译者才疏学浅,舛误之处,还请读者不吝指教匡正,不胜感激!

译者
2019 年 11 月

---

[2] Richard M. Buxbaum, "John G. Fleming", 45 *The American Journal of Comparative Law* 645 (1997).

[3] 王泽鉴:《侵权行为》(第三版),北京大学出版社 2016 年版,第 10 页,脚注[2]。